# 日本語形態の諸問題

## ひつじ研究叢書〈言語編〉

【第73巻】現代日本語における蓋然性を表すモダリティ副詞の研究
　　　　　　　　　　　　　　　　　　　　　　　　　　杉村泰 著
【第74巻】コロケーションの通時的研究 －英語・日本語研究の新たな試み
　　　　　　堀正広・浮網茂信・西村秀夫・小迫勝・前川喜久雄 著
【第76巻】格助詞「ガ」の通時的研究　　　　　　山田昌裕 著
【第77巻】日本語指示詞の歴史的研究　　　　　　岡﨑友子 著
【第78巻】日本語連体修飾節構造の研究　　　　　大島資生 著
【第79巻】メンタルスペース理論による日仏英時制研究　　井元秀剛 著
【第80巻】結果構文のタイポロジー　　　　　　　小野尚之 編
【第81巻】疑問文と「ダ」－統語・音・意味と談話の関係を見据えて　森川正博 著
【第82巻】意志表現を中心とした日本語モダリティの通時的研究
　　　　　　　　　　　　　　　　　　　　　　　　土岐留美江 著
【第83巻】英語研究の次世代に向けて －秋元実治教授定年退職記念論文集
　　吉波弘・中澤和夫・武内信一・外池滋生・川端朋広・野村忠央・山本史歩子 編
【第84巻】接尾辞「げ」と助動詞「そうだ」の通時的研究　　漆谷広樹 著
【第86巻】現代日本語における外来語の量的推移に関する研究　橋本和佳 著
【第88巻】法コンテキストの言語理論　　　　　　堀田秀吾 著
【第89巻】日本語形態の諸問題 －鈴木泰教授東京大学退職記念論文集
　　　　　　　　　　　　　　　　　　　　須田淳一・新居田純野 編

ひつじ研究叢書〈言語編〉第89巻

# 日本語形態の諸問題
鈴木泰教授東京大学退職記念論文集

須田淳一・新居田純野 編

ひつじ書房

# TABULA GRATULATORIA for Professor Tai Suzuki

I would like to congratulate Professor Suzuki on the occasion of his retirement, and express gratitude for the many insights he has shared with students and scholars of earlier Japanese everywhere. Personally, I have found his writings on tense, aspect and related matters refreshing, illuminating and inspiring, and look forward to his continued tutelage in the years to come. Suzuki-sensei, thank you, congratulations and best wishes!

**Charles Quinn** (The Ohio State University)


Professor Suzuki is a most distinguished scholar, and I would consider it an honor. My sincere congratulations to him.

**S. Robert Ramsey** (University of Maryland)


Professor Suzuki is a most distinguished scholar, and I would consider it an honor. My sincere congratulations to him.

**Bjarke Frellesvig** (University of Oxford)
**Alexander Vovin** (University of Hawaii)

鈴木泰教授 近影

## 巻頭の ことば

　あれは いつごろの ことであったか、かれこれ 40 年ちかく まえの ことで ある。当時の よびかたを ゆるして もらえば、「泰(タイ)ちゃん」は 学部を 卒業し た あと、しばらく K社 という できて まもない 受験産業の 出版社の 編集 部長さんを つとめていた ことが ある。わたしたち かねに こまっていた 大 学院生に 適度な アルバイトを 紹介してくれたりして、もちつ もたれつの いい 関係を たもっていた と おもう。そのころから 泰ちゃんは 苦労人で あった。ひとくせも ふたくせも ある 大学院生を あいてに、それを 先生と あげたてまつって 原稿を うまく とりたてるのが じょうずであった。K社 自体は、泰ちゃんの 精励の せいも あったのか、その後 おしも おされぬ 出 版社に 成長したし、K社時代に かきためた 文章を『古文の 読みかた』とか いう 題に して、これまた 大出版社の I書店から 新書版で だした つわもの も いると ききおよぶ。

　万事に こころくばりの きく いい おとこであった。山形大学、武蔵大学、 お茶の水女子大学、東京大学 と ゆく さきざきでの 学生や 同僚の 評判も 上々であった。やさしい うえに めんどうみが いい ときている。空中分会、 白馬日本語研究会、月末金曜の会、といった ちいさい 研究会も、かれの お かげで どんなに たすけられた ことか。

　この 退官記念の 論文集も、そうした ちいさな 会に あつまり、鈴木 泰さ んを うやまい したう わかい ひとびとが 中心に なって 企画・編集されたと きく。それも ただ 単に 諸論文を よせあつめた ものでは なく、鈴木 泰さん の 研究テーマ「古代日本語の 形態論」に ちなんで〈形態・形式〉に 関連し た ものに 統一しよう という ことに なった。研究会 よろしく、相互批判・ 相互査読も おこなう と ききおよぶ。さぞかし 立派な ものに しあがる こと だろう。

　鈴木 泰さんの 退官記念には 少々 おそく なってしまったが、いよいよ 刊

行される と きいて、この「献辞」も したためる 段どりと なった。かきだせば、あれも かきたい、これも かきたい、と きりが なくなる。しまいに ひとつだけ、私事に わたって 恐縮であるが、去年 わたしが 大病した おりにも、泰さんの こころくばりに たくさん たすけられ、勇気づけられた。それと ともに、病院に いると、60歳代 なかば というのは まだまだ わかい はたらきざかり と みなされる ということも しった。泰さんは もともと わたしなどより 病弱な たちで、そのうえ 気苦労が くわわっては ながいきが できないだろう と おもう。ゆめゆめ「佳人薄命」なんて ことに ならない ように、また、まわりに くちさがない ものが おおくて、自分の したい ことも じゅうぶんには できなかった、などという ような ことが おきない ように、泰さんも この 論文集が でたのを 機に、しごとを 整理して ますます お元気に、せいぜい 自分本位に いきて いただきたい と おもう。

2009年11月吉日<br>
友人　工藤 浩

# 目　次

巻頭の ことば ……………………………………………………………… vii

## 古典語のパラダイムについて
　　鈴木　泰 ………………………………………………………………… 1

## 主体−客体表現と形態論的なしるしづけ
　　─類型学からみた日本語
　　まつもと　ひろたけ …………………………………………………… 17

## こと−ばの かた−ちの こと
　　工藤　浩 ………………………………………………………………… 27

## 蘭学者の文法認知と術語の様相
　　─「体用」、「実虚助」、「静動」との関連において
　　岡田袈裟男 ……………………………………………………………… 37

## 「V」との対応をなさない「V-(サ)セル」
　　─語彙的意味の一単位性
　　早津恵美子 ……………………………………………………………… 49

## 沖縄西表島祖納方言
　　─アスペクト・テンス・ムード体系の素描
　　金田章宏 ………………………………………………………………… 67

## 日本語の「は」と「が」と韓国語の「는」と「가」
　　─統語的条件の相違を通して
　　印　省熙 ………………………………………………………………… 83

## 『西国立志編』における逆順語
　　黄　美静 ………………………………………………………………… 97

## 文献にみるデハナイカ
　　近藤雅恵 ………………………………………………………………… 113

## ショウに関する一考察
　　齋　美智子 ……………………………………………………………… 123

日本語・台閩語の「模様替え動詞と物名詞との組合せ」の比較
　　施　淑恵 ································································ 139

「思う」と「考える」
　　——その意味・用法について
　　須田義治 ································································ 151

仮定条件における「と・たら・なら・ば」の意味と用法
　　——セルビア語の条件文との対照の観点から
　　スネジャナ・ヤンコヴィッチ ········································ 169

平安期日本語における動詞述語文の主語標示
　　——ノ格とガ格のふるまいから
　　高山道代 ································································ 191

形容詞派生の名詞〜サのデ中止形
　　津留崎由紀子 ························································· 203

後置詞「によって」の機能
　　林　淳子 ································································ 217

中国語の使役表現から見た日本語
　　——〈状態変化的〉使役文を中心に
　　方　美麗 ································································ 231

逆条件節をつくる形式
　　——-テモ・〜トシテモ・ニシテモ・ニセヨ［ニシロ］
　　松浦恵津子 ····························································· 255

仮名日記の時間副詞の文法的意味と述語形式
　　山崎貞子 ································································ 269

助動詞「ぬ」の消失的意味についての一考察
　　山本博子 ································································ 283

「私」の第一人称代名詞化の歴史的考察
　　楊　金萍 ································································ 297

シタコトガアルについて
　　——シタ経験ガアル、シタ経験ヲモツとの対照から
　　新居田純野 ····························································· 311

上代語「を」の格性疑義
　須田淳一 ……………………………………………………………… 325


索引 …………………………………………………………………… 337
鈴木泰先生の経歴と業績 …………………………………………… 341
編集後記 ……………………………………………………………… 351
執筆者一覧 …………………………………………………………… 354

# 古典語のパラダイムについて

鈴木　泰

## 1. 形態論的パラダイムと助動詞の分類

　本稿は、意味機能を中心にみたときには問題になりにくかった課題に新たに光をあてることにならないかと考えて、形態論的立場から中古古典語をみていくものである。言語を形態論的に整理するためには、語形変化のパラダイムをつくることが必要である。パラダイムとは語形変化する品詞に関して、その品詞に属する単語の文法的な形がどのように対立し統一しているかを示したものである。パラダイムをつくろうとする際には、おのおのの文法的形態の単位としての性質の問題、およびそれを表として示すための技術的問題とがある。基本的には単位としての性質がパラダイムの作り方に反映されるのであるが、パラダイムはできるかぎりコンパクトで理解しやすく、しかも他の単語のパラダイムと平行性があることが要請される。

　日本語において最終的に述語の文法的意味を決定づける語形変化は、終止、連体、中止、条件などのような断続関係、いいかえるならその動詞がほかの単語とどのような関係をむすぶかを表わしわける統語論的機能によるものであるが、この場では動詞が終止の機能で用いられる場合に限定して考える。ただし、係り結びによって終止機能を獲得する場合はのぞいて考える。終止に限定する理由は、紙幅の問題もあるが、切れる場合ではなく、続く場合にどのような機能的カテゴリーを設定すべきであるかについて、現代語においても定まったものがあるわけではなく、ましてや古典語においてはいまだその方式に十分納得のいくものが見出されていないということも大きい。

動詞の形態論的パラダイムをつくろうとするときに、学校文法に代表される伝統的な文法論において何が参考にできるかを考えると、動詞の活用の研究と助動詞の分類の研究がある。助動詞の分類の研究は、橋本進吉(同1969に所収)の研究以来、意味機能、接続、活用、および助動詞がかさなった場合の出現順序のきまりである相互承接の観点などからなされてきている。

　なかでも近年は、助動詞の相互承接の順序が文法的カテゴリーの階層性を示す事実として重視され、接続のちがいは分類の形式的基準になっているだけのことがおおい。しかし、接続のちがいこそが、日本語の語形変化の本質をより的確に反映しているものであると考え、本発表では接続の問題をてこにして、古典語の形態論的なパラダイムを考えてみたい。

　ここで、最近の日本の代表的な助動詞論における分類についてみておきたい。

　**山田孝雄**(1922)は、『日本文法講義』においては、助動詞の分類の形式的な区別としては、接続のちがいによっているが、機能的分類としては「属性の表現の方法に関するもの」と「統覚の作用に関するもの」の二つとしている。

　**北原保雄**(1981)の「構文的機能」による分類では次のようになっている。

　　○接尾語(詞的助動詞・有格の助動詞)
　　す・さす・しむ・る・らる　・つ・ぬ・たり・り　・まほし・たし　・べし・まじ・ず・なし　・めり・終止なり　・き・けり
　　○超格の助動詞(辞的助動詞)
　　＊詞的用法も有するもの　べし・めり・終止なり・けり
　　＊超格の用法だけのもの　む・らむ・けむ・まし・じ・らし

　　　　　　　　　　　　　　　　　　　　　(pp.555–556)

　また、連体「なり」に上接するかどうかによって分けられた「表現性」による分類では以下のようになっている。

（1） 客体的表現にあずかるもの
　　　す・さす・しむ・る・らる・まほし・たし・つ・ぬ・たり・(り)・き・ず・まじ
（2） 主体的表現にあずかるもの
　　　む・まし・じ・けむ・らむ・らし・めり・終止なり
（3） 客体的表現にも主体的表現にもあずかるもの
　　　けり・べし　　　　　　　　　　　　　　　　　　　　　　(p.622)

　表現性による分類は、3分類になっているが、表現性としては客体的表現と主体的表現の二つがあるだけであり、構文的職能による分類と同じく二本立てである。それぞれに所属している助動詞は異同はおおきいが、山田の属性の表現の仕方にかかわる助動詞と統覚の作用にかかわる助動詞の区別の枠組みとおおよそ同じである。
　なお、「めり・終止なり」は、構文的職能による分類では接尾語にも超格の助動詞にも登録されているのに対して、表現性による分類では「主体的表現にあずかるもの」に登録されるだけであるが、これは、基準のちがいがあるためである。すなわち、「めり・終止なり」は助動詞「き」などを従える場合には、様態的意味に転ずることがあるので構文的には主語をうける有格の助動詞になるのに対して、表現性においてはもっぱら連体「なり」に下接するだけであるので、「主体的表現にあずかるもの」にのみ登録されることになったものと思われる。

　**竹内美智子**(1986)は、助動詞の分類において、なによりもまず助動詞の接続を問題にし、次のようにわける。（括弧内は鈴木による補い）

連用形につく助動詞　　ヌ、タリ、ツ、リ（アスペクトにかかわるもの）
　　　　　　　　　　　キ、ケリ、ケム（テンスにかかわるもの）
未然形に接続する助動詞　ス、サス、シム、ル、ラル（ヴォイスを表わすもの）
　　　　　　　　　　　ム、マシ、ジ、ズ（ムードおよび否定にかかわるもの）

終止形に接続する助動詞　ベシ、マジ、メリ、ナリ、ラシ、ラム（推量のムードにかかわるもの）　　　　　　　　　　　　　（pp.201–202）

　しかし、竹内は意味機能の観点をくわえるなら、助動詞は最終的には次の3種類にわけられるとする。

A 動詞の態を構成する接尾辞　ス、サス、シム、ル、ラル
B 動作の展開する様態を表わす、複合語後項的性質の助動詞　ヌ、タリ、ツ、リ
C 話し手の判断を表わす助動詞　ズ、ベシ、マジ、ナリ、メリ、ラシ、ラム、ム、マシ、ジ、キ、ケリ、ケム　　　　　　　　　　　　　（p.229）

　ここでは、終止形接続の助動詞として一旦は区別されていたものが、機能的観点から未然形・連用形接続をもつ助動詞とともにCとしてひとまとめにされている。しかし、ズ、ベシ、マジ、ナリ、メリ、ラシ、ラム、ム、マシ、ジ、キ、ケリ、ケムを「話し手の判断を表わす助動詞」として一括することには問題がある。
　竹内は、まず大野晋説を援用して、ムやズなどのムードおよび否定にかかわる未然形接続の助動詞は語源的にみれば、ム(saku + amu > sakamu)、ズ(saku + azu > sakazu)のようにして成立したとし、本来終止形についていたと考えられるので、終止形につく推量のムードを表わす助動詞と同じく、客体的な叙述とはことなる次元にあって、「述べられた内容に対する言語主体の判断を表わす助動詞」であるとしたのである。しかし、そのように考えらるからといって、形態論的に終止形につく助動詞と同類であるということにはならない。
　また、竹内は、ヴォイスを表わすものは「代表的な動詞派生形式」として接尾辞であるとし、アスペクトにかかわるものを「動作概念を補助するもので、動詞複合語後項と、本質的に同じ」であるとして助動詞とするが、接尾辞と複合語後項的性質の要素との形態論的にみたときのちがいはちいさく、AとBは意味的にしか区別できないものといえよう。

一方、同じ連用形に接続するテンスにかかわる助動詞は、アスペクトにかかわる助動詞とは所属をことにさせ、Ｃの「話し手の判断を表わす助動詞」とするわけであるが、それは、アスペクトの助動詞は、動詞のみにしかつかず、「動作の展開過程」を表わす動作様態と関係がふかいのに対して、テンスの助動詞は形容詞にもつき、客体的な叙述とことなる次元ではたらいているという点などから、終止形につく推量の助動詞と近いと考えたのであろうが、だからといってテンスにかかわる助動詞は形態論的に終止形につく助動詞と同類であるということにならない。

　ここで形態論的な性質を中心にＡを見るなら、Ａのつく未然形が非独立であり、これらの接尾辞をつけてはじめて単語となるという点からも、また未然形接続として現象する背後に推測される融合性からしても、Ａはひとつの単語と見ない方がいい。同様の融合性は連用形接続の助動詞にも看取できる。リはアリと動詞との融合形であるという説が有力であり、ツ、ヌについては、ツがウツと動詞との、ヌがイヌと動詞との縮約であるという語源説が有力であり、タリはテアリの約まった形であることが確実であるからである。これは、Ｂがつくる活用連語（動詞と助動詞の複合体）も一単語であることを示すものであり、したがって形態論的にはＡとＢのつくる活用連語を区別することはできない。また、同様のことは、Ｃのうち未然形や連用形についた活用連語についてもいえることである。これに対して、終止形接続の助動詞はその上の要素との分離性がつよく、単語相当の活用連語をつくらない点からこれらと区別される。

　接続のちがいを北原のようにナリというコピュラにどう接するかを基準とするのではなく、終止形接続の助動詞に上位するかどうかの基準による分類をおしすすめるなら、Ｃのなかで未然形接続のム、マシ、ジと、連用形接続のキ、ケリ、ケムが終止形接続の助動詞を下接させないのに対して、Ａのス、サス、シム、ル、ラルとＢのヌ、タリ、ツ、リがそれらを下接させることから、両者を区別することができる。ただし、Ｃのム、マシ、ジ、キ、ケリ、ケムは、終止形接続の助動詞に上位しないというだけで、必ずしも下位するといういことではない。これを表にすれば表１のようになるであろう。

表1　接続による助詞分類

| 終止形接続の助動詞に上位するもの | A　ス、サス、シム、ル、ラル、ズ（未然形接続） |
|---|---|
| | B　ヌ、タリ、ツ、リ　　　　（連用形接続） |
| 終止形に接続する助動詞 | C　ベシ、マジ、メリ、ナリ、ラシ、ラム |
| 終止形接続の助動詞に上位しないもの | C　ム、マシ、ジ（未然形接続） |
| | C　キ、ケリ、ケム（連用形接続） |

　なお、ズとツは、終止形接続の助動詞に下接することもあるが、終止形接続の助動詞に上接することを基本とするので、A、Bの助動詞と同類と考えることができる。

　以上のような立場と竹内の考えが異なるのは、竹内が結局のところ終止形接続という事象を形態論的な指標としてではなく、機能的な指標としてとらえようとした結果であると考えられる。

## 2.　終止形の形態論的パラダイム

　形態論的な立場からは、活用形の交替とともに、すべての助詞・助動詞の着脱は語形変化とみなせるが、それらのなかにあとにのべる三種類を区別することができる。この分類は、鈴木(1988)や高橋他(2005)にも一部みられるが、村木(1991)にほとんど同じものが見られる、

　日本語の形態素は、相対的に自立性のたかい語基(base)と自立性を欠いた付属辞にわけられ、付属辞は、さらに、次のように三つに分類される。
　　a　接辞(affix)：語基とくみあわさって派生語をつくる要素。（下略）
　　b　語尾(ending)：語幹(stem)に後接し、語幹とつよくむすびついている形式。（中略）語尾の独立性は、形態素の中でもっともよわく、語幹と一続きに発音される。
　　c　助辞(particle)：語基あるいは語幹と語尾(屈折辞)からなる形式につく小辞。語基や　語幹＋語尾　からの独立性はつよい。付属辞の中では、もっとも単語性をもつ単位である。　　　　　　　(pp.12-13)

なお、所属する形態は相当異なっているが、古典語に同じ分類を採用しているのはむしろ外国人研究者で、リックマイヤー Rickmeyer(1991)、その影響を受けた表2のナロック(2005)である。北原や竹内に形態論的立場はないわけではなかったが、いわゆる活用形とともに助動詞の着脱を語形変化であるとは考えなかったのに対し、この二人の論者は活用語尾の着脱と同様に助動詞の着脱を語形変化として単語の文法的形態を考えようとしているところが竹内らと異なっているところである。

### 表2　ナロック(2005)

A(活用語尾)
—(r)u(終止現在), —(ur)u(連体現在), —(ur)e(已然), —(ura)ku(名詞法), —ki(終止過去), —si(終止連体), —sika(已然過去), —(a)zu(否定), —(a)zi(否定未来), —(a)ba(仮定), —seba(過去仮定), —(a)namu(希求), —e(命令)

B(派生接尾辞)
—(r)ar-(受身・可能等), —(a)sim-(尊敬), —(s)as-(使役), —(a)zar-(否定), —(a)m-(未来), —(a)mz-(未来), —er-(結果), —tar-(結果), —ker-(過去), —t-(完了), —n-(完了), —kem-(過去推量)

C(助詞類，活用するもののみ)
—nar-(伝聞), —mer-(外観), —ram-(推量), —tef-(伝聞), —nar-(断定), —be-(当然), —mazi(否定当然), —bera(推量), —goto-(比較)

1、〈活用〉語尾の交替によって文法的意味を表わしわける語形変化。語幹や語基は語尾と一体になって、はじめて単語となる。述語における最後的な語形変化で、それ以上の語形変化はしない。表3として示す語形変化表がここでいう〈活用〉によるものである。村木のb。

2、〈派生〉接辞の着脱による語形変化。接辞が膠着することによって、動詞や形容詞は文法的に別の動詞や形容詞になる。文法的意味が動詞の語彙的意味にくいいって新たにできあがった単語を、文法的派生動詞、文法的派生形容詞とよぶ。ナロックによれば、これらの接辞は「語幹と活用語尾の間に入る」ものである。なお、「派生」とは普通語構成論の用語で、おもに接辞をつけて別の単語を形成する方法であるが、文法的派生によってできあがった

単語とは、文法的にもとの単語と異なっているだけで、語彙的にはもとの単語と別の単語ではなく、同じ単語であると考える。

〈派生〉によってできあがった、「のまる、のます、のみつ、なりぬ、のみたり、のまず」などの文法的派生動詞は、表4に示すような〈活用〉による語形変化をおこなうものと考える。村木の a。

3、〈膠着〉〈むすび（助詞類）〉の着脱による語形変化。〈むすび〉とは、十分に独立できる述語として機能する単語のあとにつづき、それがつく単語とは一定の分離性をもつ単位である。〈むすび〉には単語相当のものと単語以下の助辞の類とがあるが、Cにあげられているのは助辞的なものである。ナロックによれば、これらは「動詞の活用形の後に接続される」ものである。〈むすび〉は、古典語では、「べし、まじ、らむ、らし、めり、終止なり」など終止形に接続する助動詞にあたり、これらはまた〈活用〉による語形変化をおこなう。村木の c。

表3　古典語動詞終止形（のむ）の活用表（みとめ方ふくまず）

| のべ方 | ムード | テンス | 語形 |
| --- | --- | --- | --- |
| のべたて | 断定 | 非過去 | のむ |
| | | 過去 | のみキ |
| | | 脱時 | のみケリ |
| | 推量 | 非過去 | のまム |
| | | 過去 | のみケム |
| | | 脱時 | のまマシ |
| はたらきかけ | 命令 | | のめ |
| | 願望 | | のまナム、のみテシガナ、のまバヤ |

表4 文法的派生動詞(否定動詞 のまず)の活用表

| のべ方 | ムード | テンス | 語形 |
|---|---|---|---|
| のべたて | 断定 | 非過去 | のまず |
|  |  | 過去 | のまざりキ、のまざりツ |
|  |  | 脱時 | のまざりケリ |
|  | 推量 | 非過去 | のまじ、のまざらム |
|  |  | 過去 | のまざりケム |
|  |  | 脱時 | のまざらマシ |
| はたらきかけ | 命令 |  | なのみそ、のむな、のまざれ |
|  | 願望 |  | のまざらナム、のまじバヤ |

〈活用〉による語形変化を文法的カテゴリーの観点から見ると、そこには、のべ方、ムード、テンスなどのより主観性のつよいカテゴリーによる語形変化が属し、〈派生〉にはヴォイス、アスペクト、みとめ方などのより客観性のつよいカテゴリーによる語形変化が属することになる。活用表の体裁は表5の高橋他(2005)にならった。

## 3. みとめ方のカテゴリーの特徴

古典語のパラダイムにおいては、否定の助動詞の着脱を、表4に示すように、〈派生〉とすることについては議論が必要であろう。これは、逆からいうなら、みとめ方(肯否)による語形変化を〈活用〉にいれないのはなぜかという問題である。現代語の語形変化のパラダイムにおいても、表5に示す高橋太郎のパラダイムで「よまない」を「うちけし動詞」といっているように、否定形を〈文法的派生動詞〉としてとりだすことができる。

しかし、それを一方で「うちけし形式」と称しているように、活用形としても扱っている。もし、古典語においても、みとめ方のちがいによる語形変化を活用に入れるなら、表6のようになるであろう。そして、基本動詞を見ているかぎりでは、このようにみとめ方のちがいを〈活用〉にいれても一向にさしつかえないようにみえる。

### 表5　動詞の基本的な活用表（高橋他 2005）

| 機能 | ムード | | | ていねいさ | ふつう体の形式（ふつう体の動詞） | |
| --- | --- | --- | --- | --- | --- | --- |
| | | | みとめかた | | みとめ形式（みとめ動詞） | うちけし形式（うちけし動詞） |
| | | | テンス | | | |
| 終止形 | のべたて形 | 断定形 | | 非過去形 | よむ | よまない |
| | | | | 過去形 | よんだ | よまなかった |
| | | 推量形 | | 非過去形 | よむだろう | よまないだろう |
| | | | | 過去形 | よんだ（だ）ろう | よまなかった（だ）ろう |
| | さそいかけ形 | | | | よもう | （よむまい） |
| | 命令形 | | | | よめ | よむな |

### 表6　古典語終止形の活用表（みとめ方ふくむ）

| のべ方 | みとめ方 | ムード | テンス | 語形 |
| --- | --- | --- | --- | --- |
| のべたて | 肯定 | 断定 | 非過去 | のむ |
| | | | 過去 | のみキ |
| | | | 脱時 | のみケリ |
| | | 推量 | 非過去 | のまム |
| | | | 過去 | のみケム |
| | | | 汎時 | のまマシ |
| | 否定 | 断定 | 非過去 | のまズ |
| | | | 過去 | のまザリキ、のまザリツ |
| | | | 脱時 | のまザリケリ |
| | | 推量 | 非過去 | のまジ、のまザラム |
| | | | 過去 | のまザリケム |
| | | | 脱時 | のまザラマシ |
| はたらきかけ | 肯定 | 命令 | | のめ |
| | | 願望 | | のまバヤ、のみテシガナ、のまナム |
| | 否定 | 命令 | | ナのみソ、のむナ、のまザレ |
| | | 願望 | | のまザラナム、のまジバヤ |

しかし、古典語の否定形では、ジやマジが否定推量を表わすように、ムードのカテゴリーとみとめ方のカテゴリーが融合しているという特徴がある。また、もう一つ、「なりぬ、のみつ」などの完了態の動詞には基本的に否定形がないという事実がある。この二つの事実をどのように考えるかということがどのようなパラダイムを作るかに関係してくる。表7に示す山田(1922)の助動詞の分類では、肯定と打ち消しをわけ、次に断言と不確実をわけて、いわゆる完了の助動詞を肯定の断言に位置づけているが、このような整理か

**表7 助動詞分類表(山田孝雄『日本文法講義』)**

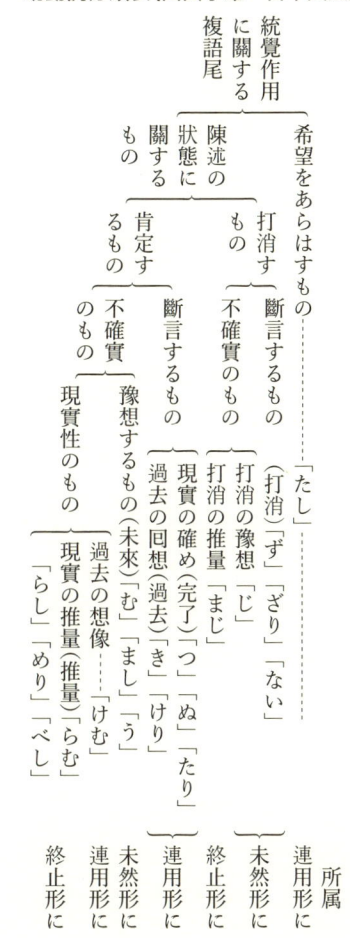

| 複語尾 | 統覺作用に關するもの | 希望をあらはすもの | 「たし」 | 連用形に |
|---|---|---|---|---|
| | | 打消すもの | 断言するもの | 「ず」「ざり」 | 未然形に |
| | | | 不確實のもの | 「じ」「まじ」「ない」 | 終止形に |
| | 陳述の狀態に關するもの | 肯定すもの | 断言するもの | 打消の豫想 | |
| | | | | 現實の確め(完了)「つ」「ぬ」「たり」 | 連用形に |
| | | | | 過去の回想(過去)「き」「けり」 | |
| | | 不確實のもの | 豫想するもの(未來)「む」「まし」「う」 | 未然形に |
| | | | 現實の推量の想像(推量)「らむ」「けむ」 | 終止形に |
| | | | 現實性のもの「らし」「めり」「べし」 | |

（右端：所属）

らは、いわゆる完了の助動詞は、否定に対立するところの肯定の意味を同時にもっているということになる。

　前述のことは、否定が未実現のムードと融合的であり、肯定が実現のムードと融合的であることを示しており、ともにみとめ方のカテゴリーがムードから独立していないことを指し示すものであろう。さらにいうなら、これは、古典語ではみとめ方の対立が用言全体をとおしてその活用形にあらわれる現代語とは異なって、それを表わす形態素が語尾としての性格を十分にもっていないということである。したがって、古典語のパラダイムにおいては、みとめ方による語形変化を〈活用〉とはせず、動詞ごとに存在する〈派生〉とするのが適当であるということになる。したがって、「のまず」は否定の派生動詞ということになり、それがのべ方、ムード、テンスによる活用をおこなうということになる。

　ただし、形態論的な単位の性質というものは、中間的なものをはさんで連続的につながっているものであるのに対して、活用語尾か、派生接辞かというのは、二分法であるので、そこには当然無理があり、別の形態素に分類されたからといって、両者がまったく異なるのものであるとういことにはならないであろう。

　同様に、マジはベシの活用形でなく、独立の〈むすび〉であると考えるのがよいと思われる。かりにみとめ方による語形変化も〈活用〉であると考えるとすると、表8のように、見出し形態である「べし」の否定形のなかで、マジはザルベシと競合する語形ということになってしまう。しかも、一箇所ではなく何箇所にもおいて競合してはいるが、見出し形態としては登場しないのである。これは、ほかのパラダイムには見られないことであるので、こうするより、ベシ、ベカラズ、マジをそれぞれ〈むすび〉としてたて、それらがのべ方、ムード、テンスによる語形変化を行うと考える方がパラダイム間の平行性がたもてるであろう。

古典語のパラダイムについて　13

表8　むすび(べし)の活用表(みとめ方ふくむ)

| のべ方 | みとめ方 | ムード | テンス | 語形 |
|---|---|---|---|---|
| のべたて | 肯定 | 断定 | 非過去 | べし |
| | | | 過去 | べかりキ、べかりツ |
| | | | 脱時 | べかりケリ |
| | | 推量 | 非過去 | べし、べからム |
| | | | 過去 | べかりケム |
| | | | 脱時 | べからマシ |
| | 否定 | 断定 | 非過去 | べからズ<br>まじ |
| | | | 過去 | べからザリキ、べからザリツ<br>まじかりキ、まじかりツ |
| | | | 脱時 | べからざりケリ<br>まじかりケリ |
| | | 推量 | 非過去 | べからザラム<br>まじ、まじからム |
| | | | 過去 | べからザリケム |
| | | | 脱時 | べからザラマシ |
| はたらきかけ | | | | 無 |

　しかしだからといって、ジも派生動詞をつくる接辞としてあつかうのがよいということにはならない。ジは〈活用〉の一角をになうものとすべきである。一般に派生動詞のみだし形態は、断定の非過去の位置にあることが期待されるが、もし「のまじ」を派生動詞とみとめると、そのみだし形態は推量の非過去の位置におかざるをえなくなり、他の派生動詞のパラダイムといちじるしい相違をもつことになる。また、それだけでなく、その派生動詞は推量の非過去以外の活用形をもたないので、活用しない動詞の活用表ができるという矛盾におちいってしまう。これは、ほかのパラダイムとの平行性を保つという必要から、ジに関しては否定の派生動詞「のまず」の活用表において推量形に位置づけるのがよいということになる。

　マジのようなカテゴリー融合的な〈むすび〉の存在とともに、完了動詞における否定形の不在という事実は、古典語においては、否定の〈文法的派生動詞〉をたてるという処理が必要であることを示すものであろう。このような事実がない現代日本語ではみとめ方は活用と考えてもよく、否定動詞とい

う考え方は、パラダイムを簡素化するためのやや便宜的な措置であるという性格があるのとは異なるところである。

## 4. テンスのカテゴリーの特例

　助動詞ケリは、なんらかの証拠に基づいて思い至ったり、思い出したりすることを表わすのであるが、これは、客観的なテンスではないが、モーダルな意味での回想ということにはなるので、ケリの有無はテンスにおける活用に位置づけることができる。また、接辞「き」とはおきかえることはできず、「き」とはりあう関係にあるという点からも、ケリは語形変化表ではテンスのカテゴリーに位置づけられるべきものである。しかし、特定のテンス的意味を表わさないので、「脱時」を表わすものとするのが適当であろう。なお、仮名文学作品の地の文においては、ケリは先だって存在している物語の中のできごとをとりあげることを表わす。物語中のできごとは過去のことであることもあるが、そう決まっているわけではないので、このケリも脱時というのがふさわしい。

　反現実の仮定として推量を表わす接辞「まし」も、特定のテンス的意味は表わさないので、本来的にはテンスのカテゴリーを一角をになうものとはみなせない。しかし、実際にはおこらなかったことを、おこったかのようにみなすことが反現実の仮定であるとするなら、これは一種の過去性をもっているものとみなすことができる。しかし、テンス性があるといっても、これは非現実の世界で実現したことと仮定するという意味で、現実性の世界のなかのできごととして推量されているのとは質はことなる。したがって、テンスの一種と考えることはできるものの、やはり「脱時」を表わすものとせざるをえない。反現実の仮定が過去に通ずる意味をもつことは、条件に「せば」という、「き」の未然形と目される形が現れることからも支持される。しかも、推量の非過去の接辞「む」や過去推量の接辞「けむ」と、はりあう関係にあるという点からも、語形変化表ではテンスのカテゴリーのなかに位置づけることができる。

## 5. 〈文法的派生動詞〉の語形変化

　アスペクトを表わすツ、ヌ、タリ、リについて、〈文法的派生動詞〉としての語形変化を考えると、やっかいな問題にぶつかる。それは、表9に示すようにタリ動詞の過去形には、タリキ形のほかに、タリツ形が考えられるのではないかということである。つねにキの遠過去に対して近過去を表わすとまではいいきれないとしても、竹内(1986)や小田(2008)のいうように、過去形のバリアントとしてツ形も過去形としてみとめておいてよいのではないかと思われる。つまり、完了の助動詞は〈文法的派生動詞〉をつくるわけであるが、ツにかぎっては、ホモニムとして、断定の過去の〈活用語尾〉としての用法も存在するということである。

　ところで、完了動詞でもタリだけには、否定形が存在するが、「おもひたらず」という用法にかたよっているようであり、一般的なものではないので、この場合は完了否定動詞「のみたらず」ようなものを考える必要はないであろう。

表9　文法的派生動詞(完了動詞タリ)の活用表

| のべ方 | ムード | テンス | 語形 |
|---|---|---|---|
| のべたて | 断定 | 非過去 | のみたり |
| | | 過去 | のみたりキ、のみたりツ |
| | | 脱時 | のみたりケリ |
| | 推量 | 非過去 | のみたらム |
| | | 過去 | のみたりケム |
| | | 脱時 | のみたらマシ |
| はたらきかけ | 命令 | | のみたれ |
| | 願望 | | 無 |

**参考文献**

糸井通浩(2009)「古典にみる「時」の助動詞と相互承接——『枕草子』日記章段における——」『国語と国文学』86-11

小田　勝(2008)「相互承接からみた中古語の時の助動詞」日本語文法学会第9回大会発表予稿集

北原保雄(1981)『日本語助動詞の研究』大修館
鈴木重幸(1972)『日本語文法・形態論』むぎ書房
鈴木　泰(2009)『古代日本語時間表現の形態論的研究』ひつじ書房
鈴木康之(1988)『概説・古典日本語文法』桜楓社
高橋太郎他(2005)『日本語の文法』ひつじ書房
竹内美智子(1986)『平安時代和文の研究』明治書院
ハイコ・ナロック(2005)「日本語の文法化の形態論的側面」『日本語の研究』1-3　日本語学会
橋本進吉(1969)『助詞・助動詞の研究』岩波書店
村木新次郎(1991)『日本語動詞の諸相』ひつじ書房
山田孝雄(1922)『日本文法講義』宝文館
Jens Rickmeyer(1991)*Einführung in das klassische Japanisch: anhand der Gedichtanthologie Hyakunin isshu*—Hamburg : Helmut Buske

〔付記〕　なお本稿は、2009 年 10 月 12 日におこなわれた、国立国語研究所設置記念の国際学術フォーラムのシンポジウム「史的研究の将来」における発表「古典語の形態論」に基づいている。

# 主体–客体表現と形態論的なしるしづけ
―類型学からみた日本語

まつもと ひろたけ

## 1.

　日本語の他動詞述語文と自動詞述語文の中核的な名詞部分は、それぞれの主語と他動詞文の直接補語とを中核部分とよんでおくが、格接辞のレベルでは、それぞれの主語がガ格、他動詞文の直接補語がヲ格のかたちをとってあらわれることは周知の事実である。

　　アグリガ　ネツヲ　ダス。（他動詞文）
　　ネツガ　　　デル。（自動詞文）

　主語と直接補語とがともに有形の接辞によってかたちづけられていることが注目されるが、そのことは別にとりあげるとして、自動詞文の主語と他動詞文の主語がおなじひとつのかたちをとっていて、直接補語のそれとは別のかたちで対立している。この点では、タイポロジカルにみて、主格(名格)タイプ、対格タイプ、あるいは主格(名格)–対格タイプなどとよばれる言語タイプに属しているといえる。

## 2.

　日本語からみると、日本語の主体–客体表現のかたちづけはごくあたりまえとおもえるが、一般的に主格–対格タイプとして紹介されるのは、これと

ちがうようである。つまり、主格と対格の双方にしるしをつけることはしないで、主格が接辞をとらないマークなしの形になっているのが普通であろう。以下も日本語の例に統一してモデルをしめすことにする。

　　アグリ　ネツヲ　ダス。
　　ネツ　　　　　デル。

　主語としてでているマークなしのかたちについては、日本語のはなし＝研究者のたちばからという感じで、すでに三上章が目をつけている。三上の指摘をうけとめると、主語としてあらわれるマークなしの名詞語形であるnominative case のなづけ、命名的な側面をとりたてた命格（名格）という用語があたえられることになる。主格＝名格の一致が歴史的にどのようないきさつの結果生じているのかは別として、このような一致をしめす言語がかずおおいことはいえるのだろう。

## 3.

　しるしづけなしの名詞語形を主体–客体表現のなかにひきこむことを、主体と客体の双方がマークされている日本語にもどって、マークのはずしかたからかんがえると、うえにみた主格のマークをはずすばあいだけでなく、対格のしるしづけをとりはずすこともできることに気づかされる。ここでも、主語と直接補語のふりわけは一般的な（モデル的な）主格、対格タイプの言語や日本語とはことなるが、格形式のふりわけからみれば、主格–対格タイプにかわりはない。

　　アグリガ　ネツ　ダス。
　　ネツガ　　　　デル。

　このような格形式のふりわけがあらわれるとしたら、このあととりあげる能格タイプの自動詞文の主語が本来は他動詞文の直接補語と同一だったしる

しづけなしのかたちから、他動詞文の主語とおなじ(能)格形へと変化したことがかんがえられる。この種の変化がカフカス諸語のなかで生じていることは、すでに指摘されている。また、琉球方言にも、直接補語がしるしづけなしのかたちで、主語が他動詞文、自動詞文ともにしるしづけのあるかたちへと移行してきているものがみられる(喜界島大朝戸方言)。つまり、主体–客体表現における、いわゆる主格–対格タイプの言語のなかには、主格のほうをしるしづける言語も、現実に存在している。

## 4.

これらのことからは、タイポロジカルな区別にあたってのタイプのよびわけを、わかりやすくしておくことが必要になってくるようにおもわれる。いわゆる能格タイプに対立する言語タイプをみてきたが、これのよびなはいままで、主格タイプとか対格タイプ、さらに主格–対格タイプ、さらに主格のかわりに名格を導入するよびかたなど、いろいろでてきた。

対立する形式のよびわけでは、しるしづけのある特殊なかたち(別のよびかたなら劣性形)のほうに積極的ななづけをあたえるとわかりやすい。スル形–シタ形を非過去形–過去形とよびわけるのもその一例である。いまみてきた主格–対格タイプを、「主格–」をはずして対格タイプとよぶのも、主格–対格タイプの言語では、(2)にみられるように、対格がしるしづけられているのが一般的だからだろう。

だとすれば、(3)でとりあげた、対格はマークなしで主格がしるしづけられている言語タイプは、おなじ主格–対格タイプでも、しるしづけられた格のちがいによって、主格タイプといっておくと、対格タイプとの区別がつきやすい。このような点がいままでみすごされてきたとしたら、主格–対格タイプは対格にマークがあるという、かたよったみかたが通用していたからではないか。三上章が nominative case のことを気にしたのも、この種の先入見のかたより、一般性のなさをかぎとっていたせいであるようにおもわれる。

## 5.

　こうみていると、主語の格にしるしづけがない言語タイプを主格‒対格タイプとよんではいけないし、それを名格‒対格タイプとよぶのも、名格がマークなしの格形のよびなだとしたら、不要なひきのばしだとかんがえられる。このながれのなかで主格‒対格タイプの名は、日本語のように、主語も直接補語も、つまり主格形も対格形もともにかたちづけられている言語タイプのためにとっておくことが、もっとも妥当である。

　なお、象ハ　ハナガ　ナガイの文に関連して、奥田靖雄が、日本語での主格の位置づけをめぐる俗論を揶揄して、二重主語(主格)文をもつ日本語は、主語を二倍だいじにしているともいえる、という意味のことをのべていた。それはおいても、主格‒対格双方をしるしづける日本語は、言語経済の原則をギセイにしてまで論理形式をまもっているとはいえないか、と奥田の驥尾に付してかきくわえておく。日本語は主格、対格のそれぞれにしるしづけをあたえる(世界にもまれな？)論理的な言語なのである。


## 6.

　ここで、はなしをいわゆる能格タイプに転じる。そこでは他動詞文の直接補語と自動詞文の主語とがおなじひとつのかたちをとることがしめされている。いままでみてきた主格(対格)タイプとことなる能格タイプをとりあげているのに、他動詞、自動詞とか主格、直接補語のような、ことなるタイプの言語を説明するさいの用語がでてくるのは問題である。ただし、タイプのみほんの図示まで、主格(対格)タイプにあわせることまではしないでおく。

　　　アグリガ　ネツ　ダス。
　　　　　ネツ　デル。

　この図示をもっと主格(対格)タイプへとひっぱりこんだときは、つぎのような図示になっていただろう。こうしないのは、おなじひとつのかたち(ネ

ツ）が他動詞文と自動詞文と別々の意味＝役わりをになっているとするのは主格(対格)タイプ言語の観点をおしつけたものだからである。

　　　アグリガ　ネツ　ダス。
　　　ネツ　　　　デル。

　また、能格タイプ文における名詞部分の格表示についてしるしづけなしのあらわれかたに注目すると、通例、うえのように、自動詞文の主語と他動詞文の直接補語がマークされないかたちをとっており、絶対格のようなよびなかあたえられている。これもいかにも主格(対格)言語タイプの目からみたなづけである。

## 7.

　しかし、この能格タイプの格表示においても、さきに主格(対格)タイプでみたような問題がでてきそうである。つまり、しるしづけのありなしによる対立が通常しめされている能格タイプと逆になってあらわれるばあいがかんがえられる。

　　　アグリ　ネツヲ　ダス。
　　　　　　　ネツヲ　デル。

　かんがえられることはかんがえられるとしても、でだしの他動詞文は、能格タイプの文とみるまえに、対格タイプのもっとも一般的なみほんとかわりがない。また、能格タイプというなづけが、能格がしるしづけられていることを前提としているとすれば、うえのみほんはなにかあやしげである。
　しかし、自動詞文の主語と他動詞文の直接補語とがおなじかたちづけをうける点では能格タイプといえる。また、これを能格タイプからはずすとすれば、さきにみた主格(対格)タイプの下位にくわわる、(筆者のなづける)主格タイプも、主格(対格)タイプからはずさなくてはならなくなるかもしれな

い。

　ネツヲ　デルのような自動詞文が、琉球方言のはなしのいいあやまりとしてあらわれることはすでに指摘されている。そのことは松本「琉球方言の主格表現の問題点」ほかで紹介した。誤用として日本語にでてくるこのタイプの文が、ひろく能格タイプのバリエーションとしてつかわれていることがあるかもしれないと、ひとまずかんがえておくことに意味がないとはいえないだろう。うえのモデルをさらに琉球方言はなして風に修正すれば、つぎのようになるはずだが、これについてはもう一度ふれる。

　　アグリガ　ネツヲ　ダス。
　　ネツヲ　デル。

# 8.

　これまでみてきた例からも察せられるように、アグリガ　ネツ　ダスは能格文、アグリ　ネツヲ　ダス　は対格文などと、他動詞文をみただけできめることはできない。対格文、能格文、あるいは対格タイプ、能格タイプは、他動詞文と自動詞文の対立にあらわれる主体–客体関係の格表示を全体としてとらえたうえでないとみえてこない区分だからである。
　また、(6)、(7)でみた二種の能格タイプの他動詞文をくらべると、(5)のアグリガ　ネツ　ダスの能格部分をマークなしにして、マークなしの「絶対格」部分にしるしづけをあたえることによって、(6)のアグリ　ネツヲ　ダスがなりたっている。この対応は、主体–客体関係にかかわる名詞部分をどのように表現するかのちがいという点で、一種の diathesis（ボイス性）をさしだしているともいえる。だとすれば、主格(対格)タイプのほうでも、筆者のいう対格タイプの他動詞文と主格タイプの他動詞文とのあいだには、名詞部分の表現の対応から、diathesis 的な関係がとりだされることになる。
　なお、通例の能格タイプの文にあらわれる、しるしづけなしの名詞語形は絶対格とよぶより、factitive case となづけたほうが、能格タイプの本来の意味関係をあらわそうとしているとみられる。行為主格に対する事実主格のよ

うな訳語があたえられているが(クリモフ著　石田修一訳 1999『新しい言語類型学―活格構造主語とは何か』参照)。

## 9.

　琉球方言の主体–客体表現に、しるしづけなしの名詞のかたちをふくめて三項対立をなすものがみられることにも、いままでみてきたこととの関連で、ふれておく必要があるだろう。そこでは対格的なしるしづけなしのかたちのほかに、ガ格、ノ格にあたる名詞のかたちがでてくる。この対立を普通に図示したらつぎのようになるだろう。

　　アグリガ　ネツ　　ダス。
　　ネツノ　　　　デル。

　つまり、–ガ、–ノはともに連体格から転じた主格の助辞である。だから、アグリガとネツノとはともに主格のかたちとして、他動詞文、自動詞文のおなじ位置におさまる、というわけである。標準語にみる、主文の主語にガ格があらわれ、連体従属文の主語にはノ格もつかわれるという以外にも、歴史的、地域的に主語としてのガ格、ノ格の各種の意味・用法の対立が指摘されている。それにのった上記の整理は当然のものという感じもする。

## 10.

　しかし、(6)にみたような能格タイプ的な対立が琉球方言のなかにはみられる。そこでの自動詞文の主語としてあらわれる　ネツ(デル)の後身としての側面がいまみたネツノ(デル)のノ格にあるとすれば、ガ格、ノ格の常識的なあつかいからずれるが、つぎのような図示もかんがえておく必要はないか。

アグリガ　ネツ　　ダス。
　　　　　　　ネツノ　デル。

　このさい、ガ格、ノ格の連用格としての中心的な用法は主格的だといっても、サケガ　ノミタイ、ミズガ　ホシイやキップノ　キラナイ　カタのような周辺的ではあるが対格的な用法のあることがおもいおこされる。非能動主格的なネツノのかたちも、こうして対格的なネツと二重うつしになってくる。その土台はもちろん、両者における語彙的な部分の共通性にささえられている。

# 11.

　言語タイプは、形態論的なタイプにしても、能格タイプ、対格タイプのような統語論的なタイプにしても、ある言語にとって固定不変のものではない。そのことをネツ　デルとネツノ　デルの対立をめぐってかんがえてみると、はじまりに、他動詞文の対格的なネツ　ダスと自動詞文の主格的なネツ　デルがひとつのワクにおさまるタイプが想定される。
　その一方が、表現面でしるしづけられてネツノになったのは、表現面だけのことでなく、内容面においても他動詞文の直接補語的なネツ（ダス）と自動詞文の主語的なネツノ（デル）とを区別しようとする方向へとあゆみはじめていたからだとかんがえられる。
　しかし、この区別はまだ、他動詞文の主語と自動詞文の主語とがおなじワクにおさまることを保証するものではない。前者がガ格なのに後者がノ格だという表現面のちがいはここでも、内容面のちがいをうつしだしている。
　このような方向性をさししめそうとしたら、ネツノ（デル）というノ格のかたちを、アグリガのガ格のワクやネツ（ダス）のしるしづけなしのかたちのワクのどちらにも、わざとぴったりとおさめない図示がかんがえられる。ネツノは意味用法でネツとおなじワクからアグリガのワクのほうへとうつっていくのである。

アグリガ　ネツ　　ダス。
　　　　　　ネツノ　　デル。

## 12.

　以上のべてきたことの大体は、断片的にだが、琉球方言の格現象をとりあげるさいに、かきおよんだり、口頭で発表したりしている。ただ、(7)でとりあげた、ネツヲ　デル式のタイプの位置づけは、誤用にもとづくということが先入見となっていて、タイポロジカルな位置づけをにらんでのとりあげをしてこなかった。しかし、ある言語では誤用とされるいいまわしが、別の言語では許容されたり正用だったりするのは、ありうることである。つまり、誤用のなかにも、言語タイプの体系に位置づけられるような言語表現の可能性がひそんでいることになる。だとしたら、ネツヲ　デルを無視したことを反省しなくてはならない。
　このことに関連して、さきに(7)でふれたネツヲ　デルの言語タイプで、他動詞文の主格もかたちづけられた、

　　アグリガ　ネツヲ　ダス。
　　　　　　ネツヲ　デル。

という対立をもつ言語があるとしたら、このような格の対立は、対立する語形にそれぞれかたちづけをあたえている点では、標準日本語と同様である。しかし、格形の分布は標準語とちがって、やはり能格タイプの一種になっている。

## 13.

　文や連語において、しるしづけがどこにあらわれるかによって、ウケ部分やカザラレにあらわれる head marking、カカリ部分あるいはカザラレにあらわれる dependant marking か、それとも両方にあらわれるかによる分類は、

Климов(クリモフ)(1977)などをみてもでてくる。小論はマークの分布とマークの物質性(しるしづけのありなし)の観点から、文のくみたてにあらわれうる言語タイプのちがいをかんがえてみようとしたものである。

しるしづけなしのかたちは、共時的な言語体系において、各カテゴリーの出発点をなすだけでなく、通時的にみても、古層に属するものとして位置づけられやすい。日本語の名詞の格の体系において、有形の助辞のかたちがとりだされないしるしづけなしのかたちが、一旦所有していた助辞をあとからうしなったものかどうかは別として、その意味・用法を全面的にとりだすことは、共通はなしことばや方言、また古代語の文法研究において特に重要である。

**参考文献**
奥田靖雄(1968)「言語観と指導要領」(『国語の教育』1968.7月号　国土社)
クリモフ，ゲ．ア　石田修一訳(1999)『新しい言語類型学—活格構造言語とは何か』
　　　　三省堂(Климов, Г. А.(1977))
三上　章(1955)『現代語法新説』刀江書院(のち、くろしお出版より再刊)
松本泰丈(2006)『連語論と統語論』至文堂

# こと−ばの かた−ちの こと

工藤　浩

## 1.

　一般に「副詞」とか「かざし」とか よびならわされている ものには 形態的に 無変化の「不変化詞」とも よばれる ものが おおく ふくまれている。いわば「副詞」や「かざし」は 基本的に 形態論的には かたちづけられていない という ことなのだが、では「副詞」や「かざし」は 文法的に かたちづけられておらず、語彙・意味的に 分類しておけば それで いい といった ものなのだろうか。じっさい 近代日本語文法論の ちち と いわれる 山田 孝雄 (1908)『日本文法論』も それに ちかい ことを いって、なやんでいる。なやみながらも、その 語彙・意味的分類を ほどこさないと おちつかない というか ものたりない という 常識感覚も おさえきれない といった ところで あったのだろう。「陳述副詞はかゝる性質のものなるが、又其の意義の差によりて述語の様式に特別の関係を有せり。之を述ぶるは文典の職にはあらねども一二概括して示さむとす。」(p.530)と のべて、「概括」的に「意義の差」を しめしている。これが なければ、かれの 陳述副詞論も きわめて さびしい ものに おわったであろう。1500ページを こえる 大著に「声音論を 欠く」ことを、「狭義の 文法」に かぎる ことを、「緒言」で わざわざ ことわっておく 山田が なやみながらも 最低限の ものを しめしているのである。「意義の差」を「文典の職にはあらねども」と ことわりながら「示さ」ざるをえない「常識」は どこから くるのであろうか。山田は はたして 矛盾した こと、無用の ことを しているのだろうか。

そんな ことは ないだろう。たしかに 形態論的には かたちづけられていないが、しかし 構文論的に 文内での 位置(いわゆる 語順)や 他語との むすびつき(いわゆる 文型)といった〈かた・かたち〉で あらわされているのでは ないか。そんな ふうに おもわれるのである。構文論の 未発達であった 形態論時代とも いうべき 時代に いきていた 山田 孝雄(1908)が なやむのも 無理は ない。単語は まず 文の なかに もちいられ、その なかで 現実態と なる。単語に とって 構文論的機能の ほうが 一次的であり、形態論の 体系(システム)は その 語形態にまで あらわれてくる 沈澱であり 凝結であり 定着である。中国語(シナ語)に 形態論が あるか どうか うたがう ものが いるにしても、構文論の ひいては 文法論の 存在を うたがう ものは たぶん いないだろう。それは 中国語(シナ語)や 近代英語の ように ほとんど 形態論らしい 形態論を もたない ものも 語順や 補助語(形式語)といった 構文論的な 手順で 文法的な かたちづけを うけている ことを 経験的にでも しっているからであろう。

という ことで、「言語の 形式」の 問題は、「こと–ばの かた–ち」という ぐあいに こと(事・言)と かた(型・形)とが カタコト コトカタ と おとを たてて やってくる 母音交替形でも ある ことに ちょっとの あいだ たちどまって かんがえを めぐらせて みようと おもう。

「かた–ち」の「かた」は 形容詞「かた–い」動詞「かた-む」「かた–る」と 同源だろう。「す–がた」は おそらく 複合語であろう(cf.「す–はだ」「す–あし」)。「かたち」の「ち」が「はた–ち(二十歳)」「みそ–ぢ(三十路)」の「ち」に ちかいのか、「をろ–ち(大蛇)」「いの–ち(命)」の「ち」に ちかいのか、という ことは いま ここでは とわない ことに する。

発端は、とある 出版社から でる ことに なっている 文法事典に「言語形式」という 題で ちいさな 文章を いそいで したためた ことに ある。いそがせられた こと(ひとを いそがせた わりには なんと まだ 刊行されていない ようだが)と 枚数制限が あった こととで、かきたりない おもいの すこし のこる ものであった。今回は すこし のびやかに かかせてもらおう と おもう。「とある 出版社」も 文句 あるまいと おもう。

## 2.

　てもとの(パソコンに はいっている)辞典『広辞苑』によれば、「かた(型)」は「個々のものの形を生ずるもととなるもの、または個々の形から抽象されるもの。」、「かたち(形)」は「感覚、特に視覚・触覚でとらえ得る、ものの有様(ただし色は除外)。」と かかれている。

　ちなみに、その 漢語的表現「形式」に ついては、「(form)事物の内容に対し、外から認められるものとしての形。特に、個々の形に重点を置く場合と、通じて見られる型に重点を置く場合とがあり、また、内容と切り離していることを強調する場合がある。」と 一般的に かいた のち、「哲学用語」として「物事の材料・内容と切り離して、構造・型・枠組を抽象してえられるもの。材料・内容を整序し統一する働きをもつ。哲学上の概念としては形相と言われる。質料。」という つかいかたを 紹介している。まあ、その 意味記述は 常識的な ところと いって いいだろう。

　では、言語学の 世界では どう かんがえられているだろうか、筆者の 興味と 関心に ふれてくる かぎりに ざっと みておこう。

## 3.

　「言語は 思考・思想の形式である」という 意味での 言語の 形式 という用語法は、さがせば プラトンや アリストテレスの 書物になど 古代ギリシアの むかしから あると おもわれるが、研究対象として とくに とりあげ くわしく 論じた 最初の ひとは、人文学者として 有名な ヴィルヘルム・フォン・フンボルト(W. von Humboldt)であろう。その 遺稿を 死後 1836 年に 編集・刊行した『(通称)カヴィ語研究序説』(邦訳名は 亀山 健吉(1984)『言語と精神』)の "Sprachform" が 最初であろう。フンボルトは 言語の 形式を 外的言語形式と 内的言語形式とに わけ、外的言語形式に おおくの ページをさいているが、その 外的言語形式は 音声形式とも よばれ、その 意味は 音声 という 悟性(知性)の レベル(の 感覚)で とらえられる 形式 という 意味であって、当然 語や 文の 構成も ふくまれており、通常の 言語学者が まず

あつかうのは これである(ときに 誤解される ように 音声学・音韻論の 意味では ない)。かれ自身の ことばを かりれば、「精神は 分節化した音声を思考の表現にまで高めてゆく役割を果すわけであるが、精神のこういう仕事の中にみられる恒常的なもの、同じような形態を取り続けているものを、できるだけ完全にその関連性において把握し、できるだけ体系的に表現したもの」であり、「発話の構成・構文の規則などを遙かに超えた拡がりを持っているのであるし、更に語を形成する時の規則をすら大幅に超えたものである。」という スケールの おおきい ものである。細部に 精密化を うけていない 部分が のこされている とはいえ、本質的に だいじな 基本線は ほとんど すべて きちんと のべられている。

　内的言語形式 というのは、よく わからない ことも あるが、理性の レベルで はたらく もので、知性(理念)のみならず 感情や 意志(情意)をも ふくめた 総合的な 人間精神の 形成に はたらく ものと かんがえられている ように おもわれる。「言語の完成」に ついて のべた 部分で、それは「音声形式と内面的な言語法則とが結合したとき」に おきるとし、また、それは「綜合的な働き」であって「言語を産み出す精神の活動に常に支えられた綜合作用」であると くりかえし のべている。この あたり、「知性」的な「外的言語形式」で それを こえた「理性」の レベルの ことを のべようと しているせいか、わたしには よくは 理解できない 部分が のこる。とともに、「かた(形・型)」なくして「こと(言)」も「こと(事)」も ないし、その 逆も 真だ と いおうと している 本稿に とって きわめて 象徴的な ことでは ある と いって いいだろう。

　マルティや ヴァイスゲルバーなど「新フンボルト学派」と よばれる ひとたちには ふれないで、新大陸 アメリカの サピアに いそぎたい。


## 4.

　サピア(E. Sapir)の 生前 唯一 市販された 単行本である サピア(1921)『言語』の 第4章と 第5章は、どちらも 「言語の 形式(form in language)」と 題され、相対的に 独立して はたらく 「文法的手順」と 「文法的概念」とを「形

式」の ふたつの 側面と みて それを 副題で わけて 考察し、第6章「言語構造の 類型」という 総合に つなげていく 構成に なっている。文法的手順の 主要な 6つの タイプ として、並置(語順)・合成・接辞づけ(派生)・音韻交替の 4つが 単位の おおきい ものから ちいさい ものへの 順に(つまり 文から 語への 方向で)とりだされ、ついで 擬音・擬態といった 音象徴(⇔言語記号の 恣意性)に かかわる 重複(畳語)と、超分節(⇔言語記号の 分節性)的に 語に かぶさる アクセント(強弱・高低)の 変異との 2つが つけくわえられる。つづく 2つの 章で、概念の タイプ(型式)と 構造の タイプ(類型)が くわしく かつ 総合的に あつかわれるが、それを「一般的な 形式(general form)」とも みていた(第6章 冒頭)ことに 注意すべきである。

　また、原著の ちいさな 索引では、"Form" の 項に "See Structure" と わざわざ ことわっている ことにも 注意しておきたい。つまり サピアは 第4章から 第6章までの 3つの 章で ことばの "Form" のことを あつかおうと していることは あきらかなのである。

　ちなみに、第2章は「言語の 音声」であるが、それを、一般が そう するように「言語の 形式(form in language)」としては あつかっていない。「個々の 音は、正確に かんがえれば、けっして ことばの 要素では ない。なぜなら、ことばは、有意味な 機能体であるが、音そのものは なんの 意味も もたないからである。」とまで いっている。意味を もつ 以前の 音そのものには "Form" 性を みとめていないのである。

　さらに、第6章「言語構造の 類型」でラテン語と シナ語とを 比較し、「ラテン語」を「内的形式を 有す」とともに「外面的にも 有形式」と するのに 対し、「シナ語」は「外面的に 無形式」だが「内的形式を 有す」とし、『内的無形式(の言語)がある』というのは、ひとつの 幻影であると 信じざるをえない」と している あたりには、フンボルトと おなじ 古典的な 精神(方法)を 感じとらざるをえない。20世紀後半を いろどった コンピュータ時代の 二項対立的・二律背反的「形式」観と いかに ちがう ことか。

## 5.

　ヴント心理学を 基礎と した 19 世紀的な 1914 年の『言語研究序説』から いかにも 20 世紀的な 1933 年の メカニスト宣言とも いえる『言語』へと 自己変革を とげた ブルームフィールド(L. Bloomfield)は、後者の 第 10 章「文法的形式」から 第 16 章「形式類と語彙」の 諸章で、心理的要因を 潔癖に 排する たちばからの 記述方法を くわしく 論じている。ちなみに、その 直前 第 9 章が「意味」である ことにも 注意しておきたい。結論的に いえば、「言語形式(linguistic form)」は「最小 または 合成された 有意味単位」であり、音素の 結合に よる 語彙的形式と、語順・抑揚(二次音素)・音声的変容(音声交替形)・形式の 選択などに よる 文法的形式から なるとし、感覚器官に とらえられる かぎりで記述する ための 諸単位を「音素・形態素」といった(当時としては)新造語を もちいて 煩瑣なまでに こまかかく 設定した。さいわい、半世紀以上の ときの ながれが、煩瑣な よけいな ものは ながしさり、「音素・形態素」といった 本質的で 基本的な ものだけ のこしてくれている。

　日本では、服部四郎が これを 技術的な 面のみ うけつぐ かたちで、「具体的言語単位と 抽象的言語単位」との 区別を たてて 操作的に より あつかいやすい かたちに 整理した うえで、「付属語と 付属形式」とを 区別する 具体的な手順・基準を 提示するなど している。これも 部分的では あるが、橋本 進吉の 形式重視の たちばを より 先鋭的な かたちに しあげる という 点で、一度は とおらなくてはならない 通過点であったのだろう。ただ、自立語と 付属語の 区別も わすれ、サピアの いう ネイティブの「(単)語意識の たしかさ」を 付属語に みようと する むきも 服部の 亜流には いて、技術主義・操作主義も、いきすぎると 本末転倒を ひきおこして しまいかねないように おもわれる。

## 6.

　明星学園・国語部(1968)『にっぽんご 4 の上 文法』とその 解説である 鈴木重幸(1972)『日本語文法・形態論』は、さきに ふれた アメリカの サピア

やロシアの ヴィノグラードフ(V. V. Vinogradov)(1947)『ロシア語』などをうけつぎ、田丸文法・宮田文法や 松下文法・佐久間文法などを 発展させるかたちで、日本語の 品詞全体に わたる「形式・形態」の 具体的な 組織化・体系化を こころみている。

　分析的な 形式「している」をひとつの 機能体として みとめる ことによって、「する−している」という 対立、つまり アスペクト という 文法的な カテゴリを 発見し、記述する ことにも 成功したし、「yar-e」「し−ろ」「し−なさい」「して ほしいんだ けど」「して ください」「して いただけませんか」など さまざまな かたちで あらわされる 命令的な モダリティを 統一的に とらえる ことにも 成功した。記述は いまだしい としても。

　奥田靖雄(1985)『ことばの研究・序説』などは、サピアの 並置(語順)という 文レベルの 部分を 拡充発展させる かたちで、不変化詞としての 副詞や 用言の 終止連体形など 語レベルの 形式で 区別されない ものに ついて そのありかたを かんがえた。ブルームフィールドらに よって すでに とりだされていた「位置(position)」や「分布(distribution)」といった より 形式化された 手段、それに 単語の カテゴリカルな 意味(categorical meaning)を くみこんだ「連語の かた(型)」や「文の 内部構造(さらに 意味的構造・機能的構造に わけられる)」が、いわば 構文論的な 形式として はたらく とみている。

　たとえば、

(a)　<u>ゆっくり</u> あるかない。　　　　　［ゆっくり あるか］ない。
(b)　<u>しばらく</u> あるかない。　　　　　しばらく ［あるかない］。
(c)　<u>ろくろく</u> あるかない。　　　cf. ×ろくろく おもく／事故では ない。
(d)　<u>けっして</u> あるかない。　　　cf. ○けっして おもく／事故では ない。

などを くらべてみると いいだろう。ちょっと て(操作)を くわえれば、外見上 おなじ ような かたちを していても、文の 意味的・機能的 構造が それぞれ ことなっている ことは みやすい ことだろう。そして この ばあいにも、文の「かたち」が ちがっている というだろう。

さらに、アスペクト(性)やモダリティなどの文法的なカテゴリにおいては、そのありかたをきめる条件(環境)として文をこえた「段落の構造」も形式としてはたらく、とするかんがえをしめしている。
　たとえば、つぎのような例文では、

（a）　その晩、金沢の○○ホテルにとまった。翌日能登にむかった。
（b）　その晩、金沢の○○ホテルにとまっていた。よなかに地震があった。

おなじ「その晩、………とまる」というできごとが、他のできごととつらなり(連鎖)ととらえられれば「した」と表現され、他のできごととであい(共存)ととらえられれば「していた」と表現されるのである。つまりできごとの連鎖か共存かという「段落の構造」が〈した-していた〉というアスペクト形式のどちらをつかうかということをきめているというわけである。客観的な時間のながさ(継続という時間量)がきめているのではないのである。
　以上のように、ことばのかたちについてのかんがえは、おおきくはフンボルト ⇒ サピア・ヴィノグラードフ ⇒ 奥田靖雄、とふかめられてきたとかんがえられる。

# 7.

　専門用語としての「かたち・形式(form)」という術語は、一般に内容または質料(素材)に対してコト(しごと・できごと)がおこる「しかた・ありかた」をいう術語であるが、そのさい、かたちを、内容と密接な連関のなかにあってコトの構成の骨格をなすとみるたちばと、内容と無関係な単なる外部とみるたちばとが、おおきくことなる両極のかんがえとしてある。かたちのことを、前者では「形相」、後者では「外形」ともよびならわしていて、かたちに対するかんがえかたのちがいによって、さまざまな研究方法や分析手法のちがいがうみだされている。
　と、中立をよそおえばこういわざるをえないが、本稿では当然、前者

つまり 形式と 内容の 密接な 連関を 重視する たちばに たとうと している わけで、そこでは、かたちが 〈コトが おこる「しかた・ありかた」〉である という 点に 注目したい。

　この ばあいの「-かた」は ふつう「方」という 漢字を あてるが、この どの 漢字を あてるか ということは ひとまず(古代)中国語の 問題であって、(古代)日本語の 問題では ない。とくに アクセントが ちがう という ような 問題が なければ 同一語・多義語と みる ほうが 定石に かなっている と かんがえられる。もともと 空間的な「方向・方角」を あらわしていた ことばが どのようにして「方法・状態」的な 意味(ex.料理の つくりかた・いたみかた)に 抽象化したか、また、それが「形」や「型」という 意味と どう 関係するか、については くわしくは まだ あとづけられないが、論理的に ありえない 変化だとも おもえない。

　一歩 ゆずって「かた(形・型)」と「かた(方)」とが 別語だ としても、コトと カタとが 母音交替形として ある ということには かわり ない。「ことば」が 型・形や 方法・状態の 意味の 語と 相即不離の 関係に ある ということが だいじな ことなのである。「ことば」が 個別・具体的な「かたち」や 一般・抽象的な「かた」と、そして 無意志的な「ありかた(状態)」や 意志的な「しかた(方法)」と、密接な 関係に ある ということが 肝要なのである。「ことば」の 意味 という それ自体 としては 感覚に とらえられない ものが 音形として「かた(形・型・方)」と 母音交替形として ペアを なす ものとして とらえられている ということが 肝腎なのである。

　思考対象 としての できごと や しごと という 意味の コトは、おそらく 言語・コトバ なくして 存立しないだろうが、その コトは「かた(形・型・方)」との 連関 なくしては 生じない とすれば、どういう ことに なるだろうか。ものごとの「みとめ(認識)」や「かんがえ(思考)」は、ことば(言語)の かたち(形式)に しかた ありかた(方法・状態)の レベルまで とりつかれている という さだめ(宿命)を もっている ことに なるだろうか。

　こうして 〈コト なくして カタ なし、カタ なくして コト なし〉 ということになる。「こと」と「かた」とが 一方だけでは なりたたず、同時に からみあって 成立する 二即一の できごとであり、他即自の しごとであり、相即

不離の ことがらである ことが すこしは あきらかに なっただろうか。合掌。
　くどい かもしれないが、合掌した とき、みぎの ては ひだりの てに さわっているのだろうか、さわられているのだろうか。言語的には ボイス(voice 態 diathèse)の 問題であり、コト的には 触覚 という 低級 と される 感覚の はなしでは あるが、みぎてと ひだりてとは てを あわせる ということにおいて からみあい、とけあうのであろうか。　　　ふたたび 合掌。

# 蘭学者の文法認知と術語の様相
— 「体用」、「実虚助」、「静動」との関連において

岡田袈裟男

## 1.

　日本語単語を「体」と「用」のカテゴリーで整理する考え方は伝統的である。もとは仏教の思想に基づき本体・本質を「体」、作用・活動を「用」として区別するものとされる。日本での現れは中世、連歌で語を「体・用」に分けたことがしられている。二条良基『連理秘鈔』では「体用事」の条に、たとえば水辺で「海」「河」「池」等を体とし、「舟」「浪」「千鳥」等を用とした例がある。

　さて「体言」「用言」としての現れについては、近代における研究の場で山田孝雄が言った「体言」の概念は仏教にいう「体」に近かった。山田は活用がないから体言だという考え方を退け、本体を示すことばをこそ体言と呼ぶべきだとした。後年、たとえば時枝誠記は接続関係で語形を変化させるか否かによって、ことばの「体・用」を決めるのだとした。これは明確に山田と異なる見解であった。「体言」の概念をめぐる二人はその見解を異にした。

　前後して研究史を遡ると近世、契沖が『和字正濫鈔』で述べた見解は活用の有無に基いて、語の「体・用」の別を考えようとするもので近代の考え方に近かった。冨士谷成章は語の組織的分類をはじめ体言の一類を他と区別するようになった。そこでは「名」「装」「かざし」「あゆひ」に四分し、「装」類を現代でいう用言にあたるものとした。さらに「用言」については鈴木朖が「作用の詞（動詞）」と「形状の詞（形容詞と動詞「あり」）」とを合わせて「用の詞・ハタラク詞・活語」としたし、東条義門は「活語・用言・はたらきこ

とば」と呼んだ。義門は「体言」について活用のない語を指し、また「動かぬ語」とも呼んだ。それ以降幕末・明治を経る過程では西洋文典が輸入され、体言は名詞・代名詞・数詞等を一括する名称として用いられるようになった。これが一般に理解されている内容であると思われる。ただ、蘭語学史上1833(天保4)年鶴峯戊申『語学新書』に「実体言」「虚体言」などとした例をもち、また1855(安政2)年大庭雪齋『和蘭文語凡例初篇』に「独立名辞ノ体言」とした例もみられる。しかし契沖、鈴木朖、東条義門を系由する過程にあった「体」「用」と蘭語学者のターミノロジーとの関連については十分明証を得るには至っていない。

　以上日本語単語の分類における「体」「用」について簡単にふれたが今はこれにとどめる。とはいえ、中世以来日本語の構造的把握のための一つの方法として適用された「体」と「用」、それは日本語の根底的な認識方法に繋がるものと思われる。それゆえに江戸時代に展開された言語学、すなわち国学、漢語学(唐話学をも含む)、蘭語学の三者間の関係を整理することが大切である。

## 2.

　外国語の単語分類カテゴリーは、一つに漢語学があり「実・虚・助」の三分類が知られている。また蘭語学では漢語学の用語を使いながら、さらに「静・動」の概念を導入し、これらとの関連でとらえた形跡がある。したがって国学を含め、三者間に固有に現われた文法用語相互の関係性を検証する必要がある。

　とはいえ、今日各言語の文法記述の実態をみるとき、必ずしもそのような考えが流通してはいないことも明らかである。各々の言語の内部構造はまたそれぞれ異なる要素をもつからである。江戸においても同様の様相を呈したと思われる。そこにはたとえば馬場佐十郎がいう動詞の「表裏ノ別」が冨士谷成章のいうところにつながらないのかとか、あるいは鈴木朖における「作用の詞」「形状の詞」が徂徠学と相関性をもつという指摘が妥当であるかなど興味深い課題が潜んでいる[1]。そのことは長崎通詞以外の蘭学者で、文法

認識の深さを示した18世紀末の宇田川玄随のとらえ方は、あるいは同時代「用の詞・ハタラク詞・活語」をとる京都の辻蘭室などに影響したのではないかというような疑問にも繋がっている。

　漢語学と蘭語学との関連でいえば、荻生徂徠における漢語学での語分類のパラダイムを掲げておく必要を感じる。徂徠は蘭語文法学の基礎をなした中野柳圃に大きな影響を与えたものと見られているからである[2]。徂徠『訳文筌蹄』『訓訳示蒙』などによると、名詞は「物名字、実字、実字(体、用の二種)」、動詞は「作用字、虚字、動ノ虚字」そして形容詞は「形状字、半虚字、静ノ虚字」などとしている。これ以外は「声辞字、助字、助語」とする。こうして今当面する課題からいえば、漢語学が概して「実・虚・助」とした三分類法は徂徠において細密化し独自のパラダイム形成に及んだことがわかる。この際、徂徠のいう「虚字」「半虚字」などの概念はどのように考えればよいのかというような問題が改めて浮上する。それは文法研究史において語分類の意識がどのように働いていたかという興味につながっていく。そして蘭語学にいう語の分類概念が「体・用」に現われた日本語研究の立場などと相俟って、そこにどのような関連を認めうるか、その文法認識の如何に関心が及ばざるをえない。それは今日近世における日本文法研究史の上でこれら三者間での有機的な関連付けが乏しいように思われるせいである。

## 3.

　つぎに蘭学者が使った文法用語を名詞、動詞、形容詞に限定して、いくつかの現象についてみておきたい。文法用語の様相については、近世を通観して総合的に示したことがあるが、ここでは角度を時系列に変えて簡略に述べる[3]。そこには江戸蘭学系、長崎通詞系の文法認知についてそれぞれ宇田川玄随、中野柳圃とを起点とする系統的影響関係がみえる。さらに近世における文法研究が本格化したのは長崎通詞の馬場貞由が幕命によって蕃所調所に招聘された江戸出府の年、1808(文化5)年以降とする。したがってこのことを考慮しておく必要がある。ちなみに表中で中野柳圃の系統は馬場貞由、吉雄権之助、吉雄俊蔵、やがて大槻玄幹などへ及ぶ。ただ、またそれぞれ訳語

を異にすることもあるからまだ今の段階で見えていない部分もある。長崎通詞系ではそれぞれ原語に通じているせいで、訳語の継承性とは切り離す必要もあるからである。また宇田川玄随の系統はこの表で認められる限り直接には批判的に摂取した辻蘭室のみがみえる。なお同一の蘭仏辞書の翻訳から生まれた二つのハルマ「ハルマ和解」(稲村三伯他江戸系蘭学者と旧長崎通詞等との訳といわれる)「ドゥーフ・ハルマ」(H. ドゥーフ・吉雄権之助他長崎通詞共同訳)の訳語は一つの目安となる。

### 3.1. 名詞

Naamwoord の訳語についてはつぎのようみえる。なお初出の年次を著者とともに記す。

「虚静死詞(静詞)」1804(中野);「死詞」1808(馬場)、「死字」1855(大庭);「自体詞」1804(中野);「静詞」1804(中野);「正能」1803(吉雄権);「当名詞」1809(吉雄権);「物名詞」1824(玄幹)、「名言」1815(藤林)、「名詞」1795(辻)、「名辞」1813(馬場)、「名目詞」1795(玄随)、「名目語」1795(玄随)、「名目辞」1840(渋川・藤井);「ウゴカヌ詞」1804(中野)、「独立名辞ノ体言」1855(大庭)、「事物トモニ体ヲ成タル語」1790(玄随)、「事物ノ実体トナル詞」1809(吉雄権)、「体ヲサス詞」1808(馬場)

江戸蘭学で宇田川玄随が「事物トモニ体ヲ成タル語」としたし、また「名目語」「名目詞」などとも訳した。ここに「体」があるのはことばの「本体」とする意識が働いているとしてもよい。もちろん、だからと言って、「体・用」からきた「体」であるかどうかはわからない。また「名目」を被せる語がみえるものの、江戸蘭学では1812(文化8)年、野呂天然に「名詞」が早くも出ている。同時代に中野柳圃に「静詞」があって、これは馬場佐十郎、吉雄俊蔵と柳圃の系統に継承されていることがわかる。また大庭雪斎は1855(安政2)年『和蘭文語凡例初篇』に「死字」とともに「独立名辞ノ体言」とする説明的な訳句を示している。ここに「体言」が現われていることと、すでに東条義門が現われている事との相関で蘭語学との交渉をここでも認められ

るだろうか。
　一方で zelfstandige naamwoord（文字通りには「独立している名詞」）をつぎに示す。

> 「実」zelfstandige のみの訳 1789–1803（中野）、「実語」1793（玄随）、「実詞」1784（中野）、「実辞」1795（辻）、「実死過称」1792（中野）、「実静詞」1804（中野）、「実体言」1833（鶴峯）、「実名」1812（野呂）、「実名言」1854（原）、「実名詞」1809（吉雄権）、「実名辞」1813（馬場）、「実名字」1857（香処）、「実名」1812（野呂）；「自立名語」1789–1802（中野）、「自立名言」1815（藤林）；「正名詞」1814（吉雄俊）、「定性名数辞」1811（馬場）、「定名詞」1824（玄幹）、「独名詞」1814（吉雄俊）、「名数辞」1811（馬場）

　江戸時代を通観して、江戸蘭学者、長崎通詞の如何を問わず「実」がとられていたことがわかる。ここにはまま「死」、「静」が生きているけれども、少数の例外を除けばほぼ「名」との結びつきは明白である。

### 3.2. 動詞
　動詞は単に蘭語 werkwoord の訳語をのみ示すと以下のような訳語がみられる。

> 「活言」1815（藤林）、「活語」1793（玄随）、「活辞」1855（大庭）、「活字」1854–1861（原）、「活用言」1833（鶴峯）；「作業詞」1812（野呂）、「作用詞」1824（玄幹）；「態語」1793（玄随）；「動言（詞）」1811（馬場）、「動詞」1812（野呂）、「動字」1855（馬場）、「動辞」1856（竹内）、「働詞」1856（可野）、「働辞」1813（馬場）；「用言」1825（玄幹）、「用詞」1825（玄幹）；「ワザ詞」1795（辻）、「業詞」1809（吉雄権）

　宇田川玄随が示したよりは、ほぼ同時代に中野柳圃が「動詞」として表した概念は時代を通観して今日に至る道筋にあることがわかる。それは動詞の

表1 蘭語学史名詞訳語表

| 西暦 | 年号 | 著編訳者 | 書名 | 名詞 | |
|---|---|---|---|---|---|
| | | | | naamwoord | zelfstandige naamwoord |
| 1784 | 天明4頃 | 中野柳圃 | 三種諸格 | | 実詞 |
| 1790 | 寛政2 | 宇田川玄随 | 蘭学秘蔵 | 事物トモニ体ヲ成タル語 名目詞・名目語 | |
| 1792 | 寛政4 | 中野柳圃 | 助詞(助字)考 蘭学助詞考 | | 実詞 実死過称 |
| 1793 | 寛政5成 | 宇田川玄随 | 蘭訳弁髦 | 名目語 | 実語 |
| 1795 | 寛政7 | 辻蘭室 | 蘭語八箋 関係書用語 | 名詞・名目語 | 実詞 実辞 |
| 1789–1802 | 寛政期 | 中野柳圃 | 九品詞名目 | 静詞 | zelfstandige |
| 1789–1803 | 寛政期 | 中野柳圃 | 和蘭詞品考 柳圃中野先生文法 | | 自立名語 |
| 1804 | 文化1成 | 中野柳圃 | 蘭学生前父 | 自体詞・虚静死詞(静詞) ウゴカヌ詞 | 実詞 |
| 1804 | 文化1成 | 中野柳圃 | 蘭語九品集 | 静詞 | 実静詞 |
| 1808 | 文化5成 | 馬場貞由 | 蘭語首尾接詞考 | 体ヲサス詞・死詞 | 実詞 |
| 1809 | 文化6成 | 吉雄権之助 | 和蘭属文錦囊 | 当名詞 | 実名詞 |
| 1809 | 文化6成 | 吉雄権之助述 | 訳文必用属文錦囊 | 正能・事物ノ実体トナル詞 | |
| 1811 | 文化8成 | 馬場貞由 | 和蘭辞類訳名抄 Marin | | 名数辞 |
| 1811 | 文化8成 | 馬場貞由 | 和蘭辞類訳名抄 Halma | | 定性名数辞 |
| 1811 | 文化8成 | 本木正栄 | 払郎察辞範 | 静詞 | 実静詞 |
| 1811 | 文化8序 | 馬場貞由 | 西文規範(和蘭文学問答) | 静詞 | 実詞 |
| 1811 | 文化8序 | 吉雄俊蔵 | 訳規 | 静詞 | 実詞 |
| 1812 | 文化9成 | 野呂天然 | 九品詞略 | 名詞 | 実名 |
| 1813 | 文化10成 | 馬場貞由 | 魯語文法規範 | 名詞・名辞 | 実名辞 |
| 1814 | 文化11成 | 馬場貞由 | 訂正蘭語九品集 | 静詞 | 実詞 実静詞 |
| 1814 | 文化11成 | 吉雄俊蔵 | 六格明弁 | | 独名詞 正名詞 |
| 1814 | 文化11成 | 吉雄俊蔵 | 六格前編 | 名詞 | 正名詞 |
| 1814 | 文化11成 | 馬場貞由 | 和蘭文範摘要 | 名目詞・名詞 | 実詞 実名詞 |

| 西暦 | 年号 | 著編訳者 | 書名 | | 名詞 |
|---|---|---|---|---|---|
| 1814 | 文化11成 | 本木正栄 | 諳厄利亜語林大成 | | 実詞<br>実静詞 |
| 1815 | 文化12刊 | 藤林普山 | 和蘭語法解 | 名言 | 自立名言 |
| 1812 | 文化13成 | 馬場貞由 | 蘭学梯航 | 名目語 | 実詞<br>実名詞 |
| 1816 | 文化13初稿 | H.ドゥーフ・長崎通詞 | ドゥーフ・ハルマ | 静詞 | 実静詞 |
| 1821 | 文政4伝述 | 吉雄権之助 | 重訂属文錦嚢 | | 自立名言 |
| 1824 | 文政7成 | 大槻玄幹 | 蘭学凡 | 物名詞 | 定名詞 |
| 1828 | 文政11成 | 高野長英 | 繙巻得師 | 名言 | |
| 1833 | 天保4刊 | 鶴峯戊申 | 語学新書 | | 実体言 |
| 1840 | 天保11上呈 | 渋川敬直・藤井方亭 | 英文鑑 | 名目辞 | |
| 1855 | 安政2刊 | 馬場貞由 | 蘭語冠履辞考 | 名辞・名目語 | 実辞<br>実詞 |
| 1855 | 安政2刊開始 | 桂川甫周 | 和蘭字彙 | 静詞 | 実静詞 |
| 1855 | 安政2刊 | 大庭雪斎 | 和蘭文語凡例初篇 | 死字・独立名辞ノ体言 | 実辞 |
| 1856 | 安政3刊 | 小原竹堂 | 挿訳俄蘭磨智科 | | 実名詞 |
| 1856 | 安政3刊 | 竹内宗賢 | 和蘭文典読法 | | 実名詞 |
| 1856 | 安政3刊 | 飯泉士譲 | 和蘭文典字類 | 名詞 | 実名詞 |
| 1856 | 安政3刊 | 可野亮 | 蘭学独案内 | | 実名詞 |
| 1856 | 安政3刊 | 可野亮 | 和蘭辞典 | | 実名詞 |
| 1857 | 安政4刊開始 | 広田憲寛 | 増補改正訳鍵 | 静詞・名目語 | 実静詞 |
| 1857 | 安政4刊 | 香処閑人 | 和蘭文典便蒙 | | 実名字 |
| 1862 | 文久2刊 | 堀達之助 | 英和対訳袖珍辞書 | | 実名辞 |
| 1864 | 慶応2刊 | 不詳 | 英吉利文典字類 | | 実名詞 |
| 1866 | 慶応2刊 | 桂川甫策 | 法朗西文典字類 | | 実名詞 |
| 1854–1860 | 安政期 | 不詳 | 和蘭文典前編直訳 | | 実名辞 |
| 1854–1862 | 安政期 | 不詳 | 和蘭文典後編 | | 実名詞 |
| 1854–1861 | 安政期 | 原梅南 | 設卯多幾斯和蘭陀語法 | | 実名詞<br>実名辞<br>実名言 |

表2　蘭語学史動詞訳語表

| 西暦 | 年号 | 著編訳者 | 書名 | 動詞 |
|---|---|---|---|---|
| | | | | werkwoord |
| 1784 | 天明4頃 | 中野柳圃 | 三種諸格 | 動詞 |
| 1792 | 寛政4 | 中野柳圃 | 助詞(助字)考 蘭学助詞考 | 動詞 |
| 1793 | 寛政5成 | 宇田川玄随 | 蘭訳弁髦 | 態語・活語(字) |
| 1795 | 寛政7 | 辻蘭室 | 蘭語八箋 関係書用語 | 動詞・活語・ワザ詞 |
| 1789–1802 | 寛政期 | 中野柳圃 | 九品詞名目 | 動詞 |
| 1804 | 文化1成 | 中野柳圃 | 蘭語九品集 | 動詞 |
| 1808 | 文化5成 | 馬場貞由 | 蘭語首尾接詞考 | 動詞 |
| 1809 | 文化6成 | 吉雄権之助述 | 訳文必用属文錦嚢 | 業詞 |
| 1811 | 文化8成 | 本木正栄 | 払郎察辞範 | 動詞 |
| 1811 | 文化8序 | 馬場貞由 | 西文規範(和蘭文学問答) | 動言(詞) |
| 1811 | 文化8序 | 吉雄俊蔵 | 訳規 | 動詞 |
| 1812 | 文化9成 | 野呂天然 | 九品詞略 | 作業詞(動詞) |
| 1813 | 文化10成 | 馬場貞由 | 魯語文法規範 | 動詞・働辞 |
| 1814 | 文化11成 | 馬場貞由 | 訂正蘭語九品集 | 動詞 |
| 1814 | 文化11成 | 吉雄俊蔵 | 六格明弁 | 動詞 |
| 1814 | 文化11成 | 吉雄俊蔵 | 六格前編 | 業詞 |
| 1814 | 文化11成 | 馬場貞由 | 和蘭文範摘要 | 動詞 |
| 1814 | 文化11成 | 本木正栄 | 諳厄利亜語林大成 | 動詞 |
| 1815 | 文化12刊 | 藤林普山 | 和蘭語法解 | 活言 |
| 1816 | 文化13成 | 馬場貞由 | 蘭学梯航 | 動辞 |
| 1816 | 文化13初稿 | H.ドゥーフ・長崎通詞 | ドゥーフ・ハルマ | 動詞 |
| 1821 | 文政4伝 | 吉雄権之助述 | 重訂属文錦嚢 | 活言 |
| 1824 | 文政7成 | 大槻玄幹 | 蘭学凡 | 作用詞・用詞・用言 |
| 1825 | 文政8成 | 大槻玄幹 | 訂正和蘭接続詞考 | 用詞・作用詞 |
| 1828 | 文政11成 | 高野長英 | 繙巻得師 | 活言 |
| 1833 | 天保4刊 | 鶴峯戊申 | 語学新書 | 活用言 |
| 1840 | 天保11上呈 | 渋川敬直・藤井方亭 | 英文鑑 | 動辞 |
| 1848 | 嘉永1刊 | 箕作阮甫 | 増補改正蛮語箋 | 動字 |
| 1855 | 安政2刊 | 馬場貞由 | 蘭語冠履辞考 | 動辞・動詞・動字 |
| 1855 | 安政2刊開始 | 桂川甫周 | 和蘭字彙 | 動詞 |
| 1855 | 安政2刊 | 大庭雪斎 | 和蘭文語凡例初篇 | 活辞 |
| 1856 | 安政3刊 | 小原竹堂 | 挿訳俄蘭磨智科 | 動詞 |
| 1856 | 安政3刊 | 竹内宗賢 | 和蘭文典読法 | 動詞 |
| 1856 | 安政3刊 | 飯泉士譲 | 和蘭文典字類 | 動詞 |
| 1856 | 安政3刊 | 可野亮 | 蘭学独案内 | 働詞 |
| 1857 | 安政4刊開始 | 広田憲寛 | 増補改正訳鍵 | 動詞 |
| 1857 | 安政4刊 | 香処閑人 | 和蘭文典便蒙 | 動字 |
| 1857 | 安政4 | 柳川春三 | 洋学指針(蘭学部) | 活言 |
| 1854–1860 | 安政期 | 不詳 | 和蘭文典前編直訳 | 動辞 |
| 1854–1862 | 安政期 | 不詳 | 和蘭文典後編 | 動詞 |
| 1854–1861 | 安政期 | 原栴南 | 設卯多幾斯和蘭陀語法 | 動詞・活字・活言 |
| 1862 | 文久2刊 | 堀達之助 | 英和対訳袖珍辞書 | 動辞 |
| 1864 | 慶応2刊 | 不詳 | 英吉利文典字類 | 動詞 |
| 1866 | 慶応2刊 | 桂川甫策 | 法朗西文典字類 | 動詞 |

概念に関して漢語学の直接反映が希薄であるようにみえるからである。ここにみるかぎり文政年間に大槻玄幹が「作用詞」とした以外にはみえない。

なお、ここには掲げていないが動詞の自他の別について馬場が『蘭語首尾接詞考』で「表裏の別」とした例がある。これは冨士谷の用語と通底するかという見方があるが、未だ確証を得てはいない。ただ表面的には単純に結びつくのだが、後に馬場はこれを「自他の別」とした。

## 3.3. 形容詞

表3でわかるように今日の形容詞にあたる蘭語 bijvoegelijk/toevoegelijk naamwoord の訳語はつぎのように整理される。

> 「形状詞」1825(玄幹);「虚語」1793(玄随)、「虚詞」1784(中野)、「虚字」1795(辻)、「虚辞」1789–1802(中野)、「虚静活詞(静詞)」1804(中野)、「虚静詞」1784(中野)、「従名辞」1811(馬場)、「静虚詞」1804(中野)、「虚体言」1833(鶴峯);「形言」1857(柳川)、「形状詞」1819(玄幹)、「形名言」1828(高野)、「形容語」1789–1804(中野)、「形容詞」1784(中野)、「形容辞」1855(大庭);「静詞」1792(中野)、「静辞」1855(馬場)、「静活詞」1792(中野)、「静活ノ詞」1804(中野);「属名詞」1816(馬場)、「接名詞」1824(玄幹)、「添名辞」1840(渋川・藤井);「動形辞」1855(馬場);「陪辞」1855(大庭)、「陪(倍)名詞」1809(吉雄権)、「陪名辞」1854–1861(原);「附名詞」1814(吉雄俊);「副言」1828(高野);「附属名言」1815(藤林);「傍寄名語」1789–1803(中野);「ヤウスの詞」1804(中野);「依頼名字」1848(箕作)

これから「形状」、「虚」と「静」さらに「活」、「形容」、「静」、あるいは「陪(倍)」と「名」などの結びつきで形成された様子がみえる。まず「形状」は淵源には冨士谷成章の術語が考えられる。これが東条義門「形状ノコトバ」、鈴木朖の「形状ノ詞」などとつながると認められれば国学系統との影響関係におかれたものといえる。ちなみに『言語四種論』は1824(文政7)年だが、1819(文政2)年時には大槻玄幹の訳語に「形状詞」のあることが多少の注目

## 表3 蘭語学史形容詞訳語表

| 西暦 | 年号 | 著編訳者 | 書名 | 形容詞 |
|---|---|---|---|---|
|  |  |  |  | bijvoegelijk、toevoeglijk naamwoord |
| 1784 | 天明4頃 | 中野柳圃 | 三種諸格 | 虚詞・虚静詞・形容詞 |
| 1792 | 寛政4 | 中野柳圃 | 助詞(助字)考 蘭学助詞考 | 静詞・静活詞 |
| 1793 | 寛政5成 | 宇田川玄随 | 蘭訳弁髦 | 虚語 |
| 1795 | 寛政7 | 辻蘭室 | 蘭語八箋 関係書用語 | 虚語・虚字・虚詞 |
| 1789–1802 | 寛政期 | 中野柳圃 | 九品詞名目 | 虚辞・虚詞 |
| 1789–1803 | 寛政期 | 中野柳圃 | 和蘭詞品考 柳圃中野先生文法 | 傍寄名語・形容語 |
| 1804 | 文化1成 | 中野柳圃 | 蘭学生前父 | 形容詞・虚詞・虚静活詞(静詞)・静活ノ詞・静活詞 静虚詞・ヤウスの詞 |
| 1804 | 文化1成 | 中野柳圃 | 蘭語九品集 | 虚静詞・静虚詞・虚詞 |
| 1808 | 文化5成 | 馬場貞由 | 蘭語首尾接詞考 | 虚詞・静詞・虚静詞 |
| 1809 | 文化6成 | 吉雄権之助述 | 訳文必用属文錦嚢 | 陪(倍)名詞 |
| 1811 | 文化8成 | 馬場貞由 | 和蘭辞類訳名抄 Marin | 従名辞 |
| 1811 | 文化8成 | 馬場貞由 | 和蘭辞類訳名抄 Halma | 従名辞 |
| 1811 | 文化8成 | 本木正栄 | 払郎察辞範 | 虚静詞 |
| 1811 | 文化8序 | 馬場貞由 | 西文規範(和蘭文学問答) | 虚詞 |
| 1811 | 文化8序 | 吉雄俊蔵 | 訳規 | 虚詞 |
| 1812 | 文化9成 | 野呂天然 | 九品詞略 | 虚詞 |
| 1813 | 文化10成 | 馬場貞由 | 魯語文法規範 | 形容詞・属名辞 |
| 1814 | 文化11成 | 馬場貞由 | 訂正蘭語九品集 | 虚静詞・静虚詞 |
| 1814 | 文化11成 | 吉雄俊蔵 | 六格明弁 | 附名詞 |
| 1814 | 文化11成 | 吉雄俊蔵 | 六格前編 | 陪名詞 |
| 1814 | 文化11成 | 馬場貞由 | 和蘭文範摘要 | 虚詞 |
| 1814 | 文化11成 | 本木正栄 | 諸厄利亜語林大成 | 虚静詞 |
| 1815 | 文化12刊 | 藤林普山 | 和蘭語法解 | 附属名言 |
| 1816 | 文化13成 | 馬場貞由 | 蘭学梯航 | 属名詞・形容詞 |
| 1816 | 文化13初稿 | H.ドゥーフ・長崎通詞 | ドゥーフ・ハルマ | 虚静詞 |
| 1819 | 文政2 | 大槻玄幹 | 和蘭接詞考 | 接名詞・形状詞 |
| 1821 | 文政4伝 | 吉雄権之助述 | 重訂属文錦嚢 | 附属名言 |
| 1824 | 文政7 | 大槻玄幹 | 蘭学凡 | 接名詞 |
| 1825 | 文政8成 | 大槻玄幹 | 訂正和蘭接続詞考 | 接名詞・(形状詞) |
| 1828 | 文政11成 | 高野長英 | 繙巻得師 | 附属名言・形名言・副言 |
| 1833 | 天保4刊 | 鶴峯戊申 | 語学新書 | 虚体詞 |
| 1840 | 天保11上呈 | 渋川敬直・藤井方亭 | 英文鑑 | 添名辞 |
| 1848 | 嘉永1刊 | 箕作阮甫 | 増補改正蛮語箋 | 依頼名字 |
| 1855 | 安政2刊 | 馬場貞由 | 蘭語冠履辞考 | 属名辞・形動辞・動形辞 静辞・虚詞・虚辞 |
| 1855 | 安政2刊開始 | 桂川甫周 | 和蘭字彙 | 虚静詞 |
| 1855 | 安政2刊 | 大庭雪斎 | 和蘭文語凡例初篇 | 陪辞・形容辞 |
| 1856 | 安政3刊 | 小原竹堂 | 挿訳俄蘭磨智科 | 形容辞 |
| 1856 | 安政3刊 | 竹内宗賢 | 和蘭文典読法 | 形容辞 |
| 1856 | 安政3刊 | 飯泉士譲 | 和蘭文典字類 | 形容詞 |
| 1856 | 安政3刊 | 可野亮 | 蘭学独案内 | 形容詞 |
| 1857 | 安政4刊開始 | 広田憲寛 | 増補改正訳鍵 | 虚静(詞)・形容(詞) |
| 1857 | 安政4 | 柳川春三 | 洋学指針(蘭学部) | 形言 |
| 1862 | 文久2刊 | 堀達之助 | 英和対訳袖珍辞書 | 形容詞 |
| 1864 | 慶応2刊 | 不詳 | 英吉利文典字類 | 形容詞 |
| 1866 | 慶応2刊 | 桂川甫策 | 法朗西文典字類 | 形容詞 |
| 1854–1860 | 安政期 | 不詳 | 和蘭文典前編直訳 | 形容詞 |
| 1854–1862 | 安政期 | 不詳 | 和蘭文典後編 | 形容詞 |
| 1854–1861 | 安政期 | 原梅南 | 設卯多幾斯和蘭陀語法 | 陪名辞・形容辞・属名詞 |

点である。ただ玄幹における他品詞の訳語をみるとき、あるいは「中野柳圃遺教」といった名を被せる著述をもつことなど、中野柳圃の系統を思わせるところとあわせて考えると、ここに国学と蘭語学の交差の検討に資する可能性を見出しうるかもしれない。しかし、基本的には多くの訳語を残した中野柳圃は1804(文化1)年に成立した『蘭学生前父』に「形容詞、虚詞、虚静活詞(静詞)、静活ノ詞、静活詞、静虚詞、ヤウスの詞」によることが肝要である。1784(天明4)年頃の中野柳圃『三種諸格』に「形容詞」がある。しかし柳圃の著述でそれが固定的に置かれたわけではない。「虚」をもって明示する概念化の過程には、徂徠学との関連が認められるとすべきであろうが、形容詞を「半虚字」とすることとの整合性をどこに求めればいいか。さて、ここで同時に示した「虚詞」「虚静詞」がある。これはほぼ同時代に江戸蘭学者の宇田川玄随が『蘭学弁髦』に「虚語」とする認識と重なっている。これが徂徠学に由来するとはされないまでも、漢語学の三分類に則るものであるといってよい。

またかねて疑問であった箕作阮甫の「依頼名字」は「ドゥーフ・ハルマ」系における toevoegelijk の訳語の一つとして現れた「依頼(ヨリスガリ)」に出たものと思われる。江戸蘭学の辞書的結晶をいわゆる「ハルマ和解」に求めても、toevoegelijk の訳語は「附属スル」「添テ贈ル」しか出てこない。

## 4.

さて各品詞の訳語の現われについて、わずかばかりのことを個別に述べた。ここでは各表が語るように文法用語は、国学、漢語学と比べて、蘭語学に仔細な展開をみせていることが伺われる。そして相関性が「体・用」、「実・虚・助」「静・動」三者間において交錯するさまも見える。しかしそれは一見どのようにも現象把握ができるかもしれないという危険性もはらんでいる。したがって、よりいっそうの検証が求められるものとして、この簡略な報告を提示するにとどめたいと思う。

**注**

1 　杉本つとむ（1976）『江戸時代蘭語学の成立と展開Ⅰ—長崎通詞による蘭語の学習とその研究』早稲田大学出版部
2 　杉本つとむ前掲書
3 　岡田袈裟男（2001）「オランダ語の翻訳・研究史に生まれた文法用語—江戸の言語学環境の下で」（「國文学　解釈と鑑賞」1月号　『江戸異言語接触　第二版』2009 笠間書院所収）

# 「V」との対応をなさない「V-(サ)セル」
―語彙的意味の一単位性

早津恵美子

## 1. はじめに

　動詞に接辞「-(サ)セル」のついた「V-(サ)セル」は、使役文の述語となりそれは原動詞「V」による文と構文的・意味的に対応関係にあるのがふつうである。

（1）　先輩が後輩に荷物をもたせる。――後輩が荷物をもつ。
（2）　監督が選手たちを走らせる。　――選手たちが走る。
（3）　監督が太郎と次郎を戦わせる。――太郎と次郎が戦う。

　しかしながら、形態的には「V-(サ)セル」という形であっても、当該の意味では原動詞文との対応が成りたたないあるいは成りたちにくいものがある。

（4）　後輩が先輩に花をもたせる。　――*先輩が花をもつ。
（5）　参加者が文学論を戦わせる。　――*文学論が戦う。
（6）　ポケットにナイフを忍ばせる。――*ポケットにナイフが忍ぶ。

　原動詞と対応をなさない「V-(サ)セル」には、名詞との組み合わせが固定し組み合わせ全体で慣用的な意味を表すものもあるが(上の(4)「花をもたせる」)、一方で、名詞との組み合わせが比較的自由なものもある(上の(6)

「忍ばせる」)。本稿は、原動詞と対応しない「V-(サ)セル」について名詞との組み合わせの固定度／自由度を考え、自由な組み合わせをつくりうる「V-(サ)セル」の中には、文法的な派生動詞というよりも、独自の語彙的意味をもつ他動詞相当の語彙単位としての性質をもつものがあるのではないかということについて考察するものである。

## 2. 「V」と「V-(サ)セル」との対応が成りたつかどうか

本稿は原動詞「V」による表現との対応をなさない「V-(サ)セル」について考察するのだが、「V」と「V-(サ)セル」が対応をなすかどうかの判断は必ずしも簡単ではない。対応の成否の判断に関わっていくつかの問題を考えておく。

(ア) 原動詞が現代語にないもの

「(葉巻を)くゆらせる」「(本心を)けどらせる」「(金に)あかせて(買い集める)」のように、対応する「V」が現代語ではほとんど使われなくなっていて対応が成りたたない「V-(サ)セル」がある(「*くゆる」「*けどる」「*あく」)。

(イ) 組み合わさる名詞の種類と対応の成否

同じ「V-(サ)セル」でも、組み合わさる名詞の意味的なタイプによって原動詞との対応の成否が異なることがある。

人名詞との組み合わせならば対応が成りたつが物名詞や事名詞の場合は成りたたないという類がある。「太郎を物陰にひそませる⇔太郎が物陰にひそむ」はよいが、「包丁を懐にひそませる⇔*包丁が懐にひそむ」は不自然だというものである。「満足させる」も、「消費者を満足させる」に対しては「消費者が満足する」が対応するが、「食物の量を確保することとその種類を満足させることとは別だ。」や「文学が私の空想のすべてを満足させていたわけではない。」には対応しない。

人名詞と物／事名詞という関係以外のものとして、「おどらせる」は、「胸／

心をおどらせる」なら「胸／心がおどる」と対応するが「身をおどらせる」は対応しない(「*身がおどる」)。また、「ゆるがせる」は、抽象名詞と組み合わさって感情的な状態変化を表す「決心／信頼をゆるがせる」には対応する原動詞表現があるが(「決心／信頼がゆるぐ」)、「山から吹き下ろしてくる風が倉庫の扉をがたがたとゆるがせていた。」「ドラムが激しい音でサバンナをゆるがせていた。」のように物名詞や場所名詞と組み合わさる場合は原動詞表現がきわめて不自然である。「とどろかせる」も、音や名前を表す名詞と組み合わさる場合は対応するが(「雷鳴を空にとどろかせる⇔雷鳴が空にとどろく」「世界中に名をとどろかせる⇔世界中に名がとどろく」)、「大地をとどろかせる」や「胸をとどろかせる」の場合には対応しない。「世間／世の中／新聞紙上を騒がせる」については、「世間が騒ぐ」はよさそうだが「世の中／新聞紙上が騒ぐ」はおかしい。このような現象は、「V-(サ)セル」の多義性とも関わることであり、他の「V-(サ)セル」にもしばしばみられる。

(ウ)　修飾要素の有無や語形の種類による不自然さの程度

　副詞や名詞による修飾要素の有無が関わることもある。たとえば「筆を走らせる」に対する「筆が走る」は、「太郎は一心に筆を走らせた⇔*筆が走った」は不自然に感じられるが、「この隠れ家では周囲のことがまったく目にはいらず、すらすらと筆が走った。」「興奮しているときは、思いのほか筆が走るものだ」などならばありそうである。「すらすらと」「思いのほか」という修飾語があることで、「筆を走らせる」の表す"よどみなくすらすらと書く"に対する"すらすらと書ける"という意味が浮きたちやすいからかもしれない。また、「(周囲に)目をひからせる」に対する「*目がひかる」はおかしいが、「目」に修飾語をつけた「監視の目をひからせる」に対しては「監視の目がひかっている」などということができる。

　語形(形態)やそれに伴う機能にかかわって対応の成否がゆれることもある。たとえば、「綺麗ごとですませる」に対して「*綺麗ごとですむ」はおかしいが、「綺麗ごとではすまない」という否定形や「綺麗ごとですむと思うとおおまちがいだ。」のような言い方ならば使われる。「部下に事情を含ませる」も「*部下が事情を含む」はおかしいが、「事情を含んでおいてくれ。」

というような使い方はありそうである。

(エ)　「V」表現と「V-(サ)セル」表現の意味のずれ
　「(人に)金を握らせる」が、"わいろとして人に金を与える"といった比喩的な意味で使われるとき、「(人が)金を握る」がそれに対応する意味の原動詞表現といえるかどうか必ずしもはっきりしない。「金にものをいわせる」と「金がものをいう」、「世間を騒がせる」と「世間が騒ぐ」なども、単純な対応関係ではなく意味的に微妙なずれがある。

　以上のような問題をふまえたうえで、本稿では「V」との対応が成りたたないまたは不自然な「V-(サ)セル」を広くとって考察の対象にすることにする。

## 3.　名詞と「V-(サ)セル」との組み合わせの固定度／自由度

　はじめに述べたように、原動詞表現と対応しない「V-(サ)セル」表現には、名詞などとの組み合わせが固定して慣用句となっているものが少なくないが、一方で、名詞との組み合わせがかなり自由なものもある。

### 3.1.　「単語のふつうの組み合わせ」と「慣用句」
　単語はふつうその語彙的な意味にみあうかぎりで、他の単語と自由に組み合わさる。たとえば「やく」は、"火や熱源に直接当て、少し焦げたり部分的に変化を生じたりするまで十分に熱を加える"[1]といった意味において、「魚／餅／ごみ-をやく」「ゆっくり／てばやく／こんがり-やく」など種々の組み合わせをつくる。「ふむ」も「小石／人の足をふむ」「思い切り／うっかり／わざとふむ」などは「単語のふつうの組み合わせ」である。それに対して「慣用句」は、「いつでも二つ以上の単語が一続きに、または相応じて用いられ、その結合が、全体として、ある固定した意味を表わすもの」[2]である。そして奥田(1967：16-17)では、要素の単語の意味と慣用句全体の意味との

関係から、慣用句がさらに、「慣用的ないいまわし」と「慣用的な組み合わせ」とに分けられる。「慣用的ないいまわし」とは、「手をやく、はらをたてる、口火をきる、だだをこねる」のように、「意味的に分割しようのない慣用句」であり、「慣用的な組み合わせ」とは、「手つづきをふむ、うそをつく、愚痴をこぼす」のように、「くみあわさっている二単語のうちのひとつが自由な意味を保存し、もうひとつが慣用句にしばられた意味になっている慣用句」[3]である。

## 3.2. 名詞と「V-(サ)セル」の組み合わせのありかた

原動詞表現と対応しない「V-(サ)セル」表現にも、名詞と「V-(サ)セル」の組み合わせに上のような種類をみいだすことができる。(この節で例示する「V-(サ)セル」に付した「●」は、『新選国語辞典』[4]において、当該の意味として「V-(サ)セル」または「V-(サ)ス」[5]の形が立項されていることを示す。)

(ア)　慣用的ないいまわし

　慣用的ないいまわしには次のようなものがある。(7)は、「N」が身体部位名詞及びそれに準ずる名詞であって、「N ヲ V-(サ)セル」全体で、主語である人の動きや心理状態を比喩的に表現する自動詞相当の意味を表すものであり[6]、(8)は、「N ヲ V-(サ)セル」がさらにニ格の人名詞と組み合わさって相手の心理状態を変化させたり相手に心理的にかかわっていく態度を表現したりするものである。その他(9)のようなものもある。

(7)　［肩をいからせる●］［身をおどらせる●］［身をくねらせる］［身をおののかせる］［身を忍ばせる●］［頭／心／神経を悩ませる●］［胸をとどろかせる●］［目を光らせる●］［耳をすませる●］［(集まりニ)顔をのぞかせる］［目を走らせる●］

(8)　［(人ニ)気を持たせる●］［花をもたせる］［有無をいわせない］［指一本触れさせない］［ひとあわ吹かせる●］［いっぱいくわせる●］［〈先輩／役人〉風をふかせる●］

(9)　［ひとはな咲かせる●］［あっと言わせる●］［綺麗ごとですませる●］［目に物いわせる］［(他者ノ)目をくらませる●］［ペン／筆を走らせる●］

　このうちとくに(7)のようにヲ格名詞が身体部位名詞であるものの中には、その名詞のもとの意味が生きていて慣用的な組み合わせのように思えるものがある。たとえば「耳をすませる」「顔をのぞかせる」の表す意味は、身体部位としての「耳」「顔」に何らか関わっていそうにも思える。しかし、慣用句としての意味("精神を集中させて聞く""(会合などに)出席する／姿をあらわす")は、「耳」「顔」の意味と「V-(サ)セル」の意味が組み合わさったものとはいえず、やはり慣用的ないいまわしである。ただし、「目を走らせる("ある方向をさっと見る")」においては、「目」が派生的な意味として"視線"を確立させているともいえ(「音のしたほうに目をむける」)、そうだとすれば、次の慣用的な組み合わせの「視線を走らせる」に近くなる。
　(9)の［ペン／筆を走らせる］も、「ペン／筆」の意味が保たれているように思われるが、［ペン／筆を走らせる］は、単に「ペン」や「筆」を"すばやく動かす"ことを表すことはできず、また、必ずしも「ペン」「筆」に限らず何らかの筆記具を用いて紙に文字や絵などをすらすらとよどみなく描くことを表す場合に用いられるのであり、やはり慣用的ないいまわしである。

(イ)　慣用的な組み合わせ
　慣用的な組み合わせといえるものに、次のようなものがある。(10)は身体部位名詞及びそれに準ずる名詞との組み合わせ、(11)はその他のものである。

(10)　［視線を　走らせる●］［足音／声を　忍ばせる●］［神経を　とがらせる●］［姿／行方を　くらませる●］
(11)　［議論／意見を　戦わせる］「想像／想い／策を　めぐらせる●」「条件を　満足させる」［車／タクシー／馬／馬車を　走らせる●」［金／ひまに　あかせて●］

これらの慣用句は、ある限定された名詞と「V-(サ)セル」との組み合わせが独自の意味を表すのだが、名詞のほうの意味は保たれており、「V-(サ)セル」の意味が特殊(先の奥田(1967)のいう「慣用句にしばられた意味」)になっている。［視線を　走らせる］についていえば、「走らせる」はこの慣用的な組み合わせにおいて"(視線を)ある物のほうにさっと向ける"という意味を表わしている。［足音／声-を　忍ばせる］の「忍ばせる」は"(自分の足音／声を)小さくする、目立たなくする"という意を、［神経を　とがらせる］の「とがらせる」は"過敏にする"という意を表している。つまり、文法的な派生動詞としての「V-(サ)セル」の意味すなわち原動詞の語彙的意味と「-(サ)セル」の文法的意味とが合わさった意味ではなく、独自の語彙的意味を表している。

　なお、ここで慣用的な組み合わせとした［姿／行方を　くらませる］については、身体部位名詞に準ずる「姿」のほうはもとの意味が薄れてしまい、「姿をくらませる」全体で"居場所をわからなくする"という意味を表す慣用的ないいまわしとみるべきかもしれない。


(ウ)　組み合わせがかなり自由なもの

　「V」との対応をなさない「V-(サ)セル」のなかには、上で見たような慣用句ではなく、一定の範囲の名詞とかなり自由に組み合わさって種々の組み合わせ(＝連語)をつくるものもある。たとえば「忍ばせる」は、上でみた「足音／声を　忍ばせる」とは別に、ニ格の物名詞・ヲ格の物名詞と組み合わさって、「懐にナイフを忍ばせる」「バッグに匂い袋を忍ばせる」「ポケットにお守りを忍ばせる」「スーツケースに妻の遺影を忍ばせる」「巻煙草を着物の間に忍ばせる」「マグロの腹の中にビニール入りの短銃を忍ばせる」「ピストルを外套の下に忍ばせる」のような様々な連語をつくる。

　この「忍ばせる」をはじめ、種々の名詞と自由に組み合わさる「V-(サ)セル」には次のものがある。(12)はニ格・ヲ格の物名詞との組み合わせ、(13)はニ格の人名詞・ヲ格の物／事名詞との組み合わせ、(14)はヲ格の人名詞(相当)との組み合わせ、(15)はヲ格の物／事名詞との組み合わせである。

(12) 「(懐にナイフを)忍ばせる●」「(バッグに包丁を)ひそませる●」「(野菜を熱湯に)くぐらせる」「(ポケットにハンカチを)のぞかせる●」

(13) 「(相手に札束/武力行使を)ちらつかせる●」「(人に金を)握らせる●」「(人に金を)つかませる●」「(部下に事情を)含ませる」「(両親に決心を)匂わせる●」「(相手に本心を)けどらせる」

(14) 「(容疑者を)泳がせる●」「(二人を)/(娘を好きな人に)添わせる●[7]」「(二人を)めあわせる●」「(玄人/聴衆を)うならせる」「(世間/世の中/新聞紙上を)騒がせる●」「(人/人の手/胸を)わずらわせる●」

(15) 「(葉巻/パイプ/紫煙を)くゆらせる●」「(扉/サバンナ/部屋を)ゆるがせる●」「(大地/森/あたりを)とどろかせる●」「(縫物針を)急がせる」

　この類の「V-(サ)セル」もまた、原動詞の語彙的な意味と「-(サ)セル」の文法的な意味からなる合成的な意味を表すのではなく、「V-(サ)セル」が独自の語彙的意味を表していると思われる。慣用的な組み合わせにおける「V-(サ)セル」の独自の意味は当該の慣用句の中でだけ発揮される慣用句にしばられた意味であったが、こちらのように種々の組み合わせをつくりうる「V-(サ)セル」がもつ独自の語彙的意味は、そういった限定のないものである。この節であげた「V-(サ)セル」には、「●」が示すように国語辞書に立項されているものが多いが、このことも語彙的意味の独自性を傍証するものだろう。

## 4. 「V-(サ)セル」の語彙的意味の一単位性

　この節では、慣用的な組み合わせや自由な組み合わせにおける「V-(サ)セル」が文法的な派生動詞ではなく独自の意味を表す語彙的な単位(語彙項目 lexical item)として成立し、日本語の語彙体系の中に位置づいているとみなせることを具体的に考えてみる。その際、当該の意味で類義の他動詞のあるものについては、それとの異同も考えあわせることにする。

## 4.1. 語彙的な意味の独自性 —新たな語彙的意味の成立—

　たとえば、(12)にあげた「懐にナイフを忍ばせる」の「忍ばせる」は、次の(16)と(17)の諸例の「忍ばせる」を「入れる」で言いかえてもほぼ同じ事態を表せることにうかがえるように「入れる」と類義である((16)と(17)に分けたことについては後述)。

(16)　九津見容疑者はバッグに六本組みのドライバーセットを忍ばせ、搭乗ゲートの手荷物検査をクリア。空席の目立つ二階スーパーシートの座席に着いてから、柄にアイスピック状のドライバーを装着した。
　　　　　　　　　　　　　　　　　　　　　　　　（毎日新聞 1995.07.01）
　　〔他の例：男はバッグに忍ばせたカメラで客室乗務員を盗撮していた　／　マグロの腹の中に短銃を忍ばせて密輸入する　／　女は胸に懐刀を忍ばせていた　／　彼女がポケットにそっと紙幣を忍ばせるのをみた〕

(17)　三好さんは医学博士で産婦人科の専門医であり、幼い長女の写真を常に胸にしのばせている。　　　　　　　　　　　　　　　　（黒い雨）
　　〔他の例：晴れた日の外出には折りたためる帽子をバッグに忍ばせておくと便利です　／　女どもはそれを袋に入れてふところに忍ばせ香袋にするものだ　／　彼は整腸剤を机の中に忍ばせて仕事をしていた　／　星野は妻の遺影をポケットに忍ばせてナゴヤドームにいった　／　選手たちはスパイクシューズに「甲子園の土」を忍ばせた〕

　しかし、「Nを忍ばせる」は"Nがはいっていることを人に気づかれないように入れる(入れておく)"という場合に使われるのがふつうで、そういった制限のない「入れる」とはその点で異なる。また"人に気づかれないように"という点で同様の制限をもつ複合語「隠しもつ」とも異なる面がある。すなわち「隠しもつ」は"もっていてはいけない物をもっている"ことを表すのがふつうであり、(17)のほうの「忍ばせる」を言いかえるのは不自然である。このように、「忍ばせる」は「入れる」とも「隠しもつ」とも異なる独自の意味"物を、それがそこにあることを人に気づかれないように何かの

中に入れておく"ことを表すのにふさわしい。「忍ばせる」と同じ(12)の類である「野菜を熱湯にくぐらせる」は、「とおす」の意味に近いが、"何かの中をさっと移動させる"という動きの様子を生き生きと表現するのにふさわしく、「ポケットにハンカチをのぞかせる」は、「出す」に比べ、狭いところから中の何かが見えているという様子を表すのにふさわしい。

(13)にあげた「相手に札束／武力行使をちらつかせる」は、「札束をみせる」「武力行使をほのめかす」に比べて、"いちどに全貌を示すのではなく少しずつちらちらと示す"というやりかたを感じさせる。また「人に金を握らせる／つかませる(≒与える／やる)」「部下に事情を含ませる(≒いう／伝える)」は、原動詞「握る／つかむ」「含む」の表す動きの結果状態としての"自身の手中に把持されている""自身の体内に取り入れられている"という状態をつくりだすことを表すものとして、「与える／やる」「いう／伝える」よりもふさわしい。また、「両親に決心を匂わせる」には、事柄がまわりにそれとなく遠まわしに伝わるようにする感じがうかがえる。

(14)の「(容疑者を)泳がせる」は、"〔犯罪の被疑者などから、さらに証拠を集めるなどのために〕(警戒心を起こさせないようにして)自由に行動させる。"(『新明解国語辞典』注1参照)と語釈されるような独特の意味をもつが、ここにも原動詞「泳ぐ」の意味が反映してように思われる。「泳ぐ」という動きは、「歩く」や「走る」に比べると、手足を存分に使っての動きであり、かつ動く方向の限定もあまりなく、さらに水中での浮遊感も感じさせる。こういった特徴をもっているために、「泳がせる」は"自由に行動させる"というのにふさわしいのではないだろうか。「二人を添わせる」「娘を好きな人に添わせる」は、「結婚させる」「嫁がせる」と比べて"そばを離れずにいる、ぴったりついている"という状態をつくりだすという感じがある。

(15)にあげた「葉巻をくゆらせる」は、「吸う／ふかす」と違って、ゆったりとたしなむ感じをもっぱら表現しており、「扉／部屋をゆるがせる」は「ゆらす／ゆする」とは違って、大きな音が発するほどゆらすことを表現する。「縫物の針を急がせる」は「動かす」と類義であるが、はやる気持ちを感じながらの急ぎの作業であることをうかがわせる。

慣用的な組み合わせのほうでも、「視線を走らせる」は「動かす」よりも

早さや一方向性を感じさせ、「(同僚と)議論を戦わせる」は、「議論をする／かわす」に比べてやりとりの激しさがうかがえる。

このように、ここでみてきた「V-(サ)セル」表現は、当該の組み合わせにおいては原動詞表現が成りたたないものの、その原動詞で表現される具体的な動きの様子を髣髴とさせるような、ときに限定・精密化された意味をうかがわせる。「V-(サ)セル」によるこういった表現は、もともとは形象性(主としてメタファー的な形象性)に支えられた臨時的な使用だったものだろう。それが一定の名詞との組み合わせがくりかえし使用されることで慣用的な組み合わせとなって独自の意味を発達させ、さらには、組み合わさる名詞の範囲が広くなって種々の組み合わせをつくれるようになり、「V-(サ)セル」が慣用句から解放されて、ふつうの他動詞に張り合う独自の意味を確立させたのではないか。すなわち、「V-(サ)セル」が、その形象性を生かした臨時的比喩的な使用から次第に慣用句にしばられた意味を成立させ、さらなる使用のなかで自由な意味を確立させていく、そのようなプロセスが考えられる。

そして、そのようなくりかえしの使用と独自の意味の定着をうながす動機・要因として働いたのは、その「V-(サ)セル」が類義の他動詞と張り合う独自の意味を表しうるものであり、既存の語彙体系のなかで価値あるものとして機能しえたことによると思われる。

「V-(サ)セル」は形態的には「V」と「-(サ)セル」からなる合成的な単位である。そういった性質をもつ「V-(サ)セル」にみられる語彙的意味の独自性は、「-(サ)セル」が本来もつ文法的な意味〈動きや変化の引き起こし〉が、当該の「V」の語彙的な意味を〈発現・発露〉させることを表現する方向に働いた結果つくりだされたといえるのではないだろうか。そして、新たな語彙的意味を確立した他動詞がうみだされることによって、既存の他動詞群のつくりだす語彙的意味の体系はより豊かなものになる[8]。

## 4.2. 連語論な性質の独自性

文法的派生動詞としてではない独自の語彙的意味をもつようになった「V-(サ)セル」は、その意味(カテゴリカルな意味)の反映として、他の単語との

組み合わせのあり方にみられる性質（連語論的な性質）において、文法的派生動詞としての「V-(サ)セル」とは異なる性質を示すことがある。

たとえば「泳がせる」は、人の動作を表す動詞としての「泳ぐ」からの「泳がせる」ならば、移動の出発点と到着点を表す名詞や移動距離・移動場所を表す名詞と組み合わさることができ、原動詞表現とそのまま対応する。

(17) 選手をA地点からB地点まで泳がせる（⇔選手がA地点からB地点まで泳ぐ） ／ 学生を20キロ泳がせる（⇔学生が20キロ泳ぐ） ／ 子供をプールで泳がせる（⇔子供がプールで泳ぐ）

それに対して、「犯人を泳がせる」の「泳がせる」はこのような組み合わせをつくることができない。「犯人を泳がせる」はむしろ、［人をほうっておく］［人を自由にする］［人をつかまえる］などと同じく、人への態度的なかかわりを表す連語をつくる。

3.2. 節の(12)であげた「バッグに包丁をひそませる」「野菜を熱湯にくぐらせる」は、それぞれ「竹藪に捜査員をひそませる（⇔竹藪に捜査員がひそむ）」「子供に門をくぐらせる（⇔子供が門をくぐる）」とはちがって、ニ格の物名詞・ヲ格の物名詞と組み合わさって［物ニ物ヲ入れる］［物ヲ物ニ通す］のような設置型の連語をつくる。4.1. 節で具体的な組み合わせの例を示した「忍ばせる」も設置型の組み合わせをつくる。

また、(13)であげた「相手に札束をちらつかせる」「敵に武力行使をちらつかせる」の「ちらつかせる」は、4.1. 節でみたような意味を表す動詞としてニ格の人名詞・ヲ格の事物名詞と組み合わさり、「みせる、しめす」と同じように［人ニ事物ヲ示す］という提示型の連語をつくる。このような連語論的な性質は「雪がちらつく」に対応する「ちらつかせる」（「冷気が雪をちらつかせる」）とは異なっている。また、「部下に事情を含ませる」は、「病人に水を含ませる（⇔病人が水を含む）」とちがって、ヲ格の抽象名詞と組み合わさって［人ニ情報ヲ伝える］という伝達型の連語をつくる。

このように、原動詞と対応しない「V-(サ)セル」が原動詞と対応する「V-(サ)セル」とは異なる独自の構文的性質を示すことは、「V-(サ)セル」が、「V」

と「-(サ)セル」からなる合成的な単位であるのとは異なる単一の単位として独自の語彙的意味を発達させていることの現れである。

### 4.3. 構文的な機能の独自性

「V-(サ)セル」の独自の意味はまた、文中での構文的な機能にも反映されることがある。まだ調査・分析が不充分ではあるが、今後への足がかりとして、「忍ばせる」を例にして考えてみる。「忍ばせる」は3節で、慣用的な組み合わせとして［足音／声を　忍ばせる］を、組み合わせがかなり自由なものとして「(懐にナイフを)忍ばせる」をあげた。この二つは文中での機能においても異なる性質を示す。ここでは、手元のコーパス[9]の調査結果にもとづいて両者の違いを考えてみる。

まず、慣用的な組み合わせである［足音／声を　忍ばせる］は50例あるが[10]、構文的な機能をみると、「人が　足音を忍ばせて　やってくる／廊下を出た／近づいていった」のように、「忍ばせる」がシテ形をとり独自の主語をもたずに連用的な機能をはたす［忍ばせて……移動］という例が37例、同様な構造でシ形およびそれに準ずる形をとる［忍ばせ／忍ばせながら／忍ばせつつ／忍ばせるように……移動］という例が6例である。すなわち50例中43例の「忍ばせる」が、主体の移動が表現される文において連用修飾機能をはたすものであり、人が移動をするときの様態が"自身の足音や声が目立たないよう小さくした状態"であることを表している。連体修飾のものは、「足音／声」を被修飾語とするものもそれ以外のものもない。このように［足音／声を　忍ばせる］は、文中での機能がかなり限定されている[11]。

一方、名詞との組み合わせがかなり自由で「入れる、隠しもつ」と張り合う独自の意味をもつ「(懐にナイフを)忍ばせる」のほうの例は78例ある。そしてこちらには上のような偏りはなく、［忍ばせ／忍ばせて……移動］は9例にすぎない。連用機能であっても、「乾し小魚をポケットに忍ばせて暇なときに食べる」「整腸剤を机の中に忍ばせて仕事をする」「上履きの中に画びょうを忍ばせ、女子生徒にけがをさせた」のように述語は様々であり(9例)、連体修飾機能の例「懐に忍ばせた札入れ」も12例ある。その他は終止述語の例であり(48例)、人の具体的な動作の様態を詳しく述べたもの(「片

手を湯の底にそろそろ忍ばせた。」「苦心しながら忍ばせた」)、動作の結果の状態を述べたもの(「ピストルを胸ポケットに忍ばせていた」)、いわゆる準備性を表すシテオク形(「忍ばせておいたのだ」)など多様である。このように、自由な組み合わせをつくる「忍ばせる」は、種々の機能をはたすものとして使われており、「足音／声を　忍ばせる」とずいぶん異なる。

　以上みてきたように、原動詞表現と対応しない「V-(サ)セル」の中には、原動詞の表す意味の何らかの反映を含みつつも新たな独自の語彙的意味を獲得し、それにふさわしい文法的性質をそなえた他動詞として成立しているものがありそうである。

## 5. おわりに

　本稿ではまず、原動詞と対応をなさない「V-(サ)セル」について、名詞との組み合わせの自由度／固定度の点で大きく三つに分けた。

　　慣用的ないいまわしをつくるもの　　　：「気をもたせる」
　　慣用的な組み合わせの要素になるもの　：「視線を走らせる」
　　組み合わせがかなり自由なもの　　　　：「ポケットに財布を忍ばせる」

　そして、慣用的な組み合わせの要素となる「V-(サ)セル」、および組み合わせがかなり自由な「V-(サ)セル」には、文法的な派生動詞としてではない独自の語彙的意味をもつものがあることをみた。そしてその語彙的意味の反映としての独自の構文的性質についても考えてきた。

　「V-(サ)セル」は、形式的には「V」と「-(サ)セル」という二つの要素からなり、多くの場合、使用の場面で自由につくりだされて、「V」の語彙的な意味に「-(サ)セル」の文法的な意味が合わさった意味を表す。しかし、「V」との対応を失った「V-(サ)セル」は、個々の言語活動に先立って(文をつくるのに先立って)既成品として話し手に与えられているものとしての語彙的な単位(語彙項目 lexical item)であり、内容的(意味的)にも、現実のある断片を独自にさししめす一単位としての単語となっていると思われる。ただし、

独自の意味を成立させているといっても原動詞の語彙的な意味と全く無関係な意味になるのではなく、たいていの場合、原動詞の表す意味の〈発露・発現〉というニュアンスをもった意味、つまり意味的な透明性をある程度残した意味となっていることが多い。こういった「V-(サ)セル」には類義の他動詞(「-(サ)セル」を含まないふつうの他動詞)が存在するものもあるが、成りたちゆえの独自の意味をもつ「V-(サ)セル」動詞としてそれらと張り合い、語彙体系の中に位置づいている。

　「V-(サ)セル」にみられるこの現象はいわゆる「語彙化(lexicalization)」の一種と言いうるものかもしれないが、それについては改めて考えたい。

　最後に今後の考察の方向を示すならば、本稿では原動詞との対応のない「V-(サ)セル」を考察対象としたのだが、対応のある「V-(サ)セル」についても考える必要がある。それらについては、その一部の「V-(サ)セル」にのみ一単位性がみとめられるのか[12]、あるいは「V-(サ)セル」はすべて語彙的な単位とみなせるのかが問題となる。青木(1977)では、本稿でいう「V-(サ)セル」について、「-(サ)セル」の付加である点では「文法的な問題である」が、「(それらの)付加されて出来た全体はやはり動詞という詞であり、原動詞とは異なった意味の動詞が成立するものである点において、あたかも単語と複合語との関係の如くそれは全く詞的な意味の問題である」とされていて、「詞」としての「V-(サ)セル」に、複合動詞と同じく語彙的意味の独自性を認めているようである[13]。鈴木(1980、1983、2008)も、「V-(サ)セル」を「使役性というカテゴリカルな意味特徴のくわわった複合的な語い的な意味をもつ動詞の種類」だとし、「-(サ)セル」の付加は「(形態論的な)形つくり form formation」ではなく、「単語つくり word formation」だとする。ただし「V-(サ)セル」の意味に独自の他動詞としての特殊性をみとめているわけでは必ずしもないようである。

　「V-(サ)セル」は、「V」と対立する形態論的な形なのか、語彙・文法的な単位としての独立の動詞なのか。おそらく、文法的生産性の高いものとしての前者が多い一方で、後者のように語彙的既成性の高いものもあるということではないだろうか。

注

1 『新明解国語辞典』(山田忠雄・柴田武他編、三省堂、2005 年、第六版)
2 『国語学辞典』(国語学会編、東京堂出版、1980 年)の「慣用句」の項(執筆、永野賢)
3 この例では、「てつづき、うそ、愚痴」がふつうの組み合わせ(「留学のてつづきを始める」「巧妙なうそにだまされる」「上司の愚痴を言う」)のときの意味を保っており、「ふむ、つく、こぼす」のほうが慣用句にしばられた意味である。
4 『新選国語辞典』(金田一京助・佐伯梅友他編、小学館、2002 年、第八版、総収録語数約 86,000 語)を調べたのは編者の一人に佐伯氏が入っていることによる。氏は、佐伯(1960)において、「(さ)せる」と「(ら)れる」について「助動詞を付けて、させる意味(使役)にしたり、される意味(受身)にしたりすると、全体が新しい一つの動詞のようになって」とされており、小型の国語辞典のなかでは「V-(サ)セル」「V-(サ)ス」を比較的多く立項しているのではないかと考えたことによるが、本辞書の解説などにそういったことは書かれていない。なお、同規模の他の辞典として『新明解国語辞典』(注 1 参照)も調査したが、立項の様子はほぼ同様である。
5 「V-(サ)セル」と「V-(サ)ス」(「行かせる」と「行かす」)について本稿では、活用のゆれあるいは異形態だと考えてともに考察対象とし、前者を代表形として挙げる。なお、青木(1977)は、「「せる」型が頻用され、一語意識が強くなると五段活用の「す」型に転ずる傾向はある」としている。
6 佐藤(1986:109)にも同様の指摘がある。ただし佐藤(同)では、「V」表現との対応の有無はとくに問題とされずに例があげられている。
7 「(二人を)添わせる」に対応する意味としての「*(二人が)添う」は現代語で使われないが、複合動詞「添いとげる」には化石的に残っている。
8 慣用的ないいまわしの場合には、たとえば、「(会合に)顔をのぞかせる」は「出席する」と、「肩をいからせて(歩く)」は「いかめしそうに」と類義であり、いいまわし全体が一単語相当になって語彙体系を豊かにしている。
9 4 種類の電子化資料(『CD–ROM 版　明治の文豪』『CD–ROM 版　大正の文豪』『CD–ROM 版　新潮文庫の 100 冊』『CD–ROM 版　毎日新聞 '95』)をテキストファイル化したもので約 260MB である。翻訳作品も含まれ時代もジャンルも様々な資料であるが便宜的にこれを用いた。
10 「足音を／跫音を／靴音を／足を／息を／声を」がそれぞれ、40、1、1、6、1、1 例ずつ。
11 ヲ格の身体部位名詞と「V-(サ)セル」との組み合わせには、シテ形で連用修飾機能をはたすものが多い。「肩をいからせて歩く」「身をくねらせて笑う」。他に、「金／ひまにあかせて」も同様な制限がある。
12 「知らせる」はその最たるものであり、「聞かせる」「もたせる」も、単に「V」+「-(サ)セル」ではない意味を発達させている(早津 1998、2000)。
13 これは、時枝(1950)が「せる・させる」を「れる・られる」とともに「語形成の

接辞」と扱っていることをうけてのことと思われる。

## 参考文献

青木伶子(1977)「使役―自動詞・他動詞との関わりにおいて―」『成蹊国文』10　pp.26-39　成蹊大学文学部日本文学科研究室

奥田靖雄(1967)「語彙的な意味のありかた」『教育国語』8(松本泰丈(編)1978『日本語研究の方法』pp.29-44、むぎ書房、などに再録)

奥田靖雄(1968-1972)「を格の名詞と動詞とのくみあわせ」『教育国語』12、13、15、20、21、23、25、26、28(言語学研究会(編)1983『日本語文法・連語論(資料編)』pp.21-149、むぎ書房、に再録)

佐伯梅友(1960)『ことばのきまりと働き―中学国語読本―』三省堂

佐藤里美(1986)「使役構造の文」『ことばの科学』1　むぎ書房

鈴木重幸(1980)「動詞の「たちば」をめぐって」『教育国語』60(鈴木重幸1996『形態論・序説』pp.159-172、むぎ書房、に再録)

鈴木重幸(1983)「形態論的なカテゴリーについて」『教育国語』72(鈴木重幸1996『形態論・序説』pp.85-104、むぎ書房、に再録)

鈴木重幸(2008)「文法論における単語の問題―単語中心主義に対する疑問にこたえて―」『国語と国文学』85-1　pp.1-15　東京大学国語国文学会

時枝誠記(1950)『日本文法　口語篇』岩波書店

早津恵美子(1998)「「知らせる」「きかせる」の他動詞性・使役動詞性」『語学研究所論集』3号　pp.45-65　東京外国語大学語学研究所

早津恵美子(2000)「「もたせる」における使役動詞性のあり方」『日本語　意味と文法の風景―国広哲弥教授古稀記念論文集―』pp.97-114　ひつじ書房

早津恵美子(2001)「日本語における語彙的な意味の単位をめぐって」津曲敏郎(編)『環北太平洋の言語』第7号(文部省科学研究費補助金特定領域研究(A)『環太平洋の「消滅に瀕した言語」にかんする緊急調査研究』研究成果報告書)　pp.219-254

早津恵美子(2009)「語彙と文法との関わり―カテゴリカルな意味―」『政大日本研究』6　pp.1-70　台湾政治大学

早津恵美子・中山健一(2010)「「語彙化(lexicalization)」について―事典類の記述の調査と日本語での言語現象―」『コーパスに基づく言語学教育研究報告』5　pp.67-85　東京外国語大学大学院総合国際学研究院

宮島達夫(1987)「単位語の認定」『雑誌用語の変遷』国立国語研究所報告89(宮島達夫1994『語彙論研究』pp.113-119、むぎ書房、に再録)

# 沖縄西表島祖納方言
— アスペクト・テンス・ムード体系の素描

金田章宏

## 要旨

　西表島祖納方言の動詞には、アスペクト・テンス・ムードにかかわる形式として、ヌムン形・ヌミス形、ヌミ ブ形、ヌミル・ヌミドゥル形、ヌメル・ヌミダル形、ヌミ ブレル形があり、それぞれ部分的にかさなりながらも、独自の意味用法をもつ。本稿ではこのうちヌミル・ヌミドゥル形、ヌメル・ヌミダル形、ヌミ ブレル形について概要を記述した。ヌミル・ヌミドゥル形は、ヌミ ブ形が現在の状態に注目して動作などが進行中であることを主としてあらわすのに対し、過去にはじまった動作などが現在も継続していることを主としてあらわす。ヌメル・ヌミダル形とヌミ ブレル形はのこされた記録や痕跡、効力などをもとにした推論に主として使用されるが、前者がより断定、確定的であるのに対し、後者はより不確実、不確定的である。また、過去だけでなく未来の反実仮想の意味にも使用される。

## 1. はじめに

　西表島は沖縄県八重山郡竹富町にある、沖縄本島につぐ大きな島であるが、人口は2300人ほど、なかでも本稿でとりあげる祖納（そない）地区は160人ほどで、おなじ方言が使用されるとなりの干立（ほしたて）地区とあわせても方言人口はごく少ない。竹富町にはおもな有人の島が6つあるが、音声・音韻の点でも文法の点でもその方言差は大きく、それぞれたがいに通じにくいほどである。

本稿では動詞のおもにアスペクトにかかわるいくつかの派生形式——ヌミル・ヌミドゥル形[1]、ヌメル・ヌミダル形[2]、ヌミブレル形——をとりあげる。この方言の完成相相当形式(スルに対応するヌムン形・ヌミ ス形)と分析的な継続相相当形式(シテイルに対応するヌミ ブ形)にも、アスペクト・テンス・ムードの点でいくつかの特徴がみられる。しかし、それ以上に特徴的なのが、標準語には存在せず、琉球諸方言にさまざまなバリエーションであらわれるこうしたいくつかの形式である。筆者はこの地区の方言文法全体の記述をめざしているが、紙幅の都合もあり、本稿では後者に範囲をしぼって記述することとしたい。

　本稿でふれない諸形式について、全体の理解のためにここでかんたんにふれておく。動作や変化をまるごとの姿でさしだす完成相相当形式にはヌムン形・ヌミ ス形がある。ヌミ ス形はヌムン形の中止形とサ変のスとの組み合わせからなるもので、ヌムン形がムードの点でより中立的なのに対して、ヌミス形はより強調的に使用される。また、先手発言か受け手発言かによる違いもみられる。継続相相当形式には中止形とヲリとの組み合わせからなるヌミ ブ形があり、標準語のシテイルとおなじような意味で使用されるが、この方言のほかの派生形式との関係もあって、標準語と比較すると、動作動詞では動作パーフェクトをあらわしにくいし、変化動詞のばあいもより変化の継続をあらわしやすく、より変化の結果の継続をあらわしにくい。また、アリブ、ブリブのように存在動詞からもつくられる。

　例文の表記については、母音の無声化は！を使用して、また、アクセントまたはイントネーションの高低を」(下降)と「(上昇)で、花:「パ！ナ「ドゥ、鼻:」パ！ナ」ドゥ、端:「パ！シ」ドゥ、橋:」パ！シ「ドゥ、箸:「パ」シ」ドゥのようにしめす。

## 2. ヌミル・ヌミドゥル形

　ヌミル形は中止形ヌミと存在動詞ヲリとの融合に由来するとみられるもので、中止形ヌミに強調辞のドゥが付属してヲリが融合したとみられるのがヌミドゥル形である。それぞれの過去形はヌミダ、ヌミドゥダとなる。この形

はアットゥル、ブットゥルのように存在動詞からもつくられる。

　この形式は、ヌミーブ形が現在のさまざまな継続を基本的にあらわすのとことなり、過去(相対的なテンスでは以前)にも視点をむけていて、動作の開始後の継続をあらわすことを基本とする。また、反復習慣などの意味でも使用される。

　なお、本稿でとりあげる他の形式にも同様にいえることだが、非過去形に終助辞などがつくとヌミドゥルなどのルが脱落してヌミドゥヨのようになりやすい。

## 2.1. 非過去形

　未来テンスでは、未来の変化の結果の継続や反復習慣、存在をあらわす。変化の結果の継続では、基準時(波線)以前に述語のしめす変化が完成し、基準時の段階でそのあとの継続状態にあることをあらわす。

　また、反復習慣では未来のある時点から動作やできごとなどの反復や習慣がはじまることをあらわす。存在では人やもの、できごとなどが未来に存在することをあらわす。

（1）　ライ｣シューノ　「ミナ｣グルメ　「バー｣　ミャー　ナ「ハナ｣　イ「ヒ｣ドゥルヨ。
　　　来週の今ごろは私、もう那覇に行っているよ。　　　　　（変化後）

（2）　ア「ツァヌ｣　ピ！サングル｣マデ「ナ　シ！ニドゥル｣ヨ。
　　　あしたの昼ごろまでに死んでいるよ。(この金魚、だいぶ弱っているから。)　　　　　　　　　　　　　　　　　　　　　　　　（変化後）

（3）　ヤイ｣ラ　ジューガ「ツナ｣　ウンドー「カイ　アットゥ｣ル「ラー。
　　　来年から10月に運動会があるよ。　　　　　　　　　（反復習慣）

（4）　クヮナ｣　ブットゥル。
　　　ここにいるよ。(あしたから毎日ここにいる？に答えて、いることを強調する。)　　　　　　　　　　　　　　　　　　　　　（反復習慣）

（5）　ア「ツァ｣　ガッ「コナ｣　ウンドー「カイ　アットゥ｣ル「ラー。
　　　あした学校で運動会があるよ。　　　　　　　　　（できごとの存在）

現在テンスでは、発話時＝現在を基準時とし、現在が動作の開始後、あるいは変化後であることに注目して、その動作や変化の結果が継続していることをあらわす。そのばあいの継続は、具体的な動作が継続していることもあれば、断続的であることもある。

（６）　キヌ」ブシ！「ティ」ラ　「ヨ　キ！トゥ」ルヨ。
　　　きのうおとといからね、来ているよ。（１日１回のバスがここ１週間ほど休んでいて、さいきんバス来ないね、という人に対して、もうちゃんと来はじめているよ、と教える。）
（７）　ノーシ！「トゥ」ル。
　　　直している。（すでに仕事に取りかかっている。いま現在は直す作業をしていなくてもいい。）
（８）　タロー」ア「レードゥ」ル。
　　　太郎が洗いはじめている。
（９）　アミ」フイ「ドゥ」ル。
　　　雨が降っている。（さっきまで降っていなかったのに、戸を開けてみたらわかった。）

　ヌミブ形と比較してみよう。はじめのヌミブ形では単なる現在の状態をあらわしているのに対して、あとの例では〈以前は落ちていなかった〉ことを積極的にあらわしている。

（10）　マナ」ウ「ティ」ブ。
　　　そこに落ちている。
（11）　マナ」ウティ「ドゥ」ル。
　　　そこに落ちている。

　開始後であることにモーダルな意味をともなうことがある。つぎの例で、ヌミブ形では単にケガをして病院にいることをあらわすが、ヌミドゥル形だと、行く必要などないのに、というニュアンスが強くなる。

(12) ミナ」 ビョー「インナ イヒ」ブ。
　　 いま病院に行っている。（さっきかなりのケガをして。）
(13) ミナ」 ビョー「インナ イヒ」ドゥル。
　　 いま病院に行っている。（さっき軽いケガをして。）

　パーフェクトの用法では、過去のできごとの痕跡などをもとに推論したり、記録からそのできごとを確認したりする。ただし、この意味を積極的にあらわすのは、つぎのヌメル・ヌミダル形である。

(14) タ「ロー」 キ！「トゥ」ルリャン「ラ」ー。
　　 太郎が来ていたんだねえ。（太郎はもういないが、お土産などで来たことがわかる。）
(15) ク！ヌ ピ！シメ ク！ムリ「ドゥ」ル。
　　 この日は曇っている。（記録を見て。）

　非過去形ではまた、動作、変化、変化の結果の、単なる継続をあらわす。

(16) ヌミ「ドゥ」ル「ラ」ー。
　　 飲んでいるねえ。（飲んでいるのを見ながら。）
(17) ウヌ ヤー「ドゥ」 アヒドゥル。
　　 あの戸が開いている。（少しずつ動いているのを見て。）
(18) ウヌピ！トゥ ビー「ドゥ」ル。
　　 あの人、酔っている。

　つぎに、存在、反復習慣、単なる状態、脱時間の例を2例ずつあげる。

(19) オ「カー」サン ブッ「トゥ」ナ？／ハイ」 ブットゥル。
　　 お母さんいる？／はい、いますよ。　　　　　（一時的存在）
(20) マ」ナ「アッ」トゥル。
　　 そこにある。　　　　　　　　　　　（一時的存在。脱時間にも可。）

(21) タ「ローメ」 ピーン」ピン ロ「クジナ」 ヤ「ドゥ」 アヒドゥル。
太郎は毎日6時に窓を開けている。　　　　　　　（反復習慣）
(22) ミナ パ！テヌ」シグトゥ シ！「トゥ」ナ？／「シ！トゥ。
いま畑の仕事してる？／してる。　　　　　　　（反復習慣）
(23) ヨー「ガリドゥ」ル。
（あの人は）やせている。　　　　　　　　　　（単なる状態）
(24) カ！シ」ヌ ムヌ「ドゥ シ！キ」ル。
（私は）こういうものが好きだ。　　　　　　　（単なる状態）
(25) スナ「ナ イ」ユ ブットゥル「ガ」ー。
海には魚がいるよ。　　　　　　　　　　　　　（脱時間）
(26) タイヨー「ヌ」 マーリ マートゥル。
（地球は）太陽の周りを回っている。　　　　　（脱時間）

　反実仮想の用法にはつぎのヌメル・ヌミダル形が主として使用されるが、ヌミル・ヌミダル形を使用すると、そのことに対する関心やこだわり、感情的なものがあらわれるようである。

・ホーム」ラン ウ「ツァ」ナッ「カ」ラ マ「ヒドゥル。
　ホームランを打たなかったら負けていた。
・ウラ ム「チキ」ブ「レラ」 ミナ 「クヮナ」リ サ！キ ヌミ「ドゥ」ヨ。
　あなたが（酒を）持ってきていたら、いまここで（その）酒を飲んでいるよ。
・タ「ローメ キュー クンスヌ キー」ブ「レラ ク！ヮナ」 ブッ「トゥ ガ。
　太郎はきょう来ていないけど、来ていたらここにいるよ。

## 2.2. 過去形

　過去形に基本的なのはパーフェクトの用法である。過去の基準時以前にできごとが成立し、基準時においてなんらかの結果や効力がのこっていることをあらわす。

(27)　キ！ヌ」バー　ミッタ　バ「ショ　シ！ニドゥ」ダヨ。
　　　きのう私が見たとき、(あの魚はもうすでに)死んでいたよ。
(28)　ウヌ　バショ「メ　ユミ「ドゥ」ダヨ。
　　　あのときには(私はもうその本を)読んでいたよ。

　つぎに、過去の存在、反復習慣の例をあげる。

(29)　ヤ「ナナ」　ブッ「トゥ」ダヨ。
　　　家にいたよ。(午前中ちゃんと家にいたか？　に答えて。)
(30)　ア」シヌ　「パ！ナ」シ　「アットゥ」ダナ？
　　　そういう話、あったの？
(31)　ク！ヌ　シンブン「ドゥ」　ミ「リ」ダ。
　　　この新聞を見ていた。(いまはとっていないけれど、先月まではこの新聞をとっていた。)

　反実仮想の例をあげる。ただし、非過去形にみられたモーダルな点については未確認。

・シグトゥヌ　「ミャナッカラ」　ヌ「ミ」ドゥダヨ。
　仕事がなかったら飲んでいたよ。
・キ！ヌ」　シグトゥ「ドゥ」　アリ「キ」　イスガッ「サリキ　…シグトゥヌ　「ミャナブレラ」　ミ「リ」ドゥダヨ。
　きのう仕事があったから、忙しかったから…仕事がなかったら(テレビを)見ていたよ。

## 3. ヌメル・ヌミダル形

　ヌメル形は中止形ヌミと存在動詞アリとの融合に由来するとみられるもので、中止形ヌミに強調辞のドゥが付属してヲリが融合したとみられるのがヌミダル形である。それぞれの過去形はヌメダ、ヌミダダとなる。

　この形式は、過去におけるなんらかのできごとに起因する痕跡や、過去の言語活動、さらには過去の記憶などをもとに、あるできごとが過去にあった（ようだ）と推論するパーフェクトの用法に使用されることを基本とする。ヌミル・ヌミドゥル形にも記録などをもとにした同様の用法がみられるが、この形式のほうがより広い範囲を推論の対象とすることができる。反実仮想にはこの形式がよく使用されるが、この用法はさきのヌミル形、ヌミブ形、つぎにとりあげるヌミブレル形にも存在する。

　標準語訳では基本的に〈してある〉としたが、標準語では〈人がものを～する〉が〈ものが～してある〉のように、動作対象が主語になるのに対して、この形式では動作主体がそのまま主語となり、〈人がものを～してある〉となる。この構文は標準語では準備のできた状態をあらわすのに使用されるが、この方言ではとくにそういった意味はないので、訳としては不自然なものもある。

### 3.1. 非過去形

　未来テンスでは未来における結果の継続をあらわす。未来の基準時以前に動作や変化が終了し、基準時の段階で動作の結果生じた対象が存在していたり、変化の結果が継続していたりする。

(32) 　バー　ヤッ「ティ」　カ「イ」ル　ジブンメ　タロー「メ」　チャンプルー　チ！「クッタ」ルハズ。
　　　私が家に帰るころは、太郎はチャンプルーを作ってあると思う。

(33) 　ミナ　ピ！シ」モーヒ　ブスヌ　「ユーニャー」マデ「ナ」　ケシ！「タル」ハズ。
　　　いま火が燃えているけど、夕方までに消してあると思う。

現在テンスでも同様に結果の継続をあらわすことができる。このばあい基準時は発話時＝現在である。

(34) タ「ロー」　ダイコン　イッ「パイ」キ！「シダルラ」ー。
　　 太郎、大根をたくさん切ってあるなあ。
(35) ミナ」グル　「ヨ」　シ！プリ「ダル」ヨ。
　　 いまごろね、ずぶ濡れになってあるはずだよ。（子どもが出かけてまもなく大雨になったから。）
(36) マヤー「ドゥ」　ナ「セ」ル。
　　 ネコが（子ネコを）生んである。（イヌではなくて。）

パーフェクトはこの形式の基本的な用法である。のこされた記録や痕跡、言語情報などから過去のできごとや存在を推論する。また、経験や想起の意味で使用される。つぎのさいごの2例は経験と想起の例であるが、はじめの例はあいてに反論する気持ちで使用し、あとの例はあいてにいわれてから思い出している。

(37) ク！ヌ「ピ！シンドゥ」　アチ！マ「レ」ル。
　　 この日に集まってある。（過去の記録をみて。）
(38) ピ！トゥドゥ」　クヮナ　シ！「チェ」ル。
　　 人がここに立ってある。（のこされた足跡から推測して。）
(39) タッ」カドゥ　ナラ「シェル」ハズ。
　　 だれかが教えてあるようだ。（彼はそのことを知らなかったはずだが、口ぶりからどうもそれを知っているようだ。）
(40) クァナ」　アリ「ダ」ル。
　　 ここにあったのだ。（いまはないが、設計図をみるかぎり、それが存在した場所はここでなければならない。）
(41) バー」　ニ「カイ」　ンギ「ダル」ヨ。
　　 私、2回行ったことがあるよ。（このまえは行ったことがないといったじゃないか、といわれて、いやそんなことはないと反論する。行っ

たことで自分のなかに残っているなにかがある。)

(42) 「アー」ハー バ「ヌン」 フェー「ダ」ル。「ミナ」 ウミダ「シャ」ン。
ああ、私も食べてある。いま思い出した。(食べたことあっただろう？といわれての想起。)

例はすくないが、反復習慣の意味でも使用されることがある。

(43) ピーン」ピン ロ「クジ」マデ「ナ」 オ「バー」サン ヤ「ドゥ」 アヒ「ダ」ル。
毎日6時までにおばあさんが戸を開けてあるぞ。(疑われたことへの反論。)

反実仮想の用法についてはヌミル形でもふれたが、ヌミル形がなんらかの気持ちをこめて使用されるのに対して、ヌメル形では淡々と、とくに気持ちをこめないで使用される。

現在や過去の事実に反する仮定から結論をみちびきだすのがふつうであるが、あとの例のように予定された未来のできごとに反する仮定から結論をみちびきだすこともできる。なお、未来の反実仮想に過去形を使用することはできない。

(45) ミナ」 ク！ム「リ」 ブスヌ 「パ！リ」 ブ「レラ」 プ！「シ」 ミラリ「ダル」ハズ。
いま曇っているけど、晴れていたら星は見えていただろう。

(46) ウラ ア「ツァ」マデ ブ「レラ」 タロッ「ト」 アイ「ダル」ハズ。
あなた、あしたまでいたら、太郎と会っていただろう。(きょう帰るので太郎とは会えない。)

## 3.2. 過去形

過去テンスでは過去の基準時における結果の継続をあらわす。基準時以前に動作や変化が完成し、その結果の状態が存在している。さいごの例は存在

動詞による経験の用法であるが、この形式ではモーダルな意味がつよくあらわれる。

(47) タッ」カドゥ 「トゥェー」ダ。
    だれかが研いであった。(見たときには、きれいに研がれた包丁が目の前にあった。)
(48) パンチェダ」ヨ。
    (さっき見たときに風で戸が)はずれてあったよ。
(49) マッ」ティ ヌ「ミンギッサ「ミャン」ダスヌ 「ア」シヌ ク！トゥアリ「ダ」ダ。
    そこに飲みに行きたくなかったけど、そういうことがあった。(そこに行った、の意。良くも悪くも、ふつうではないことが例外的に何度かあった意味になる。)

過去形でもパーフェクトがこの形式に基本的な意味である。

(50) イヌ「ドゥ」 ア「ルヘ」ダヨ。
    イヌが歩いてあったよ。(きのうイヌの足跡を見た。)
(51) キ！ヌ「メ」 イディ「ダダ」ヨ。
    きのうは出てあったにちがいない。(外に出るなといっておいたのに、けさ靴が汚れていたことから。)

過去の反実仮想の用法ではテンスをえらばず、非過去形でも過去形でもおなじようにあらわすことができる。仮定条件節があるときはこの形式に、あとの例のように仮定条件節でなく〈もうすこしで〉という直前の意味ではヌム マカヤダ(飲むところだった)になりやすい。

(52) タ「ロー シ！キ クン」ダスヌ シ！「キ キー ブレラ」 バー 「チャント」 ナラシ！「タダ」ヨ。
    太郎、聞きに来なかったけど、聞きに来ていれば、私はちゃんと教え

ていたよ。
(53) 　モー「クンチャシ」　チ！カデ「ダ」ダ。
　　　もうすこしでさわっていた。

## 4. ヌミ　ブレル形

　ヌミ　ブ形のブにアリが融合したとみられる形式（ヌメル形）に、形式的には相当するが、ヌミ　ブ形のもつ継続相の意味はない。この形式の過去形はヌミ　ブレダ、ドゥ強調形はヌミドゥブレル、ヌミドゥブレダとなる。

　動作や変化の結果や、ものの存在の、なんらかの痕跡や効力がのこされていて、それを根拠にそのできごとの存在を推論するのが基本である。第三者の会話などを根拠に推論することもある。このようにヌメル・ヌミダル形とおなじような意味で使用されるが、ヌメル・ヌミダル形よりも客観的な確かさの程度が低く、主観的な推論の性格がより強いようである。したがって、変化の結果などが明確に存在しているばあいや、問題となる動作をちょくせつ見ているばあいなどはヌメル形・ヌミダル形がえらばれやすい。

### 4.1. 非過去形

　現在テンスでは現在の結果の継続に使用される。推論的な性格が強いため、直接的な結果がのこっている場面よりも、その痕跡やそう推論するなんらかの根拠がある場面で使用されやすいようである。

(54) 　アシ！キドゥ」　シ！「プリ」　ブ「レル」ヨ。
　　　そうだから、ずぶ濡れになってあるよ。（子どもが出かけてまもなく大雨になったから。あれほど雨が降るから傘を持っていけといったのに、という気持ちで。）
(55) 　タイフー「シ」　キ！「シ」　ブ「レ」ル。
　　　台風で切れてある。（切れたロープなどを見て。）

　パーフェクトの用法では、記録や痕跡などからそのできごとの存在を推論

したり、過去の記憶から想起したりするが、この形式は推論の性格が強いので、結果が明示されていたり、記録にのこっていたりしたばあいはヌメル・ヌミダル形がえらばれやすい。さいごの例は想起であるが、ヌミダル形の想起よりも感情をこめて使用される。なお、現在の痕跡などのばあい、過去形のヌミ ブレダでも可能だが、過去形にするとより遠い過去の痕跡というニュアンスがでるようである。

(56) ウヌ「ピ！シメ クァンドゥ」 アシ！ピ ブ「レ」ル。
    その日はここで遊んである。（記録を見て。）
(57) ク！ヮナ パ！ラ アリ」 ブ「レ」ル。
    ここに柱があったようだ。（むかしの設計図から、以前ここに柱のあったことがわかる。）
(58) マヤー「ドゥ」 フェー ブ「レベ」ー。
    ネコが食べあるようだ。（食べた痕跡を見て。）
(59) ウヌピトゥ「ドゥ シ！ニ」 ブ「レ」ルヨ。
    あの人が死んであるよ。（そうそう、思い出した、あの人が死んだんだった、という場面で。）

　ここで、ヌメル・ヌミダル形との違いを再確認しておこう。たとえばウッ「チェ」ル（落としてある）は落ちている木の実を見て、あるいは記録を見て、より断定的に使用されるのに対して、ウッ「チ」ブ「レ」ル（落としてある）は、実はもうなくて、実が落ちたあとだけがあるのを見て、あるいは落とすのに使用したとみられる棒などを見て、より推量的に使用される。

　この語形は反実仮想にも使用されるが、ヌメル形と同様、とくに気持ちがこめられることはない。また、ヌメル・ヌミダル形と同様に、過去や現在だけでなく、未来の予定についても仮想することができる。

(60) タロー「ミン」 ブットゥ ブ「レ」ル。
    太郎もいたはずである。（あのときバスに遅れなかったら、いまみんなと一緒に。）

(61) チャン「ト」 シーブレ「ラ」 サン「ジ」マデ「ナ」 ウワリドゥ ブ「レ」ハズ。
ちゃんとやっていたら3時までにおわっていたはずである。（いまはまだ1時だが、手順が悪かったので間違いなく5時ぐらいまでかかってしまう。）

### 4.2. 過去形

　過去テンスでは過去におけるパーフェクトの用法に使用される。過去に存在した痕跡などからそのできごとの存在を推論する。現在の痕跡をあらわすのに過去形は使用しにくいようだが、過去の痕跡のばあいは、非過去形にしても、とくに違いはないようである。

(62) キ！ヌヌ」 ピ！サン 「タロー」 チャン「プルー チ！クリ」 ブ「レダ」。
きのうの昼、太郎がチャンプルーを作ってあったようだ。（きのうの夕方、調理の痕跡を見た。）

(63) キ！ノー「ノ」 コクバン ヨ タロー「ドゥ」 ケシ ブレダ。クー「ドゥ チ！キ」 ブダ。
きのうの黒板ね、太郎が消したようだ。粉がついていた。（きのう太郎の服にチョークの粉がついていたことから。）

(64) ク！ゥナ パ！ラ アリ」 ブ「レ」ダハズ。
ここに柱があったようだがな。（むかしの設計図をみると。非過去の～ブレルなどと比較すると疑問に思っている感じが強い。）

　過去形は過去の反実仮想にも使用される。この用法でも非過去形も過去形とおなじように使用することができる。

(65) バー シ！カ「サナッカ」ラ タ「ロー」 ケシ ブレダ。
私が教えなかったら、太郎、（黒板の字を）消していただろう。

(66) ア「ハリ」 ブ「レ」ダ。
明るくなっていたはずである。（停電だと思って電気のスイッチを入れなかったが、ただオフになっていただけだったので、もしもあのときスイッチを入れていたら、ちゃんと電気がついたはずである。）

## 注

1 動詞のヌミドゥル形と形態的におなじ形式が少数の形容詞語彙にみられるが、形容詞語彙ではその形式が基本形式となっている。アボッシドゥル（青い）、アハッシドゥル（赤い）など。なお、ドゥなし形はアボッシル、アハッシル。
2 大半の形容詞語彙が動詞のヌミダル形と形態的におなじ形式を基本形としている。そこには動詞との形態論的な連続性が強く見られるが、動詞の他の形式とは対立せず、その点で形容詞としての独自性はたもたれている。アウサダル（青っぽい）、カナサダル（かわいい・かなしい）など。なお、ドゥなし形はアウサル・アウサイ、カナサル・カナサイ。

## 参考文献

工藤真由美（編）（2004）『日本語のアスペクト・テンス・ムード体系』ひつじ書房
工藤真由美・高江洲頼子・八亀裕美（2007）「首里方言のアスペクト・テンス・エヴィデンシャリティー」『大阪大学大学院大学研究紀要』47
工藤真由美・仲間恵子・八亀裕美（2007）「与論方言動詞のアスペクト・テンス・エヴィデンシャリティー」『国語と国文学』84–3 東京大学国語国文学会
島袋幸子・かりまたしげひさ（2009）「沖縄県今帰仁村謝名方言のアスペクト・テンス・ムード」『日本東洋文化論集』15号 琉球大学法文学部
金田章宏（2009）「八重山西表方言の形容詞」『国文学 解釈と鑑賞』74–7 ぎょうせい

資料は1997年の那根弘氏（1911年生まれ）、2005年以降の前大用安氏（1924年生まれ）からの聞き取り調査によるものである。

本稿をなすにあたって科学研究費「南琉球西表方言文法の記述的研究」（課題番号20520406 平成20～22年度、代表・金田章宏）および「南琉球方言の文法の基礎的研究」（課題番号20320066 平成20～22年度、代表・狩俣繁久）の成果の一部を使用した。

# 日本語の「は」と「が」と韓国語の「는」と「가」
―統語的条件の相違を通して

印　省熙

## 1. はじめに

　それぞれ対応形式[1]とされる日本語の「は」「が」と韓国語の「는[nun](は)」「가[ka](が)」[2]であるが、印(2007、2008、2009)では日韓の対応形式に類似性がある反面、相違性もあることを指摘し、特に印(2009)では、前接名詞が「ヒト」名詞[3]である場合の、韓国語の「가」と日本語の「は」の対応現象の解明につとめ、前接名詞が「ヒト」名詞である場合の「は」と「는」のそれぞれの実際の使用例を分析した結果、「は」は提題性に優れているのに対し、「는」は対比性に優れていて、この違いが「가」と「は」の対応を引き起こす要因であると指摘した。つまり例(1)のように韓国語の〈ヒト가 V〉[4]と日本語の〈ヒトは N〉の構造で対応を見せるのは、前接名詞が「ヒト」名詞である韓国語の場合、「는」も「가」も「名詞述語文」[5]と結合しにくく、「動詞述語文」になりやすい。なおこの場合「는」は対比性が強いので、韓国語の「가」と日本語の「は」の対応が起きていると指摘した。

(1)　"지금부터 니가 하는 말에 책임져. 한마디만 거짓말 하면 죽어. 훈이가 내 아들 맞아?"
　　　(lit[6]：フンが俺の息子、合っている？)
　　　「自分の話に責任持て。ウソは許さない。フンは俺の息子か？」(내)[7]

　印(2009)では前接名詞が「ヒト」名詞である場合に限っての考察だっ

が、本稿ではその考察対象の範囲を広め、「ヒト」名詞の場合に見られた統語的な特徴が、「モノ」名詞も含め、日本語の「は」と「が」と韓国語の「는」と「가」の四形式の全般において見られるかを考察する。それによって日韓の四形式の統語的条件が明らかになり、日韓両言語における相対的な相違も見出せると考える。

## 2. 問題のありか

まず、日本語原文とその韓国語訳文(以下「日→韓」)、韓国語原文とその日本語訳文(以下「韓→日」)において、統語的条件に変化が現れた例を挙げる。

例(2)は、「は」と「는」の対応例で、日本語の前接名詞が「モノ」名詞で、述語文が名詞述語文の構造(以下〈モノはN〉)が、韓国語訳で、前接名詞が「ヒト」名詞で、動詞述語文の構造(以下〈ヒト는V〉)に変わっている。「日→韓」で、「モノ」名詞が「ヒト」名詞に、名詞述語文が動詞述語文に置換わっている。

「日→韓」〈モノはN〉→〈ヒト는V〉
（２） 新宿西口にあるこの外資系の高層ホテルは、南田の行きつけだ。
(不14)

그는 신주쿠역의 서쪽 출구에 있는 고층 호텔을 단골로 이용하고 있었다.
(외22)
(lit：彼は〜高層ホテルを行きつけとして利用していた)

例(3)は、「가」と「は」が対応している例で、前接名詞が「ヒト」名詞で、名詞述語文の構造〈ヒト가N〉が、日本語訳で、前接名詞が「モノ」名詞で、名詞述語文の構造〈モノはN〉に変わっている。「韓→日」で名詞述語文の構造は保ったまま、「ヒト」名詞が「モノ」名詞に置換わっている。

「韓→日」〈ヒトが N〉→〈モノは N〉
(3) "생각은 내가 하는 거야. 김 비서는 정보만 전달해." (파 14)
　　(lit：考えは私がするものだ)
　　「考えるのは私だ。きみは情報を集めるだけでいい。」 (パ 15)

　本稿ではこのような日韓の構文的な相違が現れる原因を究明するため、まず「は」と「が」、「는」と「가」の四形式のそれぞれの実際の例における出現の構文的な条件を調べ、相互比較する。さらに、そこで見出された条件が両言語の訳文においても同様の条件で対応しているかを検証する。それによって確認された四形式の統語的条件から日韓両言語の相違が明らかになると考える。

## 3. 考察の資料と採集用例の結果

　本稿の分析資料は「日→韓」、「韓→日」の小説とシナリオの原本とその翻訳本から「は」と「が」、「는」と「가」の例を採集したものである[8]。採集例からは、「は」、「が」、「는」、「가」の現れる文の構造を調べ、その統語的条件を明らかにし、なお、四形式のそれぞれの「日→韓」、「韓→日」の原文と翻訳文の非対応の例を通し、日本語と韓国語でズレが起こる現象を分析する。

　採集の資料からは、日本語では、「は」601例、「が」302例で、「は」が「が」より2倍ほど多く現れた。韓国語では、「는」233例、「가」204例で「는」が少し多いものの日本語ほどの出現頻度における違いは見られない。日本語で「は」の多用がうかがえる。

　本稿では例(2)(3)で見られた統語的条件の相違から、資料を、実例での各形式の使用における統語的条件つまり、四形式の前接名詞の種類を、「ヒト」名詞(有情物)なのか、「モノ」名詞(「コト」名詞を含む、無情物)なのかを分け、さらに後続の述語が「動詞述語文」であるか、「名詞述語文」であるかに分けて検討する。その表を示すと次のとおりである。

表1 前接名詞と述語文を組み合わせた四形式の例数

| 述語文 | 前接名詞 | は | 는 | が | 가 |
|---|---|---|---|---|---|
| 名詞 | ヒト | 44(7.3%) | 10(4.3%) | 18(6.0%) | 11(5.4%) |
| 名詞 | モノ | 66(11.0%) | 23(9.9%) | 15(5.0%) | 12(5.9%) |
| 動詞 | ヒト | 311(51.7%) | 143(61.4%) | 140(46.4%) | 112(54.9%) |
| 動詞 | モノ | 180(30.0%) | 57(24.5%) | 129(42.7%) | 69(33.8%) |
| 合計例数(%) | | 601(100.0%) | 233(100.1%) | 302(100.1%) | 204(100.0%) |

　前接名詞の種類と述語文のパタンを組み合わせ、各形式の中での出現率を、日韓のそれぞれの対応形式である「は」と「는」、「が」と「가」で比べてみると、韓国語は名詞述語文の場合、「ヒト」名詞の構造も「モノ」名詞の構造も日本語に比べ用いられない。名詞述語文の「モノ」名詞の場合に「が」より「가」の出現率が少し高いが、これは「가」の文型的な制約によるものが多く本稿では特殊なものと考える[9]。

　日本語では、名詞述語文の場合、「は」が110例で、「が」の33例に比べ3.3倍も多く、名詞述語文での「は」の使用は非常に多い。特にこの場合「は」の「モノ」名詞が「ヒト」名詞より多く、〈モノはN〉の構造の多用が見られる。

　動詞述語文の場合は、日本語と韓国語の相違がよりはっきりし、日本語に比べ韓国語は「ヒト」名詞の構造が多く現われ、韓国語に比べ日本語は「モノ」名詞の構造が多く現れる[10]。

　以上から、名詞述語文の場合は、前接名詞の種類に関わらず、日本語に比べ韓国語は用いられにくく、動詞述語文の場合は、「ヒト」名詞の場合は韓国語が、「モノ」名詞の場合は日本語が多く用いられると言えよう。

## 4. 考察

### 4.1. 各形式の実際の出現率による検証

　表1で見るように、動詞述語文の場合、韓国語は「ヒト」名詞との構造で、日本語は「モノ」名詞との構造で多く用いられる。

また日本語は名詞述語文で「ヒト」名詞、「モノ」名詞とも韓国語より多く用いられ、なお名詞述語文で「は」の多用が確認できた。特に「モノ」名詞と名詞述語文の構造〈モノはN〉の「は」の多用が目立っている。これは例(2)(3)で日本語と韓国語で相違が見られることを裏付ける結果である。
　「日→韓」で〈モノはN〉が〈ヒトは V〉の構造に変化したのが例(2)である。

(2)　新宿西口にあるこの外資系の高層ホテルは、南田の行きつけだ。
　　　　　　　　　　　　　　　　　　　　　　　　　　　　　(不14)
　　그는 신주쿠역의 서쪽 출구에 있는 고층 호텔을 단골로 이용하고
　　있었다.　　　　　　　　　　　　　　　　　　　(외 22)(再掲)
　　(lit：彼は〜高層ホテルを行きつけとして利用していた)

　これは「は」の〈モノはN〉の文が、「는」の中で最も多く用いられる〈ヒトは V〉の構造に変わったものである。韓国語訳では原文にない「ヒト」主体を入れて、「ヒト」名詞に変えている。「ヒト」名詞指向の韓国語の特徴が見られる。なお、原文が名詞述語文であっても、韓国語訳では動詞述語文に変える傾向が強い。動詞述語文指向の韓国語の特徴が見られる。
　益岡(2004：4-13)では「日本語の文構成の基本型は「事象叙述」ではなく、「属性叙述」である」と指摘し、「太郎は優しい」のように「属性叙述とは、ある対象Xがある属性Yを有することを述べるものである」とし、「子供が笑った」の例のように「事象叙述とは、ある時空間に実現する(出現する・存在する)ある事象(広義のevent)を叙述するものである」とする。なおこのような叙述の類型の違いは、主題のあり方と深く関係するとし、「属性叙述文は、対象表示成分が「〜は」という「主題(topic)」として表され、属性表示成分がそれに対する「解説」(comment)として表されることになる。事象叙述文はこれとは異なる文型を取る。事象叙述文にとって必要なのは、事象のタイプを表す「笑った(笑う)」のような述語(predicate)とそれを補う「子供が」のような項(argument)である。述語と項がありさえすれば事象叙述文

は成立する」とし、「子供は笑った」の例のように「事象叙述文は有題文の形を取ることもある」と指摘する。

　例(2)の場合、非意志主体の「ホテル」から意志主体の「彼」という動作主の挿入が行われ、なお述語文が動詞述語文に変わることによって動作性が強まっているが、これは、「ホテル」は「行きつけである」と属性を述べる属性叙述文から、「彼」は「ホテルを利用していた」と「彼の行動」という「イベント」を述べる事象叙述文に変化していると言えよう。日本語の属性叙述文が韓国語訳で事象叙述文に変わっている。次に、「韓→日」で〈ヒトがN〉が〈モノはN〉の構造に変化した例(3)を見よう。

(3)　"생각은 내가 하는 거야. 김 비서는 정보만 전달해." 　　(파14)
　　(lit：考えは私がするものだ)
　　「考えるのは私だ。きみは情報を集めるだけでいい。」　(パ15)(再掲)

　これは「가」の〈ヒトがN〉の文が、日本語訳で名詞述語文の構造は保ったまま、「は」の「モノ」名詞の構造に変化したものである。例(2)とは異なり、日本語では、原文が名詞述語文の場合、動詞述語文に変える傾向はなく、文の主体は変えても名詞述語文の形態は保っている。名詞述語文指向の日本語の特徴が見られる。なお、例(3)では、原文は「는」と「가」の両方を用い、「는」によって文の後部に焦点を、さらに「가」によって「가」の直前の名詞に焦点を置き、「考えることについて言えば、他でもなく私がするのだ」と表現し、〈ヒトがN〉の構造を含む文が、日本語訳で、「〜のは〜だ」と「ハ分裂文」[11]（「モノ」名詞）になり、「は」の後ろの部分「私」に焦点をおきながら、動作主体の「私」は、述語として用いられている。「私が〜する」という事象叙述の意志主体の「ヒト」名詞が述部に置かれることによって動作主の動作性は弱まり、「考えるもの」の属性は「私である」と述べる属性叙述文になっている。日韓で全く異なった文型が用いられ、日本語と韓国語の文構造の相違が見られる。

## 4.2. 翻訳文における検証

表1の日本語と韓国語において現れた統語的な相違は、日本語から韓国語、韓国語から日本語の翻訳例においても検証できる。それぞれの形式の「日→韓」「韓→日」の原本と翻訳本において、訳文の変化という形で日本語と韓国語の特徴は現れる。

### 4.2.1. 述語文の場合

ここでは翻訳本で、述語文のパタンにおいて、原本とのズレが見られた用例の数を示す。まず、「日→韓」において、「は」の場合、韓国語訳で、動詞述語文から名詞述語文に変わった例は3例で、それより7倍多い21例が名詞述語文から動詞述語文に変わっている。「が」の場合も動詞述語文から名詞述語文に変わった5例より2倍多い10例が、韓国語訳で、名詞述語文から動詞述語文に変わっている。韓国語文の動詞述語文指向が強いことが分かる。

例(4)[12]は「は」が、例(5)は「が」が、韓国語訳で、名詞述語文から動詞述語文に変わった例である。

（4）「面倒なことは御免ですよ、お客さん」　　　　　　　　　　（ゲ20）
　　　"골치 아픈 일은 곤란합니다. 손님."　　　　　　　　　　（게25）
　　　　　　　(lit：困ります)
（5）　社長室では小塚が杉本智也と話しているところだった。　　（ゲ43）
　　　사장실에서는 고쓰카가 스기모토 도모야와 이야기를 나누고 있었다.　　　　　　　　　　　　　　　　　　　　　　　　　　（게49）
　　　　　　　　　　　　　　　　　　　　　　　(lit：話をしていた)

日本語とは逆に「韓→日」の場合、「는」は、日本語訳で、名詞述語文から動詞述語文に変わった2例より4.5倍多い9例が、動詞述語文から名詞述語文に変わっている。「가」の場合も、名詞述語文から動詞述語文に変わった例がゼロなのに対し、動詞述語文から名詞述語文に変わった例が7例もあり、韓国語が、日本語訳で、動詞述語文から名詞述語文に変わる現象が顕著

である。
　例(6)は「는」が、例(7)は「가」が、動詞述語文から名詞述語文に変わった例である。この場合、例(7)の場合は、「가」が日本語訳で「は」に置換わっており、「は」の名詞述語文構造の多用が確認できる。

（６）　"전 쉬운 게임은 안 합니다."　　　　　　　　　　　　　（파 18）
　　　　（lit：私は易しいゲームはしません）
　　　　「私は勝ちと決まったゲームはしない主義でして」　　　（パ 19）
（７）　사진 속의 남자와 김진우의 얼굴이 똑같다.
　　　　　　　　　（lit：キム・ジヌの顔が同じだ）
　　　　写真の中の男とキム・ジヌは瓜二つ。　　　　　　　　　（冬 22）

　表1と同様、韓国語は動詞述語文を好み、日本語は名詞述語文を好むことが訳文の変化が現れた例を通して確認できる。


### 4.2.2. 前接名詞の場合

　ここでは翻訳本で、前接名詞の種類において、原本とのズレが見られた用例の数を示す。まず、「日→韓」において、「は」の場合、韓国語訳で、「ヒト」名詞から「モノ」名詞に変わった3例より3倍多い9例が、「モノ」名詞から「ヒト」名詞に変わっている。「韓→日」の「는」の場合は、これとは逆に、日本語訳で、「モノ」名詞から「ヒト」名詞に変わった例2例より2倍多い4例が、「ヒト」名詞から「モノ」名詞に変わっている。韓国語は「ヒト」名詞を好み、日本語は「モノ」名詞を好むといえよう。例(8)(9)は「は」が、韓国語訳で、「モノ」名詞から「ヒト」名詞に変わった例である。

（８）　黒服は馬鹿丁寧な口上を述べ、金髪女はたどたどしい日本語で挨拶してきた。　　　　　　　　　　　　　　　　　　　　　　　　　（ゲ 11）
　　　　검은 옷을 입은 여자는 지나칠 정도로 정중하게 인사를 하고, 금발 여자는 어눌한 일본어로 인사말을 건넸다.　　　　　　　　　　（게 15）
　　　　（lit：黒い服を着た女は）

(9) 実は長いことその問いは麻也子の奥深いところでなされていたのであるが、南田に結婚を告げられて後、あまりにも何度も繰り返したためにその場所で孵化してしまったようなのである。　(不31)
사실 마야코는 오래 전부터 그 같은 의문을 품고 있었다. (後略)
(외40)
(lit：実は麻也子は随分前からそのような疑問を抱いていた)

　例(9)のように動作性を持たない非意志主体の「モノ」名詞を用い、「問い」についていえば、「それは麻也子の奥深いところでなされていたのである」と説明する属性叙述文の日本語文が、韓国語訳で、「ヒト」名詞の挿入が行われ、「麻也子は～疑問を抱いていた」に変わり、「ヒト」主体の動作性が現れる。日本語の「モノ」主体を、韓国語では「ヒト」主体に置換える傾向が強い。
　例(10)は、「는」の例で、日本語訳で、「ヒト」名詞から「モノ」名詞に変わった例である。韓国語の「ギジュは～顔をこわばらせた」と「ヒト」主体の文では動作主の意志が感じられ、動作性が浮き彫りになっているが、「ギジュの顔がこわばった」と「モノ」主体に変化した日本語訳では、動作性が薄れ、状態を述べる文になっている。

(10) 액자 속에서 웃고 있는 수혁의 얼굴을 바라보던 기주는 유리가 깨져 틀 안에서 이리저리 흔들리는 사진에 인상을 굳혔다. (파32)
(lit：ギジュは～顔をこわばらせた)
ガラスのない写真立ての中で笑っているスヒョクをみつめるギジュの顔がこわばった。(後略)　　　　　　　　　　　　　　　(パ33)

　「は」と「는」においては、表1と同様、韓国語は「ヒト」名詞を好み、日本語は「モノ」名詞を好む傾向が見られる。
　一方、日本語の「が」の場合、「ヒト」名詞から「モノ」名詞が7例、「モノ」名詞から「ヒト」名詞が6例と傾向の相違が見られない。韓国語の「가」の場合も、それぞれ2例と3例で、やはり「は」と「는」ほどの翻訳例にお

ける変化の相違が見られない[13]。

例(11)は「が」の「モノ」名詞が、韓国語訳で「ヒト」名詞に変わった例で、韓国語訳では「ヒト」主体の挿入が行われ、「麻也子は～熱心であった」と動作性が強まっている。

(11) 彼女たちともよく話すことであるが、三十を過ぎてからの方が、はるかに肌や髪の手入れに張り合いが出てきた。　　　　　　　　(不 6)
그 친구들과 자주 나눈 이야기지만, 서른을 넘긴 후부터 마야코는 피부와 머리카락 손질에 전보다 더 열성적이었다.　　　(외 12)
(lit：三十を過ぎてから麻也子は肌や髪の手入れに前よりもっと熱心であった)

例(12)のように「日→韓」で「ヒト」名詞が「モノ」名詞に、例(13)のように「韓→日」で「モノ」名詞が「ヒト」名詞に置換わっている場合がある。例(12)(13)は、身体状態の変化を表すもので、無意志動作である。この場合、韓国語では無意志動作であるため、「ヒト」名詞ではなく、「モノ」名詞が用いられたと考えられる。

(12) 彼女がやや吊り上り気味の目を見開いた。　　　　　　　　(ゲ 25)
약간 치켜 올라간 듯한 그녀의 눈이 휘둥그레졌다.　　　　(게 30)
(lit：やや吊り上り気味の彼女の目が大きく開いた)
(13) 너무나 태연한 대답에 승준의 눈이 동그랗게 커졌다.　　　(과 18)
(lit：あまりにも平然とした答えにスンジュンの目が大きく開いた)
平然と答えるギジュに、スンジュンは舌を巻いた。　　　　(パ 20)

「が」と「가」においては、前接名詞の訳文の変化において、数値の差というはっきりとした傾向の相違は見られないが、「モノ」名詞の日本語の場合、韓国語訳では落ち着きが悪く、「ヒト」主体の挿入をしたりして訳文に変化が見られる。「モノ」名詞を用い、主体の動作性を抑え、状態を述べ、属性叙述文を指向する日本語と、意志主体の「ヒト」名詞を入れ、動作性を

浮き彫りにし、事象叙述文を好む韓国語の特徴が見られる。

「モノ」名詞の「が」の例(14)の場合も、韓国語訳では、「ヒト」名詞の「彼女」が挿入され、「彼女は彼に近く接近することができた」と、事象叙述文になっている。

(14) 結局、麻也子は南田を振った、ということになるのであるが、この優越感が、彼を近づける結果となった。　　　　　　　　　　(不 13)
(前略)그로써 얻은 우월감으로 그녀는 그에게 가까이 접근할 수 있었다.　　　　　　　　　　　　　　　　　　　　　　(외 20)
(lit：それによって得られた優越感によって彼女は彼に近く接近することができた)

例(3)で見たように「ハ分裂文」の場合、韓国語は日本語の文とは文の構造が異なる傾向があったが、「ハ分裂文」は、〈モノはN〉の構造を好む「は」の特徴を示すもので、この場合、韓国語では「ヒト」名詞の挿入が起きたり、動詞述語文に変わったりする。

例(15)でも、韓国語訳では「ヒト」主体の「麻也子」を入れ、「麻也子は〜思った」となり、〈ヒトはV〉の構造で、事象叙述文になっている。

(15) 航一との結婚が決まった時、─これで体が楽になる─とまっ先に思ったのは事実で、最初は鼻白んで見ていた〝寿退社〟の手続きを即座にとった。　　　　　　　　　　　　　　　　　　　　　　(不 29)
마야코는 고이치와의 결혼이 결정되었을 때, 이제야 좀 편하게 살 수 있겠구나 하고 생각했다. 그녀는 즉시 명예퇴직 수속을 밟았다.　　　　　　　　　　　　　　　　　　　　　　　　　(외 38)
(lit：麻也子は航一との結婚が決まった時、やっと楽に暮らせるだろうと思った。彼女はすぐに寿退社の手続きをとった)

例(16)は、韓国語文が日本語訳で「ハ分裂文」になっている例である。日本語における「ハ分裂文」の多用がうかがえる。

(16) "글쎄요… 정말 사랑한다면 그런건 별로 중요하지 않은거 같아요."
"그럼 뭐가 중요해요？"
(lit：じゃ何が重要ですか？)
「そうですねえ…本当に愛していたらそんなのたいして重要じゃない気がします。」
「じゃ、重要なのはなんですか？」　　　　　　　　　　　(冬 71)

　日本語と韓国語のそれぞれの訳文に現れた変化を通して、日本語は「モノ」名詞を用い、韓国語は「ヒト」名詞を用いる指向が強いことが確認できた。

## 5. まとめ

　「モノ」名詞と「ヒト」名詞という前接名詞の種類と、名詞述語文と動詞述語文という述語文のパタンを組み合わせ、日本語と韓国語の「は」と「는」、「が」と「가」の四形式における統語上の条件の特徴を対照、考察した。

　日本語と韓国語の相対的な特徴から、日本語は韓国語に比べ名詞述語文も「モノ」名詞も現れやすい反面、韓国語は日本語に比べ、文型上の制約が強く、動詞述語文と「ヒト」名詞の構造が好まれることが確認できた。統語的な条件で相違を見せる「は」と「는」、「が」と「가」を通して見た場合、「モノ」名詞や、名詞述語文の構造を用い、属性叙述文を指向する日本語の特徴と、「ヒト」名詞や、動詞述語文の構造を用い、事象叙述文を指向する韓国語の特徴が見られる。

注
1　森下・池(1992：46-52)ほか。詳しくは印(2007、2008)参照。
2　日本語の「は」に相当する韓国語の「는」「은」を本稿では「는」で代表し、日本語の「が」に相当する韓国語の「가」「이」「尊敬主体＋께서」「団体主体＋에서」(허 2001)のうち、本稿では「가」「이」だけを扱い、これを「가」で代表する。
3　本稿では「は」と「는」、「が」と「가」が受ける前接名詞の種類を無情物のモノ・

コトを含むものを「モノ」と代表し、有情物を「ヒト」と代表する。「ヒト」名詞とは、「人の名前」のような固有名詞のほか、「私、彼、あの人」などの代名詞、「学生、社長、妻、友達」などの人の職業や身分を指す名詞を指し、「モノ」名詞とは「家、タクシー」などと、「コト」名詞と言うべき「今度、明日、夜」などと、「〜のは」「〜のが」のように名詞句、名詞節が前に結合している場合を指す。

4　略字例：〈ヒトが V〉（前接名詞「ヒト」名詞＋가＋動詞述語文）の構造、〈ヒトは N〉（前接名詞「ヒト」名詞＋は＋名詞述語文）の構造。

5　「名詞述語文」の種類については金(2003：50)を参考に、各形式と結合する述部のパタンが、「名詞＋だ、である」「名詞＋助詞や副助詞や副詞」「名詞（代名詞、数詞、助数詞を含む）」のほか、「名詞＋終助詞や助動詞」である場合を含む。なお「動詞・形容詞・存在詞」で文を結んでいる文の構造を「動詞述語文」とし、「名詞述語文」と区別する。分類の際に、益岡・田窪(1992：148–149)には形容詞文が状態述語文になる場合、「は」を取りやすいという指摘があるように、「動詞述語文」においても、動態述語文か、状態述語文であるかを区別して考察する必要があると考えるが、本稿では「名詞述語文」以外のものは「動詞述語文」に分類した。

6　「lit」は「literal translation」の略で直訳を指す。直訳は本稿作成者による。

7　用例の出典については、略称表記とした。正式タイトルについては用例出典を参照。なお、用例出典における下線部は本文中での略称にあたる。

8　用例の採集は、作者や翻訳者の偏りを避けるため、用例出典に挙げたものの中からそれぞれ最初の１章を対象にし、複数の本から採集した。なお例文はそれぞれ「日→韓」、「韓→日」の原文と翻訳文のセットを１例として数えた。

9　〈モノが N〉の文では、"여기가 도대체 어디야?"「ここはどこ…？」(冬18)のような疑問詞疑問文が多く、特殊な文型上の制約が影響していると考えられる。

10　これらの傾向は日本語と韓国語を相対的に比較した結果から得られたものである。

11　「ハ分裂文」については、砂川(2005：206–212)で「〜のが〜だ」型の分裂文を「ガ分裂文」、「〜のは〜だ」型の分裂文を「ハ分裂文」としており、本稿ではこれに倣う。

12　例(4)の「御免ですよ」における「御免」は意味的には動詞的で、例(7)の「瓜二つ」は意味的には形容詞的であるが、本稿では形態的な面からこれらをすべて名詞述語文として扱う。

13　「が」と「가」の用法についての詳細な考察はここでは立入らず、本稿では「가」の５例（「가」例全体の 2.5％）の訳文で変化があるのに対し、「が」は 13 例（「が」例全体の 4.3％）で変化が見られ、「が」の場合、韓国語訳で変化が多いことを指摘するに留める。

**参考文献**

井上 優(2004)「「主題」の対照と日本語の「は」」益岡隆志(編)(2004)『主題の対照』pp.215–226　くろしお出版

印 省煕(2007)「日本語の「は」と韓国語の「이／가(が)」についての一考察」『Lingua』18 pp.195–216　上智大学一般外国語教育センター紀要

印 省煕(2008)「日本語の「は」と韓国語の「는」の相違—翻訳本の非対応の例を中心に」『Lingua』19 pp.63–83　上智大学一般外国語教育センター紀要

印 省煕(2009)「日本語の「は」と韓国語の「가」の対応様相—前接名詞が「ヒト」である場合」『韓国語学年報』5 pp.1–19　神田外語大学韓国語学会

金 恩愛(2003)「日本語の名詞志向構造と韓国語の動詞志向構造」『朝鮮学報』188 pp.1–83　朝鮮学会

国立国語院(2005/2006)『外国人을 위한 韓国語文法1体系編』커뮤니케이션북스(韓国)

砂川有里子(2005)『文法と談話の接点—日本語の談話における主題展開機能の研究』くろしお出版

野田尚史(1996/1999)『新日本語文法選書1「は」と「が」』くろしお出版

益岡隆志・田窪行則(1992/2004)『基礎日本語文法—改訂版』くろしお出版

益岡隆志(2004)「日本語の主題—叙述の類型の観点から」『主題の対照』pp.3–17　くろしお出版

森下喜一・池 景来(1992)『日・韓語対照言語学入門』白帝社

허 용(2001)「한국어 교육의 관점에서 본 조사의 특성」『한국어문학연구』14 pp.27–62　한국외국어대학교한국어문학연구회(韓国)

油谷幸利(2005)『日韓対照言語学入門』白帝社

**用例出典**

林真理子(1996)『不機嫌な果実』pp.5–32 文芸春秋→정희성번역(1997) "외출" pp.11–41 한민사

東野圭吾(2002)『ゲームの名は誘拐』pp.3–57 光文社→권일영번역(2002) "게임의 이름은 유괴" pp.7–63 노블하우스

安岡明子訳(2003)『「冬のソナタ」で始める韓国語』pp.18–30 キネマ旬報社

金井孝利訳(2004)『「美しき日々」で始める韓国語』pp.14–37 キネマ旬報社

유호연(2004) "파리의 연인" pp.7–35 황금가지→長谷川由起子訳(2005)『パリの恋人』pp.8–36 竹書房

韓国MBCドラマ、「내 생애 최고의 스캔달」2008.7.16. KNTV放送、日本語字幕

# 『西国立志編』における逆順語

黄　美静

## 1. はじめに

　明治初期の文献には「習慣」と「慣習」、「事情」と「情事」のように字順が逆の語形が散見できるが、現代の日本語の場合、「習慣」と「慣習」のように「ならわし、風習」という意で両語形ともにさほど意味の相違が感じられないものがあれば、「事情」と「情事」のように前者は「物事の状況や理由、ありさま」という意で、後者は「男女間の恋愛に関する事柄」という意で使われて、両語形の間に意味がまったく異なっているものもある。

　幕末・明治初期には、量的・領域的に膨大な西洋の学問を紹介する際に、外国語を訳す手立てとして漢語が用いられ、数多くの新語・訳語が造り出されていたことは周知の通りである。大量に量産された漢語の一つの特徴として字順の反転した形が挙げられるが、同一の作品においても上の字と下の字が入れ替わった形が意味の相違もなく併用されている例がみられることから、なぜ二つの語形が出現する必要性があったのか、考えてみたい。

　本稿は明治初期の翻訳文献に現れた字順が逆の二字漢語を対象として、その性質を考察することに目的がある。具体的には、まず、それぞれの語形の出典及び使用例について主に辞書類を調べ、訳者の漢学歴をも合わせて考える。次にそれらの語形は一字一字がどのように結び付いているのか、その語構成をみてみる。最後に字順が反転した背景を探っていく。

　明治初期の翻訳文献として、中村正直の訳による『西国立志編』(1870-1871、同人社蔵版)の初刊と改正版(1925年、博文館)を用いる。ここでは初

刊の語形を主に扱うことにする。改正版の中で博文館を用いたのは、黄（2002）で七書屋版（1877）、木平謙版（1877）、博文館版（1894、1925）と初刊の漢語を照合した結果、博文館版（1925）に初刊の逆順語が少なからず見られたからである。

## 2. 『西国立志編』における逆順語の実態及び特徴

『西国立志編』（以下、『西国』）の全13編を対象として、初刊の漢語の字順と逆になっている改正版の語形を調べた結果、30ペアが得られた。以下では、『西国』に用いられた逆順語の実態及び特徴についてみていく。逆順語の用例は「1.2. 現代日本語との比較」でペアごとに示しておく。印刷の便宜上、振り仮名は省略した。また、引用に際し、旧字体は新字体に変更した。

### 1.1. ルビが付いている語

初刊の語形の中には、その漢語の意味が左ルビに施されているものもあれば、改正版の語形の中にはその漢語の音読みが右ルビに施されているものもある。また、初刊で左ルビがある語は改正版においても同様の左ルビが施されている事実が見られる。具体的な例を挙げると、「律法、役使、生平、情状、度尺、憑證」に、それぞれ「オキテ、ツカハレル、フダン、アリサマ、モノサシ、ショウコ」といった左ルビが付いている。

従来の研究では右ルビは読み方を、左ルビは意味を表すとされることから、左ルビが付いている漢語の場合、その漢語より左ルビのほうが一般的に通用していた語といえる。言い換えれば、左ルビが付いている漢語は日常語ではないのである。つまり、上記の左ルビの「フダン、アリサマ、ショウコ」を漢字語表記に変えると「普段、有様、証拠」となるが、これらの語は日常語であるという意識から左ルビに当てられたのであろう。実際、「普段」は「平生、日常」の意味で、浮世草子の『好色一代女』（三、1686）、滑稽本の『七編人』（二・中、1857–1863）に使用例があり、「有様」は「物事の状態を基本的な意味とし、中古より用いられている」とあり、「証拠」は「証明の根拠」の意味で古くからあり、近世になると『好色一代男』（七・三、1682）に使用

例がみられるなど、当時通用していた語と思われる(『日本国語大辞典』第 2 版参照)。

　ところで、調査語形 30 ペアの中で「憂愁」の場合、改正版では字順の反転した形で「愁憂」となっており、漢語の上に「いうしう」と右ルビが施されている。「いうしう」は初刊の「憂愁」の音読みをそのまま用いたようである。同様なことは「役使」についても指摘できる。「役使」は改正版では「役使」と「使役」の両語形が併用されているが、「役使」のほうに「しえき」と右ルビが付いている。この 2 語は右ルビの音読みから考えると、改正版当時では「憂愁」、「使役」が一般に使われていた語形であると推定される。

## 1.2. 現代日本語との比較

　初刊と改正版の語形を現代日本語の意味と比較すると、当時は同義の意味で使用されていたと思われるペアには、年代が進んで意味分化が起こったものもあれば、意味分化が起こらなかったものもある。

　そこで、両語形の現代日本語への生き残り及びその意味用法を確認するため、主に現代語を収録した三省堂の『現代国語辞典』(1988)の意味用法と比較してみた。その結果は次のようである。(初刊→改正版の順、下線は筆者)。

　　育養＊→養育　一統→統一　役使＊→使役　会集＊→集会　壊破＊→破壊　慣習→習慣　恭敬＊→敬恭＊　議論→論議　康健＊→健康　行歩＊→歩行　国中＊→中国　習慣→慣習　酬報＊→報酬　習練→練習　情状→状情　少年→年少　生平＊→平生　声名→名声　積蓄＊→蓄積　舩帆＊→帆船　痛苦＊→苦痛　盗竊＊→竊盗　度尺→尺度　憑証＊→証憑　本資＊→資本　命運→運命　憂愁→愁憂　要重＊→重要　絡脈＊→脈絡　律法＊→法律
　　＊は未収録語、下線は両語形の間に意味の相違が見られるもの

　上記の調査から、初刊の語形は 10 語、改正版の語形は 26 語が『現代国語辞典』に収録されており、改正版の語形が初刊の語形より現代日本語にお

いて使われ続けているものが多い。一方両語形の間に用法の相違が見られるものは「慣習 – 習慣」、「習慣 – 慣習」、「少年 – 年少」の3ペアある[1]。「慣習 – 習慣」の場合、初刊においても両語形が併用されているが、両語形の併用については「4. 反転現象の背景について」のところでふれることにする。

ここで、『西国』の改正版でなぜこのような字順の反転した語形が出現してくる必要性があったのか。この疑問を解く手がかりはまず第一に初刊の語形の性質にあると思う。初刊の語形が現代日本語に受け継がれていないものが多いことを考えると、その語形はどのような性質を持っているのか。また、現代日本語では両語形の間に意味に違いが見られるものもあるが、当時においてもすでに両語形の使い分けがあったであろうか。

次節からは上記の二つの疑問に対する答えを探っていく。

## 3. 初刊の語形の性質について

初刊の語形は改正版の語形と逆の形になっているが、改正版でなぜ字順を反転させる必要性があったのかを探るため、本節では初刊の語形の出典を調査し、これと同時にそれらの語形は一般に使用されていたか、その使用例を調べる。なお、訳者である中村正直(以下、中村)の漢学歴に基づいて、中村が『西国』を訳述する際に参考にしていた可能性がある文献をも調査対象にしてその性質をみていく。さらにそれぞれの語形はどのような語構成になっているのか、その特徴をつかむ。

語形の出典及び使用例について、主として『日本国語大辞典』(以下、『日国』)、『大漢和辞典』(以下、『大漢和』)、『漢語大詞典』(以下、『漢語』)によった。

### 1.1. 中村正直訳以前に出典のある語及び使用例

初刊の語形の出典をまとめると下記のとおりである。

A　典拠がある語
a　日本文献と中国文献ともに典拠のある語

一統、役使、会集、慣習、恭敬、議論、康健、行歩、国中、習慣、酬報、
　　習練、情状、少年、生平、声名、痛苦、盗竊、命運、憂愁、律法
b　日本文献にのみ典拠のある語
　　壊破
c　中国文献にのみ典拠のある語
　　育養、積蓄、憑証、本資、要重、絡脈
B　典拠が見あたらない語
　　舩[2]帆、度尺

　初刊の語形の中で、「A　典拠がある語」は28語、「B　典拠が見あたらない語」は2語ある。「A　典拠がある語」の中には「a　日本文献と中国文献ともに典拠のある語」は21語、「b　日本文献にのみ典拠のある語」は1語、「c　中国文献にのみ典拠のある語」は6語あるが、これらの語形は古くから存在していたものである。一方、Aの「c　中国文献にのみ典拠のある語」と「B　典拠が見あたらない語」はすべて『現代国語辞典』に収録されていない語で、現代日本語として使用されていない語形である。「B　典拠が見あたらない語」は中村の新語とも考えられるものであるが、Aの「c　中国文献にのみ典拠のある語」も中村が中国古典語を転用したのであれば、中村の新語のカテゴリに入るものであるといえる。

　以下では、Aの「c　中国文献にのみ典拠のある語」と「B　典拠が見あたらない語」を中心にそれぞれの語形の出典及び使用例をあげてみていく。

### 1.1.1.　中国文献にのみ典拠のある語

　Aの「c　中国文献にのみ典拠のある語」は中村の漢学歴との関連性が察せられるものである。『自助的人物典型中村正直伝』(石井民司)と『中村敬宇』(高橋昌郎)によると、中村は幼いころから論語、孟子、大学、中庸を読み、15歳の時、井部香山の塾に入り、一時水滸伝を好んで読んだ[3]とされる。また、24歳の時、さらに左伝を愛読し、韓愈、柳宗元、欧陽脩、蘇軾の詩文をすらすらと読み下した[4]という記述がある。このような記述から、中村は漢籍や明代の通俗文学に親しんでいたことが分かる。なお、中村の漢学歴

から、中村は訳語に漢語を当てる際、漢籍に典拠のある語を訳語として比較的容易に受け入れたのではないかと十分考えられる。中村の訳語の性質と関連して、黄(2007)は幕末中国から輸入された月刊誌、『遐邇貫珍』と『六合叢談』の訳語[5]を取り上げ、そこから訳語を採用していた可能性について言及しているので、本稿においても中村の訳語の性質をつかむ有効な資料とし、これらの文献の訳語を調査対象とした。

以下では、中村が『西国』で当てた意味と照合し、「中国古典語と意味の相違がない語」と「中国古典語と意味の相違がある語」に分けて、主に後者を中心にみていく(中村の訳文が必要な場合は示した)。

1)中国古典語と意味の相違がない語

中国古典語と意味の相違がない語は「育養、積蓄、憑証」が挙げられる。

育養は、「育て養う」の意味で『漢語』によると『論衡』の「骨相」、『漢書』の「王莽伝上」、『後漢書』の「皇后紀下・順烈染皇后」、『北斉書』の「独孤永業伝」に使用例がある。

積蓄は、「貯蔵」の意味で『日国』によると『宋史』の「王禹偁伝」、『漢語』によると漢の董仲舒の『春秋繁露』の「五刑相生」、元の鄭光祖の『伊尹耕莘』、また『遐邇貫珍』の「近日雑報」(1855年、第1号、9丁3行裏)に「如或反借此、積蓄軍器、聯羣拜党、欲於本国作叛、是英国律法所厳禁者也(筆者訳: 逆にもしその時かばってくれなかったら兵器を蓄え群れになって徒党を組んでかえって裏切り行為をして、イギリスの法律で厳しく罰せられていたであろう)」とある。

憑証は、「証拠」の意味で『日国』によると清朝の法律的解説書である『福恵全書』の「刑名部・逃人・遥解逃人」、『漢語』によると宋の王讜の『唐語林』の「文学」、元の無名氏の『鴛鴦被』、また『六合叢談』の「真道実証」(1856年、3号、7丁11行裏)に「而生水火木金土、二気交感、化生万物云云、亦皆臆造、絶無憑証可知矣(筆者訳: "水火木金土"を生じ二つの気を融合して万物を生む。またすべて主観的に想像して創作し絶対に証明できないことを知ることができる」といった使用例がある。

2）中国古典語と意味の相違がある語

　中国古典語と意味の相違がある語は「本資、要重、絡脈」が挙げられる。

　本資は「糧食、もととなる資材」という意味で『大漢和』と『漢語』ともに『管子』の「八観」の「本資少而末用多者、侈国之俗也尹。知章注："本資、謂穀、帛"」の1例のみが挙げられている。しかし、『西国』の第2編の12丁裏には「比耳二十歳ノ時。早ク己レノ本資（モトデ）ヲ以テ印花ノ業ヲ始メント思ヘリ」[6]とあり、本資の左ルビに「モトデ」が付いていて本資が「もとで」の意味として使われている。

　要重は、「重要的職位、或いは地域」の意味として『漢語』に『北斉書』の「段栄伝」の「然僻於好色、雖居要重、微服間行」、『新唐書』の「張宿伝」の「諫議職要重、当待賢者」、『資治通鑒』の「染武帝中大通五年」の「岳（賀抜岳）以夏州被邊要重、欲求良刺史以鎮之」が挙げられている。しかし、『西国』の第8編19丁裏には「ソノ師ヨリ要重ノ器ヲ製スルコトヲ托セラレタリ」[7]とあり、「重職や要地」の意味ではなく「大切」の意味として使われていると解釈される。

　絡脈は、「人体の神経血管など」の意味で『大漢和』に『史記』の「太倉公伝」の「代則絡脈有過」が挙げられているが、『西国』の第5編28丁裏に「サレバ軽車ニ乗リ。路ヲ行クニ。五里或ハ十五里モ隔タリタル山ヲ見テ。ソノ性質絡脈ヲ審カニ知ルコトヲ得タリ」[8]とあり、「性質や筋道」という意味として使われている。中村の使用例と同様の意味では『漢語』に清の張泰来が著した『江西詩社宗派図録』の「陳師道」の「履常、天下士也、読書如禹之治水、知天下之絡脈」が初出例として挙げられているが、この例は中村より後のものである。

　このように、「本資、要重、絡脈」はすでに漢籍に典拠があるものである。

　ところで、猿田（2004：16）は劉炫の『毛詩述義』旧文に「中谷、谷中、倒其諸、古人之語皆然、詩文多此類也」とあるのを挙げて、唐宋八家の柳宗元、韓愈の著作にすでに「平生–生平」、「議論–論議」といった字順の反転した形がみられると述べていることから、中村は中国の詩文に多く出現していた逆順語の存在に気づいていたのではないかと察せられる。そう考えていくと、上記のAの「c　中国文献にのみ典拠のある語」は字順が逆の語形が日本に

もともと存在し、それを中村が反転させた結果出現したとも思われる。

以下ではその可能性を探るため、「中国文献にのみ典拠のある語」の逆順語である「養育、蓄積、証憑、資本、重要、脈絡」についてみていく。

養育は、『日国』によると『中右記』(4月20日、永久2年)、『史記』の「始皇本紀」、蓄積は『続日本紀』(4月癸亥、天平元年)、『戦国策』の「秦策・恵文君」に古くからの使用例があるが、証憑は『日国』によると、『西国』の刊行とほぼ同じ年の『西洋聞見録』(後編・二、1870)の「悉く官印を用ゐて証憑となすを以て」が初出として挙げられている[9]。

資本[10] は、「もとで」の意味として『日国』によると『通俗赤縄奇縁』(三・五回、1761)、『春渚紀聞』の「蘇劉互謔」に「不逾歳、偶呉質盗物、資本耗折殆尽」とあり、すでに『西国』以前に使用例があるものである。

重要は、『漢語』によると、「重鎮、要地」の意味では『北斉書』の「任冑伝」の「興和末、高祖攻玉壁還、以晋州西南重要」が挙げられているが、「重大、主要」の意味での初出は『遐邇貫珍』(1853年、第1号、9丁5行表)の「香港紀署」に「其次臬憲、審断重要案件、至細故小案、倶帰刑訟司(筆者訳：その次に臬憲(当時の按察使の敬称)が重要な事件から些細な事件まで裁きをくだし、それらはいずれも刑訟司(刑罰と訴訟を担当する部署)に帰する)」といった使用例が挙げられよう。一方、佐藤(2007：415)によると『経済小学』(神田孝平訳、1867)の「上・地代」の「国中利害ノ係カル所ニシテ頗ル重要ノ一事ナリ」が日本での「重要」の初出として挙げられている。

脈絡は、『日国』によると「物事の一貫したつながり」という意味で『古学先生文集』(三・仁説、17世紀後頃)、『中庸章句』の「序」が挙げられている。

このように、「養育、蓄積、資本、脈絡」は日本と中国文献ともに古くから存在したもので、中村がこれらの語形を反転して訳語として使用した可能性があると見受けられる。

一方、重要は幕末ごろに使用例があり、証憑は中国文献には見あたらず、『西国』とほぼ同時期に刊行された『西洋聞見録』(後・二)に使用例があるので、2語ともに幕末・明治初期に登場した語である可能性が高い。

### 1.1.2. 典拠が見あたらない語

　日本文献と中国文献に使用例が見あたらない「船帆、度尺」についてもそれぞれ字順が逆の語形である「帆船、尺度」が考えられる。これらの典拠は次のとおりである。

　「船帆」の逆順語の「帆船」は、『日国』によると『日葡辞書』(1603-1604)の「Fanxen(ハンセン)。〈訳〉帆船」、『漢語』によると宋の王安石の「将次鎮南詩」の「予章江面朔風驚、造蕩帆船破浪行」が挙げられている。

　「度尺」の逆順語の「尺度」は、『日国』によると「長さを測る器具」の意味では『童子問』(下・三、1707)の「二書猶権衡尺度乎」、『宋書』の「律志」の「後漢至魏、尺度漸長於古、四分有余」、「物事の評価・判断を行う際の基準」という意味では『邪宗門』(北村白秋、1909)の「例言」の「強ひて自己の感覚を尺度として他を律するは謬なるべし」が挙げられている。

　要するに、「船帆、度尺」の逆順語の「帆船、尺度」は日本文献と中国文献ともに典拠がある語形なので、中村がこれらの在来語を反転させて「船帆、度尺」と創り出した可能性が考えられる。

　以上、Aの「c　中国文献にのみ典拠のある語」と「B　典拠が見あたらない語」を中心に初刊の語形とその逆順語について出典及び使用例をみてきたが、いままでの考察内容をまとめると次の通りである。

1) 初刊の語形が現代日本語の字順と逆の語形になっているのは中村の新語ともとれるものである。
2) 初刊の語形は、中村が当時使用されていた語形を逆順にして訳語として採用したものとも察せられる。

　要するに、中村の漢学歴と『西国』の漢文訓読調という文体的性質によって、逆順語に文章語としてふさわしい「語」の資格が与えられたことによるものであると考えられる。

　次節では初刊の語形は字と字がどのように結び付いているのか、その語構成についてみていく。

### 1.2. 語構成

初刊の語形は下記のように並立構造、連体修飾構造、連用修飾構造に分けられる。

1) 並立構造：育養、会集、壊破、慣習、議論、恭敬、康健、習慣、習練、酬報、情状、生平、声名、積蓄、痛苦、盗竊、度尺、役使、憂愁、要重、律法、行歩、命運、絡脈
2) 連体修飾構造：少年、国中、本資、舩帆、憑証
3) 連用修飾構造：一統

並立構造は 24 語、連体修飾構造は 5 語、連用修飾構造は 1 語あり、並立構造がもっとも多く、『西国』においても字順の反転は並立構造に起こりやすいことが分かる。陳(2001：198)は「本来「字」のレベルでの意味理解が行われる中国語に対して、日本語の方は 2 文字を一つの単位として語への進化を進めた」といっており、並立構造は字と字が独立的な意味合いを持つ構造なので、字順を反転させても意味の相違はほとんど起こらないのであるが、意味の相違が起らないのであれば、なぜ字順を反転させる必要があったか。田島(1998：327)も指摘しているように、特に並立構造の場合、一つの語形の構造がすでに成立しているのに同じ意味の逆順形をどうして作る必要があったのか、その背景を考えなければならないのである。

次節では『西国』における字順の反転現象の背景について探ってみる。

## 4. 反転現象の背景について

先行研究では、字順の反転現象について主に日本語と中国語の対照考察を通して解明しようと試みられてきた。従来の研究で論じられている反転現象の背景をまとめると、1)並列構造による語形は字と字の結び付きが独立的なため字順の反転現象が起こりやすい、2)日本語と中国語との違いを示すために字順を反転させた、3)漢文訓読体という文体上の特徴によるものという三つが挙げられよう。

1)については、『西国』においても同様の結果が出たが、ここで、注目すべきことは、初刊に両語形が併用されていることである。鈴木(2001-2004、2006-2009)の第1編から第7編までの語彙索引と調査対象語30ペアを照合した結果、Aの「a　日本文献と中国文献ともに典拠のある語」の「会集、慣習、行歩、習練、生平、声名、痛苦、律法」は、それぞれの逆順語である「集会、習慣、歩行、練習、平生、名声、苦痛、法律」も使用されている。また、「b　日本文献のみ典拠のある語」の「壊破」は「破壊」の語形も使われていた箇所が見られる。その他に、「c　中国文献にのみ典拠のある語」の「要重」は、『西国』の第9編15行裏に「事務ヲ忽畧ニセザルモノハ、重要ノ事ヲ以テコレニ托付スベキ証ナリ」とあり、「重要」も使われている。これらの語はすべて並立構造の語形であるが、その中で「生平-平生」、「律法-法律」、「壊破-破壊」は、『西国』においては意味用法が異なっていたものと考えられる。具体的な例を挙げると、まず「生平」と「平生」の場合、「生平」は7例、「平生」は11例があり、前者は4例が「〜の生平を観るときは」といった文に現れ、「生涯」の意味で使われている。これに対して、後者は1例を除いては「ひごろ」の意味で使われている。次に、「律法」と「法律」の場合、「律法」は8例、「法律」は3例があり、前者には「おきて」といった左ルビが付いていて「その社会の定め、法度」の意味で使われている。これに対して、後者は「法学、法曹界」といった学問や業種を指す意味で使われている。最後に、「壊破」と「破壊」の場合、「壊破」は3例、「破壊」は1例のみがあるが、前者はその対象として機械にのみ使われており、後者は船が座礁されて穴が開いたりして壊れてしまったといった意味で使い分けしていると見受けられる。

　要するに、並立構造語であっても逆順語との間に意味の違いがあったので、その違いを表すために逆順語が用いられたのではないかと考えられる。このことは、「苦痛」(1例)より「痛苦」(3例)が、「習慣」(2例)より「慣習」(8例)が、「習練」(1例)より「練習」(3例)が、「歩行」(3例)より「行歩」(5例)が、「名声」(2例)より「声名」(16例)の方が使用されていることからも察せられる。

　2)については、第3章の1.1.節で述べた「c　中国文献にのみ典拠のある語」

と「Ｂ　典拠が見あたらない語」の場合、それぞれの逆順語はすでに在来語として使用されているにも関わらず、中村はその語形を訳語として採用しなかったものである。それは「日本語と中国語との違いを示す」ためではなく、中村がどちらの語形を選択したかは、中村の語彙選択意識にも関わる問題であるといえよう。今後の課題としたい。

　これは、3)の文体とも関連してみると、畔上賢造の「序」に「但先生の文今に於て之を読む稍稍漢文調に偏して、現代青年の甚だ了解に苦む所(中略)」とあることから、中村が漢文調にふさわしい語を選んだことによるものであるといえる。

## 5. おわりに

　明治初期の文献として中村正直の訳による『西国立志編』を取り上げ、Ａの「ｃ　中国文献にのみ典拠のある語」と「Ｂ　典拠が見あたらない語」を中心に初刊の語形の性質及び反転現象の背景を探ってみた。筆者の考えを最後に述べたい。

　『西国立志編』は、当時の青年たちに大きな感銘と影響を与え、その訳語が当時の人々に親しみ深いものになっていたことを考えると、そこに用いられている訳語は後世に継承されるべきものであったと思う。しかし、中村の死後、刊行された改正版では初刊の語形を反転した語形になっており、改正版の語形のほうが現代日本語に多く使用されている。このことをどう考えるべきかが本稿のテーマであったといえる。

　中村の訳語が中村の語彙選択意識という個人的なものによっているためか、日本語の変遷の問題として考えるべきかを更に追求しなければいけない。

注
1　『現代国語辞典』には、「慣習」と「習慣」の場合、前者は「その社会できまって

いるもの」、後者は「社会のものも個人のものもいう」とあり、「少年」と「年少」の場合、前者が「年のわかい男の子」、後者が「年齢が下であること。年下」とある。

2 『大漢和辞典』によると舩は船の俗字である。
3 濡染所至。髫齓挟策。論孟学庸。入井部塾。惑溺小説。水滸成癖。『自叙千字文』
4 旁嗜文章。蘇潮韓海。卿意相會。拍案呼快。『自叙千字文』また、石井(1907 : 23)によると経書と八家文などは悉く暗記したという。
5 『遐邇貫珍』、『六合叢談』は当時知識人に海外ニュースの情報源としての重要な役割を果たしたと評価されており、特に『六合叢談』は上海で出版後すぐ日本に舶載されて、官板六合叢談として訓点が施され印刷発行されたので、中村がなんらかの形でそれらの雑誌に接していたと察せられる文献である。
6 *Self-Help* に「When Robert was only twenty years of age, he determined to begin the business of cotton-printing, which he had by this time learnt from his father, on his own account」とあり、account の訳として「本資」が当てられている。
7 *Self-Help* に「that his master usually intrusted him with any blacksmith's work that required the exercise of more than ordinary care」とあり、more than ordinary care の訳として「要重」が当てられている。
8 *Self-Help* に「His geologic vision was so acute, ... in the post chaise was from five to fifteen miles distant from the hills of chalk and oolite on the east, he was satisfied as to their nature, by their contours and relative position」とあり、nature の訳として「絡脈」が当てられている。
9 高橋(1966 : 74)によると、中村正直は明治3年2月から *Self-Help* の訳述作業にとりかかって、11月9日、訳稿13編を完成し、翌年7月『西国立志編』の全編を刊行したとされるが、この記述から『西洋聞見録後編』は『西国立志編』の刊行時期とほぼ同時代であるとみなした。
10 『日本国語大辞典』によると、経済学で言う capital の訳語として『哲学字彙』(1881)の例が挙げられている。

## 参考文献

畔上賢造(1907)『自助論』内外出版協会
石井民司(1907)『自助的人物典型中村正直伝』(大空社復刻版 1987)
岡本 薫(1980)「西国立志編の文章―普通文の源流の一つとして」『明治諸作家の文体・明治文語の研究』pp.1-25 筑摩書房
猿田知之(2002)「列島漢語の字順定着について―反転語を中心として」「茨城キリスト教大学紀要」第36号 pp.132-142 人文科学
猿田知之(2004)「反転する漢語―複合動詞を中心として」「茨城キリスト教大学紀要」第38号 pp.14-26 人文科学

進藤咲子(1968)「明治初期の振りがな」『近代語研究』2巻 pp.489–505
鈴木修次(1978)「国語漢語と中国語」『漢語と日本人』pp.207–246　みすず書房
鈴木丹士郎(1971)「「簡単」と「単簡」と」専修大学人文科学研究所月報 18 pp.8–12
鈴木丹士郎(1981)「「抵抗」と「抗抵」」『国語語彙史の研究』二　pp.237–254　和泉書院
鈴木丹士郎(2001)「『西国立志編』解題・第一編本文及び語彙索引稿」「専修国文」69 pp.1–167　専修大学日本語日本文学会
鈴木丹士郎(2002)「『西国立志編』解題・第二編本文及び語彙索引稿」「専修国文」71 pp.1–126　専修大学日本語日本文学会
鈴木丹士郎(2003)「『西国立志編』解題・第三編本文及び語彙索引稿」「専修国文」72 pp.1–70　専修大学日本語日本文学会
鈴木丹士郎(2004)「『西国立志編』解題・第四編本文及び語彙索引稿」「専修国文」74 pp.1–110　専修大学日本語日本文学会
鈴木丹士郎(2006)「『西国立志編』解題・第五編(一章～二十一章)本文及び語彙索引稿」「専修国文」78 pp.1–69　専修大学日本語日本文学会
鈴木丹士郎(2007)「『西国立志編』解題・第五編(二十二章～三十六章)本文及び語彙索引稿」「専修国文」80 pp.1–86　専修大学日本語日本文学会
鈴木丹士郎(2008)「『西国立志編』解題・第六編本文及び語彙索引稿」「専修国文」83 pp.1–112　専修大学日本語日本文学会
鈴木丹士郎(2009)「『西国立志編』解題・第七編本文及び語彙索引稿」「専修国文」84 pp.1–46　専修大学日本語日本文学会
惣郷正明・飛田良文(1989)『明治のことば辞典』東京堂出版
高橋昌郎(1966)『中村敬宇』吉川弘文館
竹中憲一(1988)「中国語と日本語における字順の逆転現象」『日本語学』7・10 pp.55–64
田島 優(1998)「『新説 八十日間世界一周』における字順の相反する二字漢語」『近代漢字表記語の研究』pp.113–124　和泉書院
玉井喜代志(1932)「振仮名の研究」上・下『国語と国文学』第9巻　第5・6号 pp.952–1058
陳 力衛(2001)『和製漢語の形成とその展開』波古書院
飛田良文(1997)『東京語成立史の研究』東京堂出版
黄 美静(2002)「『西国立志編』と『青年立志編』の訳語に関して—日常用語を中心に」「人間文化研究年報」第25号 pp.118–125　お茶の水女子大学大学院
黄 美静(2007)「『西国立志編』の訳語研究」お茶の水女子大学大学院博士論文
森岡健二(1991)『改訂近代語の成立　語彙編』明治書院
吉川明日香(2005)「字順の相反する二字漢語—「掠奪–奪掠」「現出–出現」について」『雑誌太陽による確立期現代語の研究』pp.143–156　博文館新社

**引用資料**

『漢語大詞典』(1993)漢語大詞典出版社
『現代国語辞典』(1988)三省堂
『大漢和辞典』(1997、補巻 2000)大修館書店
『日本国語大辞典　第二版』(2001)小学館
近代デジタルライブラリー『増訂改正　英和対訳袖珍辞書』(1867)http://kindai.ndl.
　　　go.jp/BIBibDetail.php　検索日　2009.7.31
佐藤　亨(2007)『現代に生きる幕末・明治初期漢語字典』明治書院
沈　国威(1999)『『六合叢談』(1857–1858)の学際的研究』白帝社
松浦　章・内田慶市・沈　国威編著(2004)『遐邇貫珍の研究』関西大学東西学術研究叢
　　　刊

# 文献にみるデハナイカ

近藤雅恵

## 1. デハナイカとは何か

　デハナイカはしばしば文末において発話者のこころの機微をあらわす役割を担って用いられる表現形式である。デハナイカには多くの分類方法があるが、たとえばおよそ三つに大別すると、おもに名詞述語文や形容詞述語文などの述語語尾をなすもの(a)、本来の述語語尾の意味をまったく失ってひとまとまりで終助辞のようなはたらきをするもの(b)、ノデハナイカになるもの(c)となる。以下に例文を示す。

a.　あれは山田さんじゃないか。
b.　山田さんはさっき帰ったではありませんか。
c.　山田さんは背が高いんじゃないですか。

　さらにデハナイカには多くの変化形活用形がある。本稿ではそれらを一切分類せず、そのすべてをデハナイカで代表させる(注　aの分類等詳細については拙稿『文末のデハナイカ分類試案』および『デハナイノの分類』参照)。デハナイカは、文献上も関東地方ではとくに頻繁に使用されてきたようで、江戸時代以来今日にいたるまで用例の多さははかりしれない。いっぽう関西ではデハナイカではなく今日ヤナイカというのがふつうのようだ。しかし近松門左衛門など江戸時代の上方の浄瑠璃を聞いているとヤナイカではなくデハナイカがつかわれている。どうやら上方でも幕末ころまではデハナイカと

いっていたらしい。そこで本稿は幕末以後の上方におけるデハナイカを文献から収集し、いつごろヤナイカに交代したのかをたどってみたいと思う。

## 2. 上方のデハナイカ（幕末以後）

　デハナイカが歴史に登場するおそらく最初にしてもっとも有名な例は、幕末に大衆から起こった「ええじゃないか」の狂乱的大騒動であろう。日本国語大辞典によると、"慶応三年(1867)、名古屋におこり、京坂神地方をはじめ各地へ波及した群集の狂乱的歌舞。"とある。ある日突然農民や町人などの一般大衆が「ええじゃないか、ええじゃないか」と歌いながら踊り狂いそれが数ヶ月にわたってつづいた。東は静岡、山梨、神奈川、東京都下、長野、新潟あたりまで、西は中国、四国あたりまで広範囲に及んだという。最近はあまり知られていないが、一説にはこの大騒動が幕藩体制崩壊をうながしたともいわれるくらい衝撃的な出来事だった。（田村貞雄『「ええじゃないか」研究の現状と問題点』）ここでこの幕末の頃に関西においてもヤナイカではなくまだデハナイカが使われていたらしいことが推測される。

　そこで幕末ころに大坂で書かれた浄瑠璃本『生写朝顔話』(1832 山田案山子)をみてみる。今日も部分的に上演される唯一のこの時代の作品だが上演用の底本は内容がかなり変更されているので、ここでは1917年刊、有朋堂書店版『浄瑠璃名作集(上)』(うち全100ページ)による。地の文体は基本的に古代語でデハナイカはあらわれない。会話文のみ。（末尾の数字は本文のページ数。以下同）

・阿曽次郎様ではごはりませぬか。(567)
・身が手作りの朝顔、見事ではおりないか。(573)
・イヤ申し、そりや地震の歌ぢやござりませぬか。
・深雪殿ではないか。(581)
・あんまりさつきやく〈早却〉ではござりませぬか。(587)
・よい酒の相手が出来たではないか。(595)
・何と哀れによう出来たではないか。(606)

・汝(われ)と中直りさへすりや死ないでも大事ないぢやないかい。(606)
・きれいなことぢやないかいなう。(652)
・奥様になる人は、仕合せ者ぢやないかいの。(652)

　これをみると100ページのあいだに10回デハナイカが使われている。「ごはりませぬ」や「おりない」は古代語的な表現であるから、今日のような話しことばになる以前から、このようなデハナイカの使いかたがあった可能性がある。いっぽう現在の関西の話しことばとされるヤナイカはゼロである。この物語の内容は武家の話ということで、当時の庶民のじっさいの話しことばとどのくらい同じだったかどうか疑問は残るが、いちおう幕末には上方でもデハナイカがそのまま使われていた可能性があると考えてもよいのではないだろうか。

　ではデハナイカはいつごろまで使われていて、いつごろ関西地方から姿を消したのか。ということでつぎに明治時代の例をみたいが、この時代に上方ことばで書かれた作品があまり残されていない。浄瑠璃『観音霊験記三拾三所花野山』(1879初演、作者不詳、全33段)は西国札所の33カ寺に因んだ33段の話であるが、原作はすでに失われ、今日伝わる底本はそのうちわずか2作品、すなわち『壼坂観音霊験記』(以下『壼坂』)と『良弁杉由来』(以下『良弁』)だけである。そこでこれらの底本より、前者は1985年国立劇場上演資料集(全8ページ)から、後者は1979年国立劇場文楽床本集(全12ページ)から、それぞれみてみる。

・サそれが夫婦ぢゃないかいな。(壼坂)
・コリャマア夢ではないかいな。(壼坂)
・それは私も好もしい人気玉ではないかいな。(良弁)

　『壼坂』は現奈良県にある壼坂寺に参った庶民の話なので当時の庶民の話しことばで書かれていると思われる。『良弁』は7〜8世紀に実在した人物の物語であるゆえかところどころに"心な置きそ"のような古代語がみられ、上方の話ではあるが当時の話しことばとはかならずしも直結しないかもしれ

ない。しかしデハナイカはどちらにも出現している。ヤナイカはここでもまだ現れていない。明治時代初期にはまだ上方でもデハナイカが使われていたと考えられそうだ。

　この先を辿りたいところである。記録によるとこの後も関西で新作の浄瑠璃が作られていなかったわけではないが、惜しむらくはもはや底本が残されていないとのことで跡付けることができない。小説類においては、今日みられる明治時代の主要な作品は作者の出身地にかかわりなく当時のいわゆる共通語で書かれている。

　他の資料として上方落語のレコードからの筆記録がある。さいわい幕末から明治初年ころに生まれた落語家たちのSPレコード録音を文字化した資料がある。『二十世紀初頭大阪口語の実態——落語SPレコードを資料として——』(1991 真田信治他編)である。登場する落語家の名前と生没年を列挙しておく。二代目曽呂利新左衛門(a1844–1923)、二代目桂文枝(b1844–1916)、三代目桂文団治(c1856–1924)、三代目桂文三(d1859–1917)、初代桂枝雀(e1864–1928)、二代目林家染丸(f1867–1952)、四代目笑福亭松鶴(g 桂枝鶴 1869–1942)、桂文雀(h 生年不明)の8人で、そのうち用例があるのは4人のみ。

・おお　誰かと思た(ら)源さんじゃないかい。(a29)
・〜お前が　貴重なる時間を　無駄に費やすだけでも　働いてやったらお金が出来ようやないか、と〜(a30)
・〜一つ　実地経験のために　行こうじゃごわせんか。(a33)
・これへさいて　菊水(楼)に　一泊しよやないかと　泊まりました、夜が明けた。(a34)
・エー　ちょっと　銭儲けの口があるのや。行てやないかい。(a37)
・そないに言うててまた　すぽっと騙しなはるのやおまへんか。(e88)
・車屋さん、お前はんも　そんなやないかいな。(e92)
・兄や〈母から息子への呼びかけ〉、目界の見えん人　不自由じゃないかいな。(e97)
・今　唱えてござったん　御真言〈お経〉じゃないかいな。(e101)

- エー　貸してえな。……持って来るやないかい。〈話し手は、急な雨降りで傘を借りようとしている〉(f105)
- 着られれへんか、着られるやないかい。(f106)
- 降るような日和やない　ちゅうたやないかい。(f107)
- 降るような…、降って来たやない(か)。(f107)
- 君　いかんやないか　親父(おやじ)ああいうことさしといて。(f113)
- 殊に　君の　こうやって　選挙で皆　運動してるのに、傍(はた)にもえらい　体裁が悪いやないか　と～(f113)
- しかしあんた　十日が二十日でも　唯今行かんと、若旦那に　おっしゃったやごまへんか(い)。(f115)
- 繁八つぁんやないか。(f120)
- 誰や、電話室でてんごしてるのは。子供やないか。(f124)
- 誰じゃ　そこに俯(うつぶ)いてるのは。…じゃないかい。(原文空白だが、甥の名前らしい。g128)
- これ　お前の意志が通じたか　血が流れたやないかい。(g130)
- まあ　誰かしらんと思た(ら)、あんた　隣の作さんやないか。(g135)
- 言わずと　新町に聞こえるやないかい。(g136)
- どう見ても　手紙やないかい。(g143)
- あんまはどなたでやっせて、あんま(は)われやないかい。(g148)
- われが　するのやないかい。(g148)
- われが揉(も)むのやないかい。(g148)
- こりゃ　子供よ。表へおいでなさったん　艾(もぐさ)屋さんじゃないかい。(g154)
- 今あんた　言わなならんよ(う)に　成るやないかい　オイ。(g165)
- 「ま」と「つ」と「こ」やないかい。へたら　「まつこ」や。(g166)
- また　おのれ　横手から　要らんこと　ごちゃごちゃ言わんかて　ええやない…。(g166)

　ここではじめてヤナイカが登場する。しかも30例中24例がいきなりヤナイカになっている。もしこれらの幕末(19世紀半ば)ころに生まれた落語

家たちを基準とするなら、彼らが成長して落語家になったときその話しことばからデハナイカはもうほとんど失われ、ヤナイカのほうになっていたことになる。ここで6例になってしまったデハナイカの話し手を落語家たちは使い分けているのか、検証してみたい。

- おお　誰かと思た（ら）源さんじゃないかい。(a29)
  この話し手は隠居である。
- ～一つ　実地経験のために　行こうじゃごわせんか。(a33)
  ゴワスというのは鹿児島ことばのようだが、それとはアクセントも語調も異なり、大阪の船場あたりで使われていたそうだ（注『大阪ことば事典』）。この話し手は擬人化された太陽。
- 兄や、目界の見えん人　不自由じゃないかいな。(e97)
  この話し手は老母。
- 今　唱えてござったん　御真言じゃないかいな。(e101)
  この話し手も97ページと同じ老母。
- 誰じゃ　そこに俯いてるのは。…じゃないかい。(原文空白、甥の名前らしい。g128)
  この話し手は、若い甥が女性問題を相談に来た伯父。甥がこの伯父へていねい体で話していることからも、かなり年上で尊敬の対象たる人物であると推測できる。
- こりゃ　子供よ。表へおいでなさったん　艾屋さんじゃないかい。(g154)
  子供というのは丁稚のこと。（注『大阪ことば事典』）この話し手はその主人。

以上デハナイカが当てられているのは太陽以外、隠居、老母、伯父、店の主人と、いずれの話し手も年輩者であることがわかる。とすると、これらの話し手を演じた落語家たちはたまたま偶然にデハナイカを使ったというよりは、意図的に年輩者に割りふっていることになる。すなわち、19世紀末から20世紀初めごろには上方ではデハナイカはもはや老人しか使わない古くさい表現とみなされていたかのようだ。デハナイカを使うことによってその

話し手が老人であるというイメージを聞き手にそれとなく伝えられるようになっていたとみてよいのではないだろうか。

　つぎに彼らよりもう少々若い落語家の例をみてみよう。大正年間の音源の書き起こしである『初代桂春団治落語集』(2004 東使英夫編)。編者の解説によれば桂春団治(1878-1934、本当は二代目だそうだが初代で通っているのでここでも踏襲する)は大正3年ころからレコード吹込みをはじめ多くの録音を残したそうで、この書にはそれらより63話が460ページにわたって採集されている。それぞれの吹き込みの年は不明であるが、大部なのでそのうち任意の88ページ(2段組)ほどをコピーしてチェックしてみた。編者によると"春団治が吹き込んだ七十年～百年前の言葉がもう大阪でも遣われなくなっている"とあるから、これも現代語以前の貴重な資料であろう。

・いえあんた、今来る道でな、お家はん、妙なことがおますやないか。(5)
・なんやこちの人やないやないかい。(8)
・これこれこれ、そちが宛てにそちとはおかしいやないかい。(11)
・怖がらいでもええやないか。(26)
・この間、晦(つごもり)の日に逃げたやないか、(156)
・入口入んのに敷居跨げな入れんなんて、便利の悪い家やおまへんか。(168)
・仕返しすんねやったら、さしてやろやないか。(319)
・船に乗ったら銭出してんねやないか。銭出したら客やないかい。(435)
・船頭ちゅうもんはあーいう荒い言葉遣うのがやっぱり商売やないか。(436)
・あんた黒の羽織着てるやないか。(447)

　31例のうちより10例のみ上掲したが、ついにここですべて完全にヤナイカに交代してしまったようだ。若者や男性や女性が当然みなひとしくヤナイカと言っているのみならず、もはや年輩者たちさえもヤナイカしか使っていない。しかしじつは「三十石」という噺の後半だけに突然デハナイカが現れる。この噺の前半部分の登場人物たちは上の435ページと436ページの例のようにヤナイカと言っている。これは春団治が"お古い所を少々申し上げ

ます"という前説(マクラ)ではじめているように、江戸時代に京阪間の交通手段だった三十石船の噺である。

・われとこの小伜〈こせがれ〉が呼んどるじゃないか。(436)
・なんじゃこの銭は〜真っ黒けじゃないか。(437)
・おい、お女中お女中、芸子さんじゃないか。(437)

　話し手はすべて船頭(ひと船に4人だったとも6人だったともいわれる)である。ゆえに春団治は意図的につかい分けているようだ。「実況録音CD NHK落語名人選73 二代目桂小南」の説明書きによると、三十石船の船頭は京都丹波の山村出身が多かったとある。春団治のころ大阪はすべてヤナイカになっていたわけだから、彼は山村出身の船頭たちに少々古くさく感じられるデハナイカを使わせていることになる。全体にコピュラとしてのジャはまだヤと同じくらい出現しているから、デハナイカだけが後退して時代おくれと化してしまったらしい。
　初代の弟子二代目桂春団治(1894–1953)にも口演録音の文字化資料があるので比較してみたい。『二代目桂春団治「十三夜」録音文字化資料』(1998 金沢裕之編)全220ページ11話より64例ある。すべてを並べてもとくに目新しさはないので、各噺より1例ほどあげておく。

・ホホホホホ、何にも知しらんじゃないかい、偉そうに言うたかて。(16)
・貰(もろ)たら　俺のもんやないかい。(44)
・アホやな。商売人やないかいな。(63)
・何がこんな物　二尺あるか。二尺あれへんやないか。(89)
・当たり前やないかいな、お祝い事やもの。(103)
・五十銭なら　五十銭でええやないかい。(140)
・そのワーワーでは　分からんではないか。(165)
・鍋に　何か浮いとるじゃないか。(166)
・火の気のない炬燵(こたつ)かて　危ないやないか。(180)
・植木屋さん。えろう急いでるやないかい、今日は。(185)

・お前、近所同士やないか。(218)
・御近所の方々　悔やみに来てなはんねやないかい。(224)

　64例のうち3例だけに上のようなデハナイカがみられる。16ページの例は隠居の発話だが、このはじめの1例だけであとはみなヤナイカになっている。165、166ページの例は同一人物の発話だ。「二番煎じ」という江戸時代の噺で、話し手は役人すなわち武士である。「十三夜」に武士が登場するのはこの噺だけなので、一般庶民の会話とは異なる表現として、少々あらたまった武士らしい印象をもたせたいときにデハナイカが使われていると思われる。

　もう少し近年の例をみよう。落語家桂米朝(1925–)はCDなどの録音類だけでなく文字化された記録もかなりある。そのうち文庫で8冊シリーズになっている『桂米朝コレクション1 四季折々』(2002 筑摩書房)はこの1冊で300ページ余、11の噺にヤナイカは50例あるが、デハナイカはゼロである。そこで『桂米朝コレクション2 奇想天外』(2002 筑摩書房)もみてみた。すると70例のうちからデハナイカが2例でてきた。「地獄八景亡者戯」と「天狗裁き」という噺より。

・ははあ、しかし、それでは肝心の身がないではないか。(67)
・たかが夢ではないか。(160)

　それぞれの話し手は前者が閻魔大王、後者が天狗である。すなわちこの世に実在しないものの発話にたいしてデハナイカがあてられている。これは前述の二代目曽呂利新左衛門が太陽の科白にあてていたのと同様の例かと思う。他のふつうの人々の会話と差別化するためにデハナイカを使用するということが上方落語の伝統となって、米朝までは受け継がれてきたようだ。こうしてデハナイカは関西においてはふつうの人々の使わないことばになっていったわけである。

## 3. まとめにかえて

　今日デハナイカはおもに関東で使われる言いかたであって、関西ではふつうヤナイカと言う。ところが文献をあたってみると、昔は関西でもデハナイカが使われていた。たとえば井原西鶴『好色一代男』、近松門左衛門『冥土の飛脚』『女殺油地獄』などにヤナイカはまったくあらわれず、デハナイカだけが出現するのである。もしこのように江戸時代に上方でデハナイカが使われていたとすると、それはいったいいつごろまでで、いつごろヤナイカへ交代したのだろうか。それをざっと概観してみたのが本稿である。たしかな結論にはまだ十分とはいえないが、いちおうの推測を述べてみた。ご批判を仰ぎたい。

**参考文献**
高橋太郎他(2005)『日本語の文法』ひつじ書房
『日本国語大辞典』第2版　小学館
田所貞雄(2000)『「ええじゃないか」研究の現状と問題点』「幕末維新論集5」吉川弘文館
真田信治他(編)(1991)『二十世紀初頭大阪口語の実態——落語SPレコードを資料として』大阪大学文学部社会言語学講座
牧村文陽(編)(1984)『大阪ことば事典』講談社
東使英夫(編)(2004)『初代桂春団治落語集』講談社
金沢裕之(編)(1998)『二代目桂春団治「十三夜」録音文字化資料』岡山大学文学部対照日本語学研究室
近藤雅恵『文末のデハナイカ分類試案』「人間文化研究年報」第26号　お茶の水女子大学
近藤雅恵『デハナイノの分類』「人間文化論叢」第6巻　お茶の水女子大学

# シヨウに関する一考察

齋　美智子

## 1. はじめに

（1）「誰もやらないのなら、私が<u>しよう</u>」
（2）「さあ、一緒に<u>食べましょう</u>」

　の下線部のような語形を仮にシヨウと呼ぶことにする。シヨウを述語とする文は、(1)のように話し手のみが動作主体である時は「意志」、(2)のように動作主体が話し手と聞き手の両方である時には「勧誘」を表す。シヨウは、日本語のムード語形の1形態であり、日本語の動詞の語形の中でも基本的なものの一つである。例えば森山(2000：16)は、「行こう(意志形)・行け(命令形)・行く(終止形)・行くだろう」の四つの語形を基本叙法と呼んでいる。また動詞の基本的な活用表では、必ずこの形式があらわれる。例えば以下のようなものである。

表1　ムードとテンスによる活用表（高橋 2005：60）

| ムード＼テンス | | 非過去形 | 過去形 |
|---|---|---|---|
| のべたて形 | 断定形 | よむ | よんだ |
| | 推量形 | よむだろう | よんだだろう |
| さそいかけ形 | | よもう | |
| 命令形 | | よめ | |

しかし基本的な概念が得てして定義しにくいように、シヨウをめぐっても、その用法や日本語の文法体系における位置づけは単純ではない。例えば現在、この語形は意志形と呼ばれることもあれば、勧誘形（または、さそいかけ形）と呼ばれることもある。これに象徴されるように、先行研究において、シヨウの表す「意志」と「勧誘」の関係について二つの捉え方があるようだ。一つはシヨウを意志形と呼び「意志」の機能を重視する捉え方、もう一つは、シヨウを勧誘形（または、さそいかけ形）と呼び「勧誘」の機能を重視する捉え方である。

本稿では、シヨウの表すこの二つの意味を中心に考察する。まずシヨウの用法を概観し、シヨウの意味を決定づける要素を整理した後、用例をもとにシヨウで表現される「意志」と「勧誘」の意味のバリエーションを記述する。その後、シヨウによって表される「意志」と「勧誘」の意味の関係について、先行研究を紹介しながら私見を述べたいと思う。

## 2. シヨウの用法の概観

シヨウの表す意味は、動作主体の人称、動詞の種類および、そのあらわれる構文的位置によって異なる。

動作主体が一人称の時、シヨウを述語とする文は話し手の「意志」を表し、一・二人称の時には「勧誘」を表す。「意志」と「勧誘」の内部には、語用論的な条件により、いくつか意味のバリアントが見られる。その他、動作主体が二人称の用例が少ないが見られ、婉曲な「命令」といった意味を表す[1]。筆者はこれを「勧誘」から生じた派生的な用法と見る。これらの人称ごとの用例は3、4節で紹介する。なお、三人称の例は現代語ではほとんど見られない。

次に、動詞の種類もシヨウの意味に関係する。動詞が無意志動詞の場合、シヨウは「推量」を表す。ただし現代語でシヨウが「推量」の意味で使われるのは、「あろう」のような存在詞か「考えられよう」「言えよう」のような可能動詞など限られた形のみであり、生産的にシヨウという語形が「推量」の意味で用いられることは少なくなっている。これはシヨウから分化した

「ダロウ」「デショウ」との使い分けがされるようになってきたためであろう。なお、動作主体が一人称、一・二人称の場合は、シヨウを構成する動詞はほぼ全てが意志動詞である。また、本来は無意志的な動作を表す動詞であっても、動作主体が一人称か一・二人称である場合は、意図的にその行為をするという意味に変化することがある。例えば以下の例は受け身動詞であり、本来は意志性を持たないが、話し手の「意志」を表す一人称のシヨウの力で、意図的に「賞められるようしむける」という意味に変化している。

（3）「(前略)さあ剃れたよ。はやく行って和尚さんに叱られてきねえ」
　　　「いやもう少し遊んで行って賞められよう」
　　　「かってにしろ、口の減らねえ餓鬼だ」　　　　（夏目漱石『草枕』[2]）

　最後に、構文的位置に関しては、文末にあらわれる場合と、文中にあらわれる場合とがある。シヨウは典型的には文末にあらわれ、発話時の話し手の「意志」「勧誘」あるいは「推量」を表す。一方、文中にあらわれる場合は、大きく分けて二つの場合がある。一つは「しようと思う(試みる・言う・誓う・誘う等)」のように引用句の内部にあらわれるものである。この場合、「発話時の話し手の(「意志」「勧誘」または「推量」を述べる)」という制限がなくなる。また、シヨウは「何をしようが」「しようがしまいが」「何をしようと」のような慣用的な表現として文中にあらわれることもある。本稿では、紙幅の都合上、以下、文末にあらわれる「意志」「勧誘」を表すシヨウを中心に記述する。

## 3. 「意志」の用法

　シヨウを述語とする文は、動作主体が一人称である時、話し手がこれから当該行為を実現しようとする意志の決定を表明する。次のような例である。

（4）　殺虫瓶の中から、虫をとりだす。固くならないうちに、ピンでとめて、足のかたちだけでもそろえておこう。外の洗い場で、女が食器を

洗う音をたてている。……この家には、ほかには誰も住んでいないのだろうか？
(阿部公房『砂の女』)

(5) 小学校四年で私は初めて時計を買ってもらい、早速遠足へ持っていって落としてしまった。私は帰宅してどうしてもそれを母にいえない。いえないばかりではない。さも持ってかえったように「時計はここへ入れとこう」とそばで縫物をしている母に聞こえるよう、わざとらしくひとりごちて、母の箪笥のひきだしに入れるしぐさをした。
(田辺聖子『星を撒く』)

　(4)(5)は、内言と独り言の例である。この場合聞き手は存在しないか、存在しても直接的な関与をせず、話し手は自分で決心したことを自己完結的に実行する。一方、以下のような聞き手が存在するショウの例では、話し手は聞き手に自分の行為実現の意志を知らせる意図があるのが普通である。また場面、文脈の中で生じた副次的な意味[3]を「意志」に重ねて持つことが多い。例えば、以下の(6)は聞き手に自分がこれから行う動作の〈説明、予告〉として、(7)は聞き手の質問や働きかけに対する〈応答、承諾〉として、自分がその行為をするという意志を述べている。

(6) 「私のような野人を尊敬してくれるのは有難い話だ。以前からうすうすは感じていた。あの人は友人だ。娘の婿などという柄ではない。そのつもりでいて欲しい。さて、風呂にはいろう」石尾敬三は茶をのんでたちあがった。
(立原正秋『その年の冬』)

(7) 「おとうさんもプリンお上がりになる？」
　　陽子が、先ず村井の前にプリンを置き、つづいて啓造と夏枝の前においた。「ああ、たべよう。陽子のお手製だね」(三浦綾子『続・氷点』)

　ところで聞き手が存在する場面では、話し手のみで実行できる動作をショウで表現する例は多くなく、聞き手との関わりの中で話し手の動作を行おうとする意志を述べることが多い。例えば下の例は、聞き手のために話し手がある行為をしようと申し出るものである。

（8）「プルスは悪くないよ。胸が苦しいようなら、ちょっと<u>診てみよう</u>」
　　　啓造は聴診器をかばんから取出した。　　（三浦綾子『続・氷点』）
（9）　それをみた陶芸の先生が、「重そうだね、どれ私が<u>持ってあげよう</u>」
　　　　　　　　　　　　　　　　　　　　　　　（群ようこ『無印良女』）

　このような例を仁田（1991 : 215–217）は〈行為提供の申し出〉と呼んでいる[4]。〈行為提供の申し出〉もまた副次的意味であり、相手に利益を与える行為の実現への意志を聞き手に向かって表明することで生じている。これらの例において、動作主体は話し手であるが、実際には聞き手もその行為に関与する。例えば(8)では話し手の「診てみよう」に対して、聞き手は「診てもらう」側として参加する。やりもらい動詞のうち相手に向かう利益を表現する「してあげよう」「してやろう」という形の例が多く見られる。
　次は、行為提供、すなわち聞き手に対する利益の付与という意味特徴を持たないが、やはり相手を必要とする動作の例である。

（10）「待ちな」鍵を差すと、若い方が言った。
　　　「鍵は<u>預かっとこう</u>」　　　　　（北方謙三『友よ、静かに瞑れ』）
（11）「それから、君もな。まずは死体遺棄の容疑で逮捕する。佐原健造との共犯関係については、署でゆっくり話を<u>聞こう</u>」
　　　　　　　　　　　　　　　　　　　　（鳥井加南子『月霊の囁き』）

　(10)(11)のような文脈では、話し手が自分の意志を述べるだけでなく、聞き手に「鍵をよこせ」「署に来て白状しろ」と命令しているように見える。話し手の立場が強く、聞き手の協力がなければ実現できない一人称の動作をショウで述べた場合、このような〈命令〉に近い力が生じる。
　下は遂行的な動詞によるショウの例である。これも話し手の「意志」を表しているが、動詞が遂行的な意味を持つため、発話が〈約束〉、〈依頼〉などの特別な力を得ている。

（12）「ようし、分かった。必ずお前を、ラフティの番組に戻してやる。<u>約</u>

束しよう」　　　　　　　　　　（畑正憲『REX恐竜物語』）
(13)　次に祐介に向かって、冷やかな声で告げた。「署までご同行願いま<u>しょう</u>。勿論そのご婦人も一緒に」　（夏樹静子『暁はもう来ない』）

　以上のように、シヨウは動作主体が一人称の場合、話し手の当該行為実現に対する「意志」を表す。内言や独り言では、話し手の「意志」を単に表出するだけであるが、聞き手が存在する場合、場面や文脈、動詞の種類によって様々な副次的な意味を表す。例えば、働きかけに対する〈応答、承諾〉、聞き手への〈行為提供の申し出〉、〈命令〉などである。

## 4.　「勧誘」の用法

　動作主体が一・二人称である時、シヨウを述語とする文は「勧誘」を表す。「勧誘」とは典型的には話し手と聞き手とで行う行為の実現を聞き手にうながすものである。「勧誘」の中には、その行為をするよう誘いかけ、働きかける力が強く感じられるものと、そうでないものとがある。下の例のように、話し手と聞き手が対等な立場にあり、また聞き手が同意するかどうかわからない場面では相手へ誘いかけるという側面が強くあらわれる。

(14)　「ねえ、ねえ、ねえ、お姉ちゃん、ちょっとここへ来てご相談、ご相談。どこかへ部屋借りて二人で<u>暮そう</u>。姉妹助け合って生きていこうよ」　　　　　　　　　　　　　　　（橋田寿賀子『お嫁に行きたい！』）
(15)　「どこかでゆっくり<u>食事でもしよう</u>。それから酒を少し飲みたい」
　　　「いいです。おつきあいします」　　　　　（五木寛之『ガウディの夏』）

　一方、下の例のように質問や許可求め、依頼等の〈応答、承諾〉としてあらわれるシヨウの例は、文脈から聞き手もその動作をしたいということが自明である。そのため、聞き手への誘いかけの力はあまり感じられない。

(16)　「母に一度会っていただきたいわ」

「そうだね。今度二人で秋田へ帰ろう」　　　　　（津村節子『婚約者』）
(17)　「ボク、ここで遊んでてもいいかなぁ」(中略)
　　　「いいよ、キョウコちゃんもいるから一緒に遊ぼう」
　　　　　　　　　　　　　　　　　　　　　　　（群ようこ『無印良女』）

　このような例は、むしろ一人称複数の「意志」、すなわち話し手たちの意志決定を述べる文に近い。
　以下の例のように、話し手の立場が強く、話し手が聞き手の行為の主導権を握っていると考えられる場合も、聞き手への誘いかけの力はあまり感じられない。

(18)　パトカーに戻った十津川は、すぐ、司令室を通じて、病院にいる西本と清水の二人の刑事に、注意を与えた。「われわれも、すぐ、行こう」と、十津川はいい、パトカーを、明大前に向かって、飛ばした。
　　　　　　　　　　　　　　　　　　　　　（西村京太郎『八ヶ岳高原殺人事件』）
(19)　〔臨時休業の張り紙を見て、母が子に〕
　　　「お休みだって。あさって又来ましょう」
　　　佳代が言うと、明夫は不服そうに返事もしない。（津村節子『写真』）

　(18)の話し手は上司、聞き手は部下である。(19)の話し手は母親で、聞き手は子供である。これらの例では「聞き手は当然話し手の言うことに従うものだ」という見込みがあるため、話し手が話し手たちの意志を決定し、述べているように見える。ただし実際には聞き手も聞き手自身の意志を持ち、(19)のように話し手と聞き手の意志が異なる場合もありえるので、先の〈応答、承諾〉の例に比べれば「勧誘」の意味合いが残っている。なお、話し手たちの「意志」を述べる文に近いか「勧誘」の気持ちが強いかは、場面、文脈に依存し、かつ段階的なものであり、どちらとも判別がつかないものもある。
　ところでショウによる「勧誘」は、話し手と一緒にその行為をするよう働きかける場合が多いのだが、中には次のような例も見られる。

(20) 十一時になると、太郎は、「おい辰君、風呂へ入って寝よう。お湯とって、湯加減見てくれや」と命令した。　　　　　　（曾野綾子『太郎物語』）
(21) 〔百億円の価値を持つ権利書のために夫がねらわれている〕
「いやだわ。金なんかのためにあなたがねらわれるなんて。それ、破いてしまいましょう。なければねらいようがないし──。百億円よりあなたの方が大切です」　　　　　　（畑正憲『REX恐竜物語』）

　典型的な「勧誘」では話し手と聞き手との間で、当該動作をする時間や場所が共有されているが、(20)の例では、別々に同種の動作をすることを誘いかけている。(21)で実際に動作を行うのは、話し手か聞き手のどちらか一人である。これらはショウの表す一・二人称の動作、すなわち「われわれが行う動作」の概念が抽象化し、拡張した用法だと考える。
　次に紹介するのは動作主体が二人称の例である。ショウによる「勧誘」の動作主体は通常一・二人称であるが、いくつかの条件のもとで、動作主体が聞き手のみと解釈できる例があらわれる。

(22) 「そうねえ。今のところ思いつかないから、少し待って。電話が鳴ったら出てね」
「はあーい」
「返事は短く『はい』といいましょうね」
「はあーい」　　　　　　　　　　　　　　　（群ようこ『無印OL物語』）
(23) 「泉ちゃん、繁ちゃんも、いらっしゃい。おべべをきがえましょうね」と節子は二人の子供をよんだ。　　　　　　　　（島崎藤村『新生』）

　(22)の例で「『はい』という」ことが期待されているのは聞き手である。(23)も、おべべをきがえるのは聞き手である子供たちである。これらの例では話し手が聞き手の視点に同化し、聞き手が行う動作を、話し手も参加するかのように述べている。このような二人称のショウの例は、自由に生産的に用いられるものではなく、子供や病人などに向けた発話に限られる。年少者に対し、「僕何歳？」のように一人称を使って呼びかけられることと類似してい

る。聞き手が未熟であることが、話し手の視点の移動、すなわち、聞き手が聞き手の視点へと同化し、聞き手の立場から述べる方を可能にするのだと考えられる。

　また次のような例も、動作主体が二人称の「勧誘」と解釈できる。

（24）　あなたの健康を損なうおそれがありますので吸いすぎに<u>注意しましょう</u>　喫煙マナーをまもりましょう　　　　　　　　　（JT広告）
（25）　手を上げて横断歩道を<u>渡りましょう</u>　　　　　　　　　（交通標語）

　これらの例は不特定多数の聞き手へ向けた「勧誘」であり、テレビのコマーシャルや、公共場面での注意書き、標語、雑誌の見出しなどでよく見られる。ショウという語形を用いている以上、形式的には話し手も動作主に含むと考えられるが、実際の発話の意図は、話し手と聞き手が一緒にその行為を行うことではなく、聞き手の側にその行為をするよう働きかけることである。このため、結果的に二人称の働きかけ〈命令〉に近い意味となっている。特に、話し手がその場に存在せず、聞き手が不特定多数である書き言葉に多く用例が見られる。

　以上に紹介した二人称の例は、先の(20)(21)で挙げた非典型的な「勧誘」の例と類似している。(22)(23)は、話し手のグループのうちの誰かが行う動作を働きかける例(21)に、不特定の聞き手へ向けた例(24)(25)は話し手と聞き手が別々に同種の動作を行う例(20)に連続しているように見える。

　以上をまとめる。動作主体が一・二人称の時、ショウを述語とする文は、「勧誘」を表す。その中には、一人称複数の「意志」の表明に近いものと、聞き手へ誘いかける気持ちが強いものとがある。典型的には話し手と聞き手とがともに同じ動作をするよう誘いかけるが、その他、話し手と聞き手が別々に同種の動作をするよう誘いかける場合、話し手のグループのうちの誰かが行う動作を誘いかける場合がある。

　動作主体が二人称のショウは、特殊な文脈、場面のもとであらわれ、やさしい〈命令〉といった意味を表す。これは特定の聞き手(子供、病人など)に向けられるものと、不特定多数の聞き手へ向けられるものとに大別できる。

どちらも、本来は一・二人称の「勧誘」を、話し手が主となってはその行為を行わず、むしろ聞き手の側に実現してほしい場面で発話することで生じた派生的な用法であると考える。

## 5. 「意志」は「勧誘」に優先するか

　ところで先行研究では、シヨウの基本の意味を「意志」であるとし、「勧誘」は「意志」から派生した二次的な意味とする考えがある。尾上(1975)、森山(2000)、安達(2002)などの考えである。

　尾上(1975)は、シヨウによる「勧誘」の文について、「新たに相手に行為を勧めるというより、第一義的には未分化な主体「われわれ」の意志を表現する形式である。相手への要求となるのはその結果に過ぎない」(尾上1975：68)と述べている。

　森山(2000：67-70)は、シヨウを意志形と呼び、日本語における話し手の意志決定の段階を、次の三つに分けた。

(26)　判断形成過程　　　　　　　　意志形(シヨウ)
　　　意志決定の告知　　　　　　　無標スル形
　　　意志的行為の記憶された意図の告知　つもりだ

そして意志形が「勧誘」を表せるのは、シヨウが「判断形成過程」[5]にあることを示すためであると述べている。以下に引用する。

　　　(シヨウは)これからの行為について考えている過程を表わすことになっており、まだそのような行為をするということが結論として決められているわけではない。勧誘として聞き手をも行為の主体に包合できるのは、まさに行為遂行について考えている過程を表わすという意味があるからである。
　　　　　　　　　　　　　　　　　　　　　　　　　　　(森山2000：68)

　安達(2002)もシヨウを意志形と呼び、「実行の主体に二人称者を引き込む

ことによって、〈意志〉から〈勧誘〉が派生する」(安達 2002：14)と述べている。

次に、これらの考えについて検討してみる。「意志」から「勧誘」が派生するという考えは、以下のような過程を想定していると思われる。

(27) 前提：シヨウは「意志」を述べる形である
　① 動作主体が一・二人称のシヨウの文を述べることで、「われわれの意志」を表明する。
　② 結果的に聞き手も話し手の意志の決定過程に巻き込まれ、動作主体に引き込まれる。(＝「勧誘」)
　③ 話し手と聞き手はその行為を実現する。)

そして①の発話による「意志」の表明が、この形式の基本的な用法であり、②の相手を巻き込む部分、すなわち「勧誘」は副次的な用法だとされている。

次に、この考えに対する筆者の意見を述べる。まず、「われわれの意志」を述べることは典型的な「勧誘」とはならない。4節で見たように「われわれの意志」の表明というと、本来は下のような例になるはずである。

(28) (父親が子供に)「よし、決めた！　明日はみんなで海へ行こう。」
(29) 「そろそろ帰る？」
　　「ええ、帰りましょう」

これらは話し手が「われわれの意志」を決定する権力を持っているか、二人で会話しながら「われわれの意志」の合意に達するものである。しかし、このような例は、一・二人称のシヨウでは多くなく、質問に対する応答、話し手が目上であるなどの文脈を必要とする。また「勧誘」の持つ他者への働きかけの力があまり感じられない。働きかけの力が感じられる典型的な「勧誘」の例は、下のようなものである。

(30) (子供が父親に)「ねえ、ご飯食べよう」

この例では、二人の意志はまだ合意にいたっておらず、「われわれの意志」は決定していない。ところで、例えば、ある人が「箱根に行こうか、日光に行こうか」と迷っている場合、その時点では「箱根に行く」が彼の意志とは言えないだろう。それは彼にとってまだ、実行可能な選択肢の一つにすぎない。「よし、箱根に行こう」と心の中で考えがまとまった時、あるいはそれを口に出して表明した時、それは初めてその人の意志となる。同様に考えると、二人の間で考えがまとまっていない例(30)は、まだ二人の意志とは言えない。

　次に、「未分化な主体「われわれ」の意志が勧誘である」という考え、および「本当はまだ相手の意志はわからないのだが、あたかも「われわれの意志」のように述べることによって、相手を自分の行為に引き込む」という考えについて検討する。下のようにショウに終助辞ヨがつく例は「勧誘」を表す[6]。

(31)　「ねえ、あなた。今度の日曜日、箱根へ<u>行きましょうよ</u>」

　この助辞ヨは、典型的には、話し手と聞き手との認識のギャップを埋めるために用いられるもので、話し手と聞き手は別の主体として捉えられている。もし「勧誘」が「われわれの意志」を述べる文であれば、話し手と聞き手の意志は統一されている、あるいは統一されているかのように述べられるはずである。そして、話し手と聞き手の意志が一体化していれば、終助辞ヨが後続することはできないはずである。したがって、未分化な主体「われわれ」の意志を述べることによって相手を動作主に引き込むものが「勧誘」であるとする説明は適当ではないだろう。そもそも(31)のように、話し手と聞き手の間で統一されていないことを前提に述べる「われわれの意志」とは何だろうか。それは「われわれの意志」とは呼べないのではなかろうか。

　以上から、「意志」が主体に聞き手を包合し「勧誘」となるという考えは適当ではないと筆者は考える。「勧誘」が『「意志」＋聞き手(話し手の意志に聞き手がひきこまれる)』のような成り立ちであると解釈すると、「勧誘」が副次的な意味だというのも理解できる。しかし「勧誘」は、逆に「意志」

の意味が成立する、一歩手前にある意味だとも解釈できる。「意志」は主体の中で考えがまとまっているのに対し、「勧誘」はまだ主体たちの合意(われわれの意志)にいたっていないからである。

(32)　(独り言)「さあ、帰ろう」(話し手の意志の決定)
(33)　「そろそろ、帰りましょう」(話し手たちの意志は未決定)
　　　「そうですね」(話し手たちの意志の決定)

　なお、この「勧誘」の意味特徴から、森山(2000)はショウが「判断決定過程」を表すという説明をしているのではないだろうか。
　ところで、「意志」や「意志の決定」は言語行為を伴うとは限らない。日常生活において、人は多くの意志的行為を行っているが、その行為を始める時、言語を必要とするとは限らない。小説の地の文では「しようと思った」という例がよく見られるが、これはストーリーの展開に必要な登場人物の心理を描写するためのものであって、実際に私たちが意志的行為をするたびに「Aしよう」「Bしよう」と心中で発話しているとは考えにくい。つまり、ショウによって表現される意志は、人間の持つ意志のうちのごく一部である。また、意志を持っていることを表現するというより、意志を決定し自分に言い聞かせる瞬間や、相手にそれを知らせたい瞬間に発話されるものだと考えられる。
　これに対し「勧誘」は必ず言語を必要とする行為と言ってよい。映画に誘う場合、一緒にお弁当を食べたい場合、言葉がなければ、相手を誘うことは難しい。つまり「勧誘」は、大きく言語に依存した意味なのである。
　以上、「意志」をショウの一義的な意味とする考えについて反論を述べた。なお、この形式を鈴木(1972)は「さそいかける形」、高橋(2005)は「さそいかけ形」と呼んでいるが、その名づけに対する説明はない。ただしショウを「意志形」と呼ぶ立場と「さそいかけ(る)形」と呼ぶ立場とでは、興味深い違いがある。それは日本語のモダリティ体系の捉え方の違いである。例えば、高橋(2005：215–216)は、文を陳述的なタイプにより「のべたてる文」「たずねる文」「はたらきかける文」に分類している。そして「勧誘」を表すシ

ヨウの文を、命令する文、たのむ文とともに「はたらきかける文」の下位に位置づけている。一方、安達(2002:14)は日本語のモダリティを〈実行〉〈叙述〉〈疑問〉に三分類し、〈実行〉のモダリティの中核をなすものとして〈意志〉と〈命令〉を挙げている。ここでは「意志」の扱いが強調され、「命令」と対等のモダリティの1種とされている。このようにショウの用法の中心をどう捉えるかは、日本語のモダリティ体系の分類にも影響している[7]。

## 6. おわりに

　以上、現代語におけるショウについて、「意志」と「勧誘」を表す場合を中心に考察した。ショウは、動作主体が1人称の場合「意志」を表し、動作主体が一・二人称の場合「勧誘」を表す。これらは、文脈、場面や動詞の種類などによって、副次的な意味を得ることがある。二人称のショウは、特殊な文脈であらわれ、聞き手に対する婉曲な「命令」を表現する。これら全ては動作主体の違いがあるものの、未来の事態の実現をめざすという点では共通する述べかたである。

　また5節では、ショウの基本的意味を「意志」とする考えに対する反論を述べた。歴史的な経緯を考えても「勧誘」と「意志」のどちらが優先するとは言えない。もともとショウの古い形(セム、アラム、ヨカラム、ナラム等、活用語＋ムの形)は、前接する語も、人称も、構文的位置もずっと自由に用いられていた。文末にあらわれる動詞、それも意志動詞の場合に限って出現する「意志」や「勧誘」の用法は、決して一義的なものではなかったはずである。現代語においてショウは使用される範囲が狭まり、「意志」と「勧誘」に特化した述語の形式へと変化してきた。そして、そのどちらともが特徴的な意味であるために、その呼び名に揺れが出ているのだと考える。

注
1　樋口(1992:175)は、「しよう」「しましょう」を述語に持つ文について、動作の主

体が話し手のとき「決心」を、話し手と聞き手のときは「勧誘」を、聞き手のときは「とおまわしの命令」を表すと述べている。
2 用例の出典は用例末に記す。出典のないものは作例である。
3 本稿ではショウの形式の意味と考えられる「意志」「勧誘」に対し、そこから派生した副次的な意味は〈 〉で示すこととする。「意志」「勧誘」は、人称、動詞の種類などの文法的条件によって決まるのに対し、その他の副次的意味は、場面や文脈などの語用論的条件によって決まる。
4 仁田(1991 : 215–217)では、動作主体が一人称であるショウの用法を、〈話し手の意志〉と〈行為提供の申し出〉とに分けている。前者は聞き手不在発話にあらわれることが多く、後者は聞き手存在発話にのみあらわれると述べている。
5 森山(2000)の「ショウは判断形成過程を表す」という考えについても筆者は疑問を覚える。過程の状態ならば意志とは言えないからである。ショウは、発話時の話し手の意志の決定を表し、発話時にその意志は決定している。ただし、ショウカナ、ショウカシラ等では、意志の形成過程にあることを表すと言ってもいい。
6 ショウは単独であらわれるほか、終助辞が後続した形であらわれることがある。また複合辞ジャナイカが後続することがある。このうちヨ・ネ・ゼ・ヤ・ナが後続する例は、ほとんどが「勧誘」の例である。カナ・カシラが後続する例は、ほぼ全てが「意志」を表す。ショウ・ショウカ・ショウジャナイカという形は「意志」の例も「勧誘」の例も両方あらわれる。
7 筆者は、モダリティの分類についての論議は避けるが、述語の形式や文構造を手がかりにして分類した場合、ショウの文法的な意味の一つである「意志」のみを取り出して、一つのモダリティのタイプとすることは難しいのではないかと考える。

**参考文献**
鈴木重幸(1972)『日本語文法・形態論』むぎ書房
髙橋太郎(2005)『日本語の文法』ひつじ書房
仁田義雄(1991)『日本語のモダリティと人称』ひつじ書房
安達太郎(2002)「実行のモダリティ」『新日本語文法選書4 モダリティ』pp.17–77 くろしお出版
尾上圭介(1975)「呼びかけ的実現―言表の対他的意志の分類―」『国語と国文学』52-12 東京大学国語国文学会(『文法と意味Ⅰ』pp.52–75)
樋口文彦(1992)「勧誘文―しよう、しましょう―」言語学研究会(編)『ことばの科学5』pp.175–186 むぎ書房
森山卓郎(2000)「1 基本叙法と選択関係としてのモダリティ」森山卓郎・仁田義雄・工藤 浩『日本語の文法3 モダリティ』pp.163–234 岩波書店

# 日本語・台閩語の「模様替え動詞と物名詞との組合せ」の比較

施　淑惠

## 1. 研究の目的

　日本語・台閩語[1]の「模様替え動詞と物名詞との組合せ」を比較すると、「飾られ」の語彙的な意味において、台閩語より日本語のほうが広いものもあれば、日本語より台閩語のほうが広いものもある。また、「飾られ」の「漢字」が同じもので、語彙的な意味が異なっていて、紛らわしいものもある。それらについて究明していくのが研究の目的である。

## 2. 研究方法

　研究方法は、まず、台閩語の白話字[2]や漢字、或は中国語で調べたい語彙を《台文/華文線頂辭典(台閩語/中国語インターネット辞典)》から検索して用例を集める。例えば、「se2/soe2/洗」という単語を調べると、その第19番に「(洗19)洗菜(野菜を洗う)」の用例が出てくる。そして、それらを集めてきた用例の連語を各動詞のカテゴリカルな意味によって分類して整理する。
　また、多義語や類義語の種々の語彙の意味を調べるのにインターネット辞典の《台語辭典(台日大辭典台語譯本)》[3]を参考することもある。

## 3. 台閩語の表記法

　「bôa/boa5/磨(磨く)」のように、一つの動詞には、「bôa」という図形声調

符号か「boa5」という数字声調符号[4]を使った台閩語の白話字と、「磨」という台閩語の漢字を前に書き、その後に、日本語訳(磨く)を付けて書く。インタネット上では、数字声調符号より図形声調符号のほうは、Taiwaneseソフトの関係で文字化けする可能性があるため、本稿の用例では、なるべく数字声調符号を使うが、「(liô7)liô 肉(肉を薄く切る)」のように、「lio5」を使うと、「(lio57)」となる紛わしさを避けて、「liô」という図形声調符号を使う場合がある。

そして、「chhiat4/tshiat4 切(切る)、chian2/tsian2 剪(切る)、koah4/kuah4 割(切る)」のように、二通りの表記法で記す場合がある。「chhiat4 切、chian2 剪、koah4 割」は、「教会ローマ字(キリスト教の長老教会が聖書を翻訳して、教徒に宣教するのに使う文字で、150年以上の歴史を持っていて、俗称白話字)」の表記法で、「tshiat4 切、tsian2 剪、kuah4 割」は、「台湾ローマ字(2006年10月14日に教育部の公告により、IPAの国際音声記号と、教会ローマ字と、1998年に教育部が教会ローマ字を修正して推薦したTLPAの記号の三者を整合して新たなネーミングを付けたもの)」の表記法である。

ところで、「(洗19)洗菜(野菜を洗う)」のように、「飾られ」に「＿＿＿」線、「飾り」に「＿＿＿」線を分かり易いように違う線を引いて記す。

## 4. 日本語・台閩語の「模様替え動詞と物名詞との組合せ」を比較する

まず、4.1.では、台閩語の「模樣變換組合(模様替え動詞と物名詞との組合せ)」の体系について説明する。それから、4.2.では、「飾られ」の語彙的な意味において台閩語より日本語のほうが広いもの、4.3.では、その逆に、「飾られ」の語彙的な意味において日本語より台閩語のほうが広いもの、4.4.では、日本語と台閩語との「飾られ」の「漢字」が同じもので、語彙的な意味が異なっていて、紛らわしいもの、そして、4.5.では、それらの比較を分かりやすいように表にまとめる。

## 4.1. 台閩語の「模樣變換組合（模樣替え動詞と物名詞との組合せ）」

施(2007：3-4)では、台閩語の「模樣變換組合」を考察して、「模樣變換動詞」は、1. 表面變化動詞、2. 内部變化動詞、3. 飲食動詞、4. 原貌消失動詞の四つに分けられる。「模樣變換組合」は、「二單語の組合せ」や「二要素の組合せ」[5]から成っている。

「二單語の組合せ」には、「補助動詞(A)が後接型」の「模樣變換 Vt + A + N」[6]のタイプもあれば、「補助動詞(A)が前接型」の「A + 模樣變換 Vt + N」のタイプもあれば、「補助動詞(A)が N の後に来る型」の「模樣變換 Vt + N + A」のタイプもある。そして、日本語と同様に、「二單語の組合せ」にも「二要素の組合せ」にも「付加成分」の「場所」、「道具」、または、「相手對象」を使う用例がある。台閩語の「模樣變換組合」の體系は、次の表のようにまとめられる。

表1　台閩語の「模樣變換組合（模樣替え動詞と物名詞との組合せ）」の體系表

| 模樣變換 Vt | 模樣變換組合「二單語の組合せ」や「二要素の組合せ」 |
|---|---|
| 表面變化 Vt | 表面變化組合 |
|  | 二單語：「(場所、道具+)表面變化 Vt + N(+相手對象)」 |
|  | 二單語：「表面變化 Vt + A(斷／滿／開／裂) + N」 |
|  | 二單語：「A(修／扮／清／毀) + 表面變化 Vt + N」 |
|  | 二要素：「(道具+)將／kāN + 表面變化 Vt + A(開／斷／破)」 |
| 内部變化 Vt | 内部變化組合 |
|  | 二單語：「内部變化 Vt + N」 |
|  | 二單語：「内部變化 Vt + N + A(出來)」 |
| 飲食 Vt | 飲食組合 |
|  | 二單語：「(場所+)飲食 Vt + N」 |
|  | 二單語：「飲食 Vt + N + A(tńg–來)」 |
|  | 二要素：「kāN + 飲食 Vt + A(完／落–去)」 |
| 原貌消失 Vt | 原貌消失組合 |
|  | 二單語：「原貌消失 Vt + N」 |
|  | 二單語：「原貌消失 Vt + A(熸／死) + N」 |
|  | 二要素：「將／kāN + 原貌消失 Vt + A(死／掉／殺)」 |

### 4.2. 「飾られ」の語彙的な意味において台閩語より日本語のほうが広いもの

　この種の「飾られ」は、台閩語では、限られている「飾り」としか組合さらないのに対して、日本語では、台閩語より多くの「飾り」と組合さるのである。

①「chhiat4/tshiat4 切(切る)、chian2/tsian2 剪(切る)、ka1 鉸(切る)、koah4/kuah4 割(切る)、liô/lio5 撩(薄く切る)」などの「表面變化動詞」

「(切126)切西瓜(スイカを切る)、(剪11)剪布(布を切る)、(鉸9)鉸批囊ê角(封筒の隅を切る)、(割158)割喉(喉を切る)、(liô7)liô 肉(肉を薄く切る)」などは、「二單語の表面變化組合」を作る。

　台閩語の「飾られ」の語彙的な意味の違いを《台語辭典(台日大辭典台語譯本)》から検索して見る。

　[7801][7]の「tshiat4 切」は、「ti7 砧面頂切物件(まな板の上で物を切る)」と解釈されるように、「切西瓜、切肉」という組み合せが作れるが、「＊切布、＊切批囊ê角、＊切喉」という組み合せは作れない。

　[10841]の「tsian2 剪」は、「用鉸刀剪物件(鋏で物を切る)」と解釈されるように、「剪布、剪批囊ê角」という組み合せが作れるが、「＊剪西瓜、＊剪喉、＊剪肉」という組み合せは作れない。

　[26208]の「ka1 鉸」は、「剪、切」と解釈されるように、「鉸布、鉸批囊ê角」という組み合せが作れるが、「＊鉸西瓜、＊鉸喉、＊鉸肉」という組み合せは作れない。

　[34705]の「kuah4 割」は、その解釈(1)には、「用鎌刀割(鎌で切る/刈る)」、その解釈(2)には、「用kah-ná鎌刀ê細支刀切開(鎌状の小刀で切る)」と解釈されるように、「割批囊ê角[8]、割喉、割肉」という組み合せが作れるが、「＊割西瓜、＊割布」という組み合せは作れない。

　[39699]の「liô 撩」は、「kā 肉切薄片(肉を薄く切る)」と解釈されるように、「liô 肉」という組み合せが作れるが、「＊liô 西瓜、＊liô 布、＊liô 批囊ê角、＊liô 喉」という組み合せは作れない。

② 「chi2/chu2 煮(煮る)、khong3 炕(長く煮る)、kun5 焄(長く水煮する)、tun7 燉(長く煮る)」などの「内部變化動詞」

(煮 90)煮肉(肉を煮る)、(khòng42)khòng 肉骨(骨付の肉を長く煮る)、(焄 2)焄一鼎綠豆 á(一つの鍋の綠豆を長く水煮する、[37224kûn] kûn 蕃薯(さつまいもを長く水煮する)、[65763 燉肉(肉を長く煮る)]のように、「二單語の内部變化組合」を作ることができる。

[14336 煮]は、「料理(料理する)」という意味で、「煮肉骨、煮一鼎綠豆 á、煮豬肉、煮蕃薯」という組み合せを作り、[31674 炕]は、「煮久 hōu 伊柔軟(長く煮ることで柔らかくさせる)」という意味で、「khòng 肉、khòng 豬肉、khòng 蕃薯」という組み合せを作り、[37224kûn]は、「用水煮長時間(長時間水煮する)」という意味で、「焄肉、焄肉骨、焄豬肉」という組み合せを作り、[65760 燉]は、「用慢火勻勻仔久長煮(とろ火でゆっくり長く煮る)」という意味で、「tūn 肉骨、tūn 豬肉」という組み合せを作ることができるが、ふつう、多めの水を必要とする「綠豆 á、蕃薯」のようなものは、一般的な調理法の「煮(煮る)」と組み合さるが、特に水気の少ない調理法の「khong3 炕(長く煮る)、tun7 燉(長く煮る)」と組み合さると、「＊khòng 一鼎綠豆 á、＊tūn 一鼎綠豆 á、＊tūn 蕃薯」などの例のように不自然さがでてくる。

## 4.3. 「飾られ」の語彙的な意味において日本語より台閩語のほうが広いもの

4.2. とは逆に、この種の「飾られ」は、日本語では、限られている「飾り」としか組合さらないのに対して、台閩語では、日本語より多くの「飾り」と組合さるのである。

① 「péng/peng2 反/扳(荒らす、返す、ひっくり返す、めくる)」のような「表面變化動詞」

[69231]の「peng2 反」は、その解釈(1)には、「内外換 pêng(内と外をひっくり返す)」と解釈されるように、その用例には、「～字紙籠(紙屑籠を荒らす)、～裡(裏を返す)、～ pêng(ひっくり返す)、～書(本をめくる)」とされている。そのような意味に一致して、「(péng17)péng 便所内底 ê 櫥 á(お手洗

いの中の戸棚を荒らす)、(péng72)péng 土(土を返す)、(péng27)無法 kā péng 車(車をひっくり返すことはできない)、(péng179)péng 我 ê 日記(私の日記をめくる)」などの例が挙げられる。

そして、陳(2000：1355)では、「peng2 扳」は、「凡人畜翻身、船車翻覆、紙張換面等皆曰扳。(人間や動物が寝返りを打つことや、船や車をひっくり返すことや、紙を反すことなどは、全て扳という)」としており、用例には、「扳桌(テーブルをひっくり返す)」が挙げられている。

② 「hian/hian1 掀(めくる、開ける)」のような「表面變化動詞」

[19262]の「hian 掀」には、「捲起來(捲る)」と解釈され、「〜箱(箱を開ける)、〜書(本をめくる)、〜蚊罩(蚊帳をめくる)」の用例がある。

そして、陳(2000：590)では、「依頁翻書曰掀(ページに従って本をめくるのは、hian 掀という)、揭開箱籠曰掀(箱や籠を開けるのは、hian 掀という)」としており、「掀書(本をめくる)、掀蓋(蓋を開ける)」の用例を挙げている。

「hian 掀」は、「めくる」という意味で、(掀163)掀字典(字引をめくる)のように、「単純動詞」の「Vt + N」の「二単語の組合せ」もあれば、(開270)掀開被(掛け布団をめくる)のように、「合せ動詞」の「Vt + A + N」の「二単語の組合せ」もあれば、(掀41)kā 被掀開(掛け布団をめくる)のように、「合せ動詞」の「kā N + Vt + A」の「二要素の組合せ」もある。

「hian 掀」は、「開ける」という意味で、(掀118)掀開便當 kheh á(弁当の蓋を開ける)のように、「合せ動詞」の「Vt + A + N」の「二単語の組合せ」もあれば、(掀7)kā 鼎 kòa 掀開(鍋の蓋を開ける)のように、「合せ動詞」の「kā N + Vt + A」の「二要素の組合せ」もある。

③ 「hang/hang1 烘(暖める、焼く)」のような「表面變化動詞：hang 烘(暖める)」、「内部變化動詞：hang 烘(焼く)」

[18067]の「hang 烘」には、「用火焙(pōe)」と解釈され、「〜手骨(手を暖める)、〜魚(魚を焼く)、〜肉(肉を焼く)」の用例がある。

そして、陳(2000：553)では、「就火取暖曰烘(火に当って暖めるのは、烘という)、燒烤食物亦曰烘(食べ物を焼くのも、烘という)」としており、「烘

火(火に当って暖める)、烘肉(肉を焼く)、烘魚(魚を焼く)、烘餅(餅を焼く)」の用例を挙げている。

「暖める」という意味で、(烘74)烘被(布団を暖める)のように、「Vt + N」の「二単語の組合せ」が挙げられ、「焼く」という意味で、(tī 627)烘肉(肉を焼く)のように、「Vt + N」の「二単語の組合せ」が挙げられる。

④「tsiah8 食(食べる、吸う、飲む)」のような「飲食動詞」

「(食 332)食糜(お粥を食べる)、(食 10)食薰(たばこを吸う)、(食 269)食茶(お茶を飲む)、(食 425)食咖啡(コーヒーを飲む)、(食 153)食藥á(薬を飲む)」のように、台閩語の「飲食動詞＋名詞」の「二単語の飲食組合」では、「tsiah8 食」という「飾られ」が「飯、糜(お粥)」のような「飾り名詞」だけを従属させるのではなく、「薰(たばこ)、茶、咖啡、藥á」などの「飾り名詞」も従属させる。「(lim491)lim 酒(お酒を飲む)、(lim11)lim 紅茶(紅茶を飲む)」のように、[39594]の「lim 飲」という動詞もあるが、[10527]の「tsiah8 食」の解釈(7)には、「飲」とされるように、「食茶、食酒、食藥仔、食薰」のような用例がある。

## 4.4. 日本語と台閩語との「飾られ」の「漢字」が同じもので、語彙的な意味が異なっていて、紛らわしいもの

①「koah4 割(切る)、phoa3 破(割る)」のような「表面變化動詞」

(破 170)破柴(薪を割る)、(割 158)割喉(喉を切る)のように、日本語の「割る」は「薪」を従属させ、台閩語の「koah 割(切る)」は「喉」を従属させるが、その逆の「*割柴(薪を切る)、*破喉(喉を割る)」は言わない。

陳(2000：930)では、「koah4 割」は、「以刀切開曰割(ナイフで切り開けるのは、koah 割という)」としており、「割肉(肉を切る)、割舌(舌を切る)」の例を挙げている。陳(2000：1490)では、「phoa3 破」は、「剖也(二分する)、拆也(開ける、壊す)」としており、「破棺(棺を開ける)、破甘蔗(サトウキビを割る)」の例を挙げている。そして、「phoa3 剖」については、「中分為剖、剖柴、剖西瓜等是也。但除解剖之外、俗皆用破字。(二分するのは剖である。薪を割る、スイカを割る等。但し、解剖以外は、俗に破という字を使う)」

と説明している。

　ところで、森田(1977：493)では、「切る」は、「刃物によって分離させる、鉄やガラスのような堅い物体も、布地や紙のような柔らかい物体も、ともに「切る」対象となる。一方、「割る」は、堅く、しかも脆さを持った物体でなければ「割る」対象とはならない。鉄や布地は割れない。」としている。

　二単語「模様變換Vt＋N」／「Nを＋模様替えVt」のほかに、二単語「A＋模様變換Vt＋N」／「Nを＋模様替えVt」の(破70)lòng破車窗(車窓を割る)の例、二要素「將/kā N＋模様變換Vt＋A」／「Nを＋模様替えVt」の(剖開4)kā 檳榔剖開(ビンロウを割る)の例も挙げられる。

② 「chhoe/chhe/tshe 炊(蒸す)、chi2/chu2 煮(煮る)、煮飯(ご飯を炊く)」のような「内部變化動詞」

　(炊34)炊卵(玉子を蒸す)、(炊35)炊雞卵糕(ケーキを蒸す)、(煮8)煮飯(ご飯を炊く)

　［6689］の「tshe 炊」は、「用籠床炊(蒸籠で蒸す)」と解釈され、「〜粿(餅の様なものを蒸す)」の用例がある。また、［6775］の「炊魚(魚を蒸す)」の例もある。

　そして、陳(2000：444)では、「隔水熟物曰炊chhoe、chhe。亦即蒸也(物を湯煎するのは、炊という。蒸すとも言える。)」とし、「炊飯(冷ご飯を蒸す)」の例を挙げている。

　ところで、松村(1995：1553)では、「炊く」は、「焚く」と同源、「1. 米などを水と共に煮て、食べられるようにする。ご飯を炊く。2.(西日本で)煮る。大根を炊く。」とされている。

　台閩語では、「tshe 炊」は「蒸す」という意味であるのに対して、日本語では、「炊く」は「ご飯を炊く」のに使われ、或は、西日本では、「煮菜頭(大根を炊く＝大根を煮る)」のに使われている。

## 4.5. 日本語・台閩語の「模様替え動詞と物名詞との組合せ」の比較のまとめ

| | | |
|---|---|---|
| 模様替え動詞と物名詞との組合せ | | **「飾られ」の語彙的な意味において日本語＞台閩語のもの** |
| | 単純Vt | 二単語「模様變換 Vt + N」／「N を + 模様替え Vt」 |
| | | (切 126)切西瓜(スイカを切る)、(剪 11)剪布(布を切る)、(鉸 9)鉸批囊 ê 角(封筒の隅を切る)、(割 158)割喉(喉を切る)、(liô7)liô 肉(肉を薄く切る) |
| | | (煮 90)煮肉(肉を煮る)、(khòng42)khòng 肉骨(骨付の肉を長く煮る)、(煮 2)煮一鼎綠豆 á(一つの鍋の綠豆を長く水煮する、[37224kûn] kûn 蕃薯(さつまいもを長く水煮する)、[65763 燉肉(肉を長く煮る)] |
| | | **「飾られ」の語彙的な意味において台閩語＞日本語のもの** |
| | 単純Vt／合せVt | 二単語「模様變換 Vt + N」／「N を + 模様替え Vt」 |
| | | (péng17)péng 櫥 á(戸棚を荒らす)、(péng72)péng 土(土を返す)、(péng27)péng 車(車をひっくり返す)、(péng179)péng 我 ê 日記(私の日記をめくる) |
| | | 二単語「模様變換 Vt + N」／「N を + 模様替え Vt」 |
| | | (掀 163)掀字典(字引をめくる) |
| | | 二単語「模様變換 Vt + A + N」／「N を + 模様替え Vt」 |
| | | (開 270)掀開被(掛け布団をめくる) |
| | | (掀 118)掀開便當 kheh á(お弁当の蓋を開ける) |
| | | 二要素「將/kā N + 模様變換 Vt + A」／「N を + 模様替え Vt」 |
| | | (掀 41)kā 被掀開(掛け布団をめくる) |
| | | (掀 7)kā 鼎 kòa 掀開(お鍋の蓋を開ける) |
| | | 二単語「模様變換 Vt + N」／「N を + 模様替え Vt」 |
| | | (烘 74)烘被(布団を暖める)、(ti627)烘肉(肉を焼く) |
| | | 二単語「模様變換 Vt + N」／「N を + 模様替え Vt」 |
| | | (食 332)食糜(お粥を食べる)、(食 10)食薰(たばこを吸う)、(食 269)食茶(お茶を飲む)、(食 425)食咖啡(コーヒーを飲む)、(食 153)食藥 á(薬を飲む) |
| | | **「飾られ」の語彙的な意味が異なっていて、紛らわしいもの** |
| | 単純Vt／合せVt | 二単語「模様變換 Vt + N」／「N を + 模様替え Vt」 |
| | | (破 170)破柴(薪を割る)、(割 158)割喉(喉を切る) |
| | | 二単語「A + 模様變換 Vt + N」／「N を + 模様替え Vt」 |
| | | (破 70)lòng 破車窗(車窓を割る) |
| | | 二要素「將/kā N + 模様變換 Vt + A」／「N を + 模様替え Vt」 |
| | | (剖開 4)Kā 檳榔剖開(ビンロウを割る) |
| | | 二単語「模様變換 Vt + N」／「N を + 模様替え Vt」 |
| | | (炊 34)炊卵(玉子を蒸す)、(炊 35)炊雞卵糕(ケーキを蒸す)、(煮 8)煮飯(ご飯を炊く)、(西日本で)「煮菜頭(大根を炊く＝大根を煮る)」 |

注

1 台湾の閩南語は、略称して「台湾語(台語)」と呼ぶことがあるが、台湾国内という同じ地域で使われている言葉としては、台湾の閩南語のほかに、台湾の客家語(客家語)、台湾の原住民語(原住民語)などもあり、どれも台湾語と呼ばれることが可能である。その紛らわしさを避けるために、本稿では、台湾語ではなく、台湾の閩南語という名称を使い、さらに、それを略称して「台閩語」という呼称を使った。参考文献にも見られるように、許極燉(1998)『台灣語概論』という「台湾語」を使うのを除き、楊秀芳(1991)『臺灣閩南語語法稿』や、林慶勳(2001)『臺灣閩南語概論』や、盧廣誠(2003)『臺灣閩南語概要』なども「台灣閩南語(台湾の閩南語)」を使っている。

2 張(2003：70)では、台閩語には、500年の歴史を持っている漢字の文字と、100年余りの歴史を持っている白話字(Pe̍h-Ōe-Jī、縮約して POJ、口語文字)のローマ字という二種類の伝統文字があると言っている。

3 『台日大辞典』は、小川尚義(1869–1947)の編纂によるもので、台湾総督府から上巻1931年、下巻1932年に公刊されているものである。それを翻訳して、《台語辭典(台日大辭典台語譯本)》というインターネット辞典にしたのは、台閩語専門家の林俊育(Lim Chun-iok)である。

4 台閩語の白話字の表記は、「bôa」のような図形声調符号、または、「boa5」のような数字声調符号がある。台閩語の声調は、「boa5」を例に説明する。それは、「boa/bóa/bòa/boah/bôa/bóa/bōa/bo̍ah(1声は、声調符号なし、2声は、母音の上に右上から左下へ斜めの1画、3声は、母音の上に左上から右下へ斜めの1画、4声は、声調符号なしであるが、音韻の最後に「n→t、m→p、ng→k、n、m、ng 以外のもの→h」という「入声」の変化があり、5声は、母音の上に山型の声調符号があり、6声は、2声と同様とされているか、省略されている場合があり、7声は、母音の上に平らの横の1画があり、そして、8声は、4声と同様に、音韻の最後に「n→t、m→p、ng→k、n、m、ng 以外のもの→h」という「入声」の変化があるほかに、母音の真上に上から下への1画がある)」という図形声調符号と、「boa1/boa2/boa3/boah4/boa5/boa6/boa7/boah8」という数字声調符号で8声を表している。

5 「二要素の組合せ」とは、「N」を伴う「將/kā〜」が「將/kāN」となり、一番前にきて、「將/kāN＋模樣變換 Vt＋A」のようなものである。それは、「模樣變換 Vt＋N」、或は、補助動詞を使う「模樣變換 Vt＋A＋N」、「A＋模樣變換 Vt＋N」、「模樣變換 Vt＋N＋A」のような「二単語の組合せ」と区別している。以下同じ。

6 「Vt」は、「Transitive verb(他動詞)」の略で、「N」は、「Noun(名詞)」の略で、「A」は「Auxiliary verb(補助動詞)」の略である。以下同じ。

7 《台語辭典(台日大辭典台語譯本)》からの用例は、《台文／華文線頂辭典》からの

ものと区別して、番号を〔　〕の記号で囲んで〔7801〕となるように表示する。以下同じ。
8　「鉸批囊ê角(封筒の隅を切る)」が「剪刀(鋏)」という道具を使う場合と違い、「小刀(ナイフ)」という道具を使う場合には、「用小刀割批囊ê角(ナイフで封筒の隅を切る)」は言える。

**参考文献**

奧田靖雄(1960)「を格のかたちをとる名詞と動詞とのくみあわせ」、(1968–1972)「を格の名詞と動詞とのくみあわせ」、(1983)『日本語文法・連語論(資料編)』に所収、奥田(1960)(連語論 pp.151–279)、奥田(1968–1972)(連語論 pp.21–149)東京：むぎ書房

奧田靖雄(1976)「言語の単位としての連語」、松本泰丈(編)(1978)『日本語研究の方法』(pp.259–274)、東京：むぎ書房

奧田靖雄(1985)『ことばの研究・序説』東京：むぎ書房

許　極燉(1998)『台灣語概論』台北：前衛出版社

言語学研究会(編)(1983)『日本語文法・連語論(資料編)』東京：むぎ書房

施　淑惠(2006)「日本語の連語に相当する台閩語の連語を考察する―他動詞と物名詞(具体物を表す名詞)との組合せを中心に―」『対照言語学研究 16』(pp.33–59)、東京：海山文化研究所

施　淑惠(2007)「日本語の連語の観点から台湾閩南語の語法「述賓構造」の研究―「模様變換動詞」を中心に―」『台灣語言學一百周年國際學術研討會：紀念台灣語言學先驅小川尚義教授會議論文集』ポスター組 NO. 7(pp.1–11)、2007.9.8–9 國立台中教育大學台灣語文學系主催

《台文／華文線頂辭典》http://iug.csie.dahan.edu.tw/iug/Ungian/Soannteng/chil/Taihoa.asp 白話字通用碼介面、交通大學鄭良偉教授資料提供、大漢技術學院情報工學学科楊允言教授コンピューター処理設計、劉杰岳氏 Taiwanese Serif 字型提供、暗光鳥ê厝：Asc2TP 数字転調符号コンピューター処理提供

《台語辭典(台日大辭典台語譯本)》http://taigi.fhl.net/dict/ 林俊育訳、図形声調標識 Unicode 字型、抛荒台語文工作室提供

張　學謙(2003)「東是東，西是西，永遠 BĒ SIO-TÚ？―台灣人對台語文字 Ê 態度研究」、『台灣民族普羅大眾 ê 語文―白話字』(pp.66–93)、高雄：台灣羅馬字協會

陳　修編著(2000)『臺灣話大詞典【修訂新版】』台北：遠流

鄭　良偉編著(1997)『台語、華語的結構及動向Ⅰ』共四冊、台北：遠流

董　忠司總編纂(2001)『臺灣閩南語辭典』國立編譯館主編、台北：五南出版

松村明(編)(1995)『大辞林』第二版、東京：三省堂

森田良行(1977)『基礎日本語 1――意味と使い方』東京：角川書店

楊　秀芳(1991)『臺灣閩南語語法稿』台北：大安出版社

劉 月華・潘 文娯・故 韡(1996)『実用現代漢語語法』台北：師大書苑
林 慶勲(2001)『臺灣閩南語概論』台北：心理出版社
盧 廣誠(2003)『台灣閩南語概要』台北：南天書局出版

［付記］本稿は、台湾日本語教育学会 2009 年秋季日語教学研究発表会(2009.10.17 高雄餐旅学院)における口頭発表したのを手直ししたものである。また、本稿は、98 学年度行政院国家科学委員会(略称して「国科会」)の専題研究計画の補助(計畫編號：NSC 98–2410–H–212–010–)による研究成果の一部である。ここで感謝の意を表したい。

# 「思う」と「考える」
―その意味・用法について

須田義治

## 1. はじめに

　本稿は、思考活動を表す動詞「思う」と「考える」をとりあげ、その意味・用法について、全体的に検討していく。「思う」と「考える」については、参考文献にあげたような先行研究があり、それらと重なる部分も当然多いのだが、紙幅の関係で、そうした点に一つ一つ言及することができない。

## 2. 「思う」について

　「思う」の用法は、大きくは、引用の「と」をともなうものと、「を」格の名詞をともなうものに分けられる。それらは、いずれも、引用の「と」や「を」格の名詞がさしだす出来事や物を、思考活動の一つのモメントとして、意識において再生することを表している。

### 2.1. 引用節をともなう「思う」
#### 2.1.1. 意見
##### 2.1.1.1. 意志表示、推量、断定
　引用節をともなう「思う」は、おもに、意見(考え)をさしだすものと認識をさしだすものに分けられる。そのうち、前者は、さらに、次のように、意見の内容として、意志表示[1]、推量、断定を表すものに分かれる。断定は、事実をさしだすものだけでなく、話し手の判断や評価をさしだすもの(例の

(5))もある。以下では、もっとも基本的な、会話文で一人称の文の完成相非過去形の例をあげる。

《意志表示》
（１）　私は諸君を子供として扱わない、<u>責任のある人間として扱いたいと思う</u>。　　　　　　　　　　　　　　　　　　　　　（加藤周一・羊の歌）
（２）　今度のコーナーは赤コーナーだから、<u>トランクスも赤系統にしようと思う</u>んだ。　　　　　　　　　　　　　　　　（沢木耕太郎・一瞬の夏）

《推量》
（３）　はい、大丈夫です。このところずっと勉強ばかりで、<u>疲れていたんだろうと思います</u>。　　　　　　　　　　　　　　　（石川達三・青春の蹉跌）

《断定》[2]
（４）　でも、<u>それだと、家の前まで車をつけることができないと思うの</u>。なにしろ、すごく道が狭いから。　　　　　　（宮部みゆき・返事はいらない）
（５）　それはいけませんね。しかし時候も陽気になりましたから、<u>お体にはいいと思います</u>。今年の冬は寒かったようですから。
　　　　　　　　　　　　　　　　　　　　　　　　　　（松本清張・点と線）

　これらは、「しようと思う」以外、いずれも、「と思う」がつかなくてもいいものである。「と思う」がつく場合と、つかない場合との違いが問題とされることもあるが、「と思う」がつけば、それは、基本的に、話し手の意見の提示としてさしだされている。そして、その、意見としてさしだされるということから派生するものとして、発話のさまざまな機能を持つことになる。
　また、「〜と思う」の文は、「たぶん雨が降ると思う」とも「きっと雨が降ると思う」とも言えるように、蓋然性（確信度、確かさ）について、高い場合もあれば、低い場合もある。すなわち、それは、「と思う」が直接的に表すものではない。「たぶん」などのつかない「あしたは雨が降ると思います」

という文は、蓋然性が低いのではなく、話し手にとっての確信だろう[3]。ただ、それを事実ではなく意見として述べているのである。したがって、「と思う」がつくから、蓋然性が低くなるとは言いがたい。

　ただし、「と思う」が話し手の意見をさしだすのであれば、それは、ほかの人の意見の存在を、そして、それと異なる場合もあるということをほのめかす。したがって、遠慮がちの弱い主張や、相手に対する配慮を含んだ主張となり、それが不確かさのニュアンスにつながることもある。だが、その不確かさは、蓋然性とは異なるものである。自分が不確かだと思うのと、自分は確かにそうだと思うが、ほかの人はそうでないこともありうる（あるいは、現実は違うこともありうる）というのとは、言語的な意味の表現として、区別される。

（６）　さあ、たいていどれか列車が邪魔して見えないと思いますが、念のために調べてみます。少しお待ちください。　　　　（松本清張・点と線）
（７）　勝つと思うよ、吉村は。パンチはないけどスピードはあるからね。ただ……。　　　　　　　　　　　　　　　（沢木耕太郎・一瞬の夏）

## 2.1.1.2. コンテクスト的な機能

　意見をさしだす「思う」は、聞き手に何かを説明するというコンテクストに現れる。「のだ」に近い働きをしているとも言えるが、「のだ」が文と文とをおもに論理的に結びつける働きをしているのに対して、「思う」は、話し手の内的な思考を客体化することによって、それを描写しているという意味において、説明的であるということである。人からは見えない気持ちを相手に説明するというような日常的な意味に近い。

　意志表示の提示は、話し手の持つ、隠されていた意志（意向）などをさしだすため、その場面のなかで、予想できない内容を突然さしだすということも多い[4]。だが、これも、相手に対する説明という性格を持ち、そのため、「のだ」をともなうことがある。また、突然さしだすということから、主語があれば、「が」や「は」のくっつきのつかない形になる。

（8）　ねえ、私、東京へ帰ったら、かまわないから、結婚しようと思うの
　　　よ。いい？　　　　　　　　　　　　　　　　　（林芙美子・めし）

　それに対して、断定(とくに判断)の場合は、別の人の意見に対する反論として、対比的に、話し手の意見がさしだされることが多い。

（9）　人類学では200万年、300万年といわれているけど、私はもっと古い
　　　と思いますね。　　　　　　　　　　　　（住井すゑ・わたしの童話）

　「と思う」は、対話における返答に使われることも多い。意見を聞かれて、自分の意見を述べるというものである(例の(10))[5]。また、いくつかの文からなる発話のなかで、話し手の中心的な意見(結論的な部分)に、「と思う」がつく場合もある(例の(11))。さらに、理由などの説明のつけくわえとして働くこともある(例の(12))。

（10）　「できはどうだった？」
　　　「わからないな。まあまあだったとは思うけど」
　　　　　　　　　　　　　　　　　　　　（宮部みゆき・返事はいらない）
（11）　民芸とクラフトの違いは、デザインがあるかないかです。民芸は巧まざる美。その反対に現代の生活に即したデザインを積極的に取り入れたのがクラフトだと思います。　　　　　（永六輔・職人と語る）
（12）　「ミーハーな新聞記者だねえ」久子は苦笑している。「寄らば大樹じゃ、社会の木鐸は務まらないと思うけどね」
　　　　　　　　　　　　　　　　　　　　（宮部みゆき・返事はいらない）

　以上のようなものに対して、次に述べるものは、外的な作用を受けて、受身的に主体に生じてくるという意味において、より反応的な「思う」であると言える。「思う」は、一般的に、命令形になりにくいことからも分かるように、無意志的であり、外的な要因から引き起こされた思考内容をさしだす場合が多いのだが、以下にこれから述べるものは、とくに、その傾向がはっ

きりしている。これらは、「考える」に言い換えることができないという特徴を持つ。

### 2.1.2. 感情性
#### 2.1.2.1. 感情的な評価
　次の例は、感情的な評価の文を引用している「思う」である。これは、評価という面において主体的であり、意見を表すものにつながるが、現実に対する話し手の認識的な反応を表しているという面においては、次に述べる、認識を表すものにもつながる。この場合は、非過去形もあるが(例の(14))、過去形が多い。

(13)　初めて会った時、あんたなんていやな人だろうと思ったわ。あんな失礼なことを言う人ないわ。　　　　　　　　　　　　（川端康成・雪国）
(14)　議論はいやよ。よく男の方は議論だけなさるのね、面白そうに。空の盃でよくああ飽きずに献酬が出来ると思いますわ。
　　　　　　　　　　　　　　　　　　　　　　　　　　（夏目漱石・こころ）

#### 2.1.2.2. 疑問
　疑問詞といっしょに「思う」が使われると、驚きをともなった、対象に対する強い関心という感情的な意味を表す。不思議さを表すとも言えるが、それは、「考える」の場合と違って、肯定的なものが多いようである。

(15)　山浦は自分が悪いとは絶対に言わなかった。鮎太は、この時の山浦の顔を男性的だと思った。身長は自分より小さいくらいなのに、どこにあの豪胆さと、敏捷さと、不逞さが匿されているのかと思った。
　　　　　　　　　　　　　　　　　　　　　　　　（井上靖・あすなろ物語）

#### 2.1.2.3. 納得
　原因の特定による因果関係の新たな認識を、「と思う」の過去形がさしだすことがある。反応的であることと、感情的なニュアンスをともなうことか

ら、ここに位置づけておく。

(16) ふむむ。道理で、大分がたぴしすると思ったよ。
(住井すゑ・わたしの童話)

(17) 昨夜の雨はあがっていて、畳の上に陽がさしていた。少し寒い。やっぱり北海道だなと思った。
(松本清張・点と線)

### 2.1.3. 認識
#### 2.1.3.1. 新たな事実認識の獲得

現実に関する新たな事実認識の獲得をさしだすとき、「～(のか)と思う」が使われることがある。これは、主体の反応的な思考活動である点において、上に述べた「意見(断定)」とは異なっている。反応的であるため、「と思う」は、非過去形でなく、過去形をとる。

この場合、主体の直面する現実から、ある事実の認識をひきだすのであるが、それは、単なる事実ではなく、意義づけとも言える、その現実に関する一つの解釈として機能する。また、推量の意味にも似てくるが、これは、論理に媒介されていないので、その点において推量とは異なる。

これは、従属節にさしだされると、主節には、その認識によって引き起こされる主体の心理状態がさしだされる(例の(19))。

(18) 電車の中の女学生たちが着ていたのは紺の制服ではなかったか。思い返してみると、確かに白いブラウスではなく、紺のセーラー服を着ていた。そうなのか、もう衣更えの季節になっていたのか、と私は思った。
(沢木耕太郎・一瞬の夏)

(19) その一方で、あの華やかな秦野小百合も、週末の六本木に地下鉄で通ってきていたのかと思うと、かすかに胸がしめつけられる思いがした。
(宮部みゆき・返事はいらない)

新しく獲得した認識が誤りである場合、それが明らかになったことは、完成相過去形「～かと思った」や継続相過去形「～とばかり思っていた」とい

う形が明示的に表す。前者は瞬間的な(その場の)思い違いを表し、後者は持続的な思い込みを表すとも言える。

(20) あんた、ここへ何しにきたの？　あたしはてっきり、売掛金の払いの交渉にきた人かと思った。　　　　　(宮部みゆき・返事はいらない)
(21) でも、あれは金子さんがみんなに御馳走してくれたんだとばかり思ってましたけど……。　　　　　　　　(沢木耕太郎・一瞬の夏)

2.1.3.2.　出来事の解釈(受け取り方)
　次の例は、ある出来事に対して、別の事実を確認するのではなく、それをどのように感じたか、どのように解釈して受け取ったかということを表している。これは、より意義づけ的であり、「感じる」に近い。

(22) そんなことをいうと、ここの人たちは、侮辱されたと思うぜ。
　　　　　　　　　　　　　　　　　　　　　　　　(加藤周一・羊の歌)
(23) しかし三宅は多分、今度の学校騒動を契機として、大学を離れるのではなかろうか。自分は学問を続けるつもりでも、学校側が退学処分にするかも知れない。あいつは道を踏みはずした、と江藤は思っていた。　　　　　　　　　　　　　　　　　　　(石川達三・青春の蹉跌)

2.1.3.3.　継起的な動作
　ある動作を認識するとすぐに、次の動作が起こってくることを表すときにも、「と思う」が使われることがある。これは、「～した(か)と思うと…」という従属節の形で、固定化した表現となっている。また、「するかと思うと」という形は(例の(25))、実現寸前で終わる動作をさしだしている(これは反復を表す場合が多いかもしれない)。そのどちらも、その連続する動作は話し手によって知覚されている。

(24) そう言ったかと思うと、オシゲはズボンのポケットから拳銃を取り出し、それを空に向けた。　　　　　　　(井上靖・あすなろ物語)

(25) 踊りというより、蝙蝠でも舞うような、不思議な飛び廻り方で、<u>あわや羽目板に衝突するかと思うと、そのたびに器用に身を翻した。</u>

(井上靖・あすなろ物語)

## 2.2. 「を」格の名詞をともなう「思う」
### 2.2.1. 評価的な態度

主語にさしだされる主体による、「を」格の名詞のさしだす対象に対する評価を表す場合、「思う」の文は、形容詞などの評価的な意味を表す文の成分をともない、「～を…く(に)思う」や「～を…と思う」といった形になる。

感情・評価的な態度を表すと言えるだろうが、態度と言っても、これは、一時的なものであり、時間的なありか限定性がある。そして、感情・評価的な態度ということから、「感じる」という意味に近くなっている。会話文よりも、小説の地の文などの使用が多く、「を」格の名詞は、具体名詞も抽象名詞もある。

形容詞は、「恨めしい、憎らしい、残念な、不安な、嫌な、快い」といった主体の感情を表すものと、「変な、奇異な、おかしい、不審な、不気味な、不思議な」といった対象の評価を表すものとがある。

(26) その時の私は腹の中で<u>先生を憎らしく思った。</u>　(夏目漱石・こころ)
(27) 左山は帰って来ると、靴を履きながら鮎太の顔を見た。鮎太は何となく<u>左山町介のその時の眼を嫌だと思った。</u>　(井上靖・あすなろ物語)

### 2.2.2. 想起

次にあげる例も、「思う」が、引用の「と」ではなく、「を」格の名詞と結びついているが、「を」格の名詞以外の、動詞にかかる第二の成分はない。これは、人や出来事の想起、すなわち、頭に思い描くことを表している。

人を表す固有名詞の場合、「～のことを思う」という形になっているか、連体的な従属節がついていれば、単なる想起であり(例の(28)(29))、そうでなければ、とくに、継続相をとれば、その対象となる人を大切にしたり、愛情をそそいだりすること、もっとも典型的には、恋愛的な態度を表してい

る（例の(30)(31)）。

(28) 左山の事を思うと、鮎太も彼と一緒のところで働きたい気がした。
　　　　　　　　　　　　　　　　　　　　　　（井上靖・あすなろ物語）
(29) これを砂糖で煮てつめたくしてやったらと、ぽとぽと汗を流して喘いでいる不二子をおもう。　　　　　　　　　　　（幸田文・流れる）
(30) 心から選手を思っているマネージャーなら、むしろ礼を言うかもしれない。　　　　　　　　　　　　　　　　　（沢木耕太郎・一瞬の夏）
(31) その頃から御嬢さんを思っていた私は、勢いどうしても彼に反対しなければならなかったのです。　　　　　　　　（夏目漱石・こころ）

　次のように、人を表す名詞の「の」格の形と、人以外の名詞との組み合わせが、「思う」の対象となる場合も、想起を表す。

(32) 幹に縄を巻きつけた果樹たちの、葉を落としきった姿が、紺碧の空からの陽を浴びて、くっきりと美しく輝いて見える。温室にたむろする隠微で病的な植物たちと違い、まぶしかった。稜子の肌を思った。同時に、稜子の寡黙を願った。　　　（増田みず子・シングル・セル）
(33) スイッチを押して蛍光灯がつくたびにエジソンの功績を想う人などいないように、キャッシュカードもまた、あって当然のものだった。
　　　　　　　　　　　　　　　　　　　　　　（宮部みゆき・返事はいらない）

　現在はあまり使われない文学的な表現とも言えるが、次の例のような、形容詞派生の名詞が「を」格の形をとるときも、想起を表すと言っていい。「人間の幸福というもののはかなさを思った」は、「人間の幸福というものははかないと思った」という文に変えることができるが、やはり、前者は、想起である点において異なっているのかもしれない。

(34) そして、この女はいま幸福なんだろうかと考え、人間の幸福というもののはかなさを思った。　　　　　　　　　　（石川達三・青春の蹉跌）

次のように、出来事を想起することを表す「～ことを思う」という形がある。このように、人でなく出来事をさしだすものは、すべて、単なる想起である。この場合、しばしば、「思う」は従属節にさしだされ、主節には、その結果、引き起こされる心理的な反応がさしだされていて、引用の形で認識を表すもの(例の(19))に近くなっている。

(35)　しかし、浜子も、浜子の母親も、二人とも、冬の寒い間、N市のあしたか山の麓で過すと言っておきながら、その家の所在も教えず、遊びに来いとも言わなかったことを思うと、鮎太は暗い気持になった。
　　　　　　　　　　　　　　　　　　　　　　　(井上靖・あすなろ物語)


## 3.　「考える」について

### 3.1.　引用節をともなう「考える」

#### 3.1.1.　意志表示、推量、断定

　「考える」は、一般的に、論理的なコンテクストにおいて使用され、論理的な思考の過程と、その結果を表す。そして、その思考過程を説明的に述べているため、「考える」は、思考の内容を提示する「思う」に比べると、会話文における非過去形の使用が少なく、小説の地の文などにおいて過去形で使用されることが多いということになる。
　ただし、「考える」も、会話文で現在を表す場合があるが、その場合、「思う」のように、完成相非過去形をとることは少なく、ふつうは、継続相非過去形が使われる。

《意志表示》
(36)　内藤は気が弱いと聞いていますからね。一発ガツンとやれば怖じ気づくと思うんです。……ただ、長丁場に持っていかれると、大戸はスタミナが心配でね。だから、早い回に勝負をかけさせたいと考えているんです。
　　　　　　　　　　　　　　　　　　　　　　　(沢木耕太郎・一瞬の夏)
(37)　それでは意味がないから、これからはデザインに変化をつけようと考

えたのです。　　　　　　　　　　（永六輔・職人と語る）

《推量》
(38) 「絶対不敗」はおそらくまちがいであり、日本は敗れるだろう、と私は考えていた。　　　　　　　　　　（加藤周一・羊の歌）

《断定》
(39) 生物学の時代ともいわれるこの19世紀において、動植物の進化史を構築するための理論にすっかり魅了されてしまったシュライヒャーは、言語研究のモデルになり得るのは、この生物学をおいて他にないと考えたのであった。　　　　　　　（田中克彦・ことばと国家）

　「考える」は、とくに、外的に観察できるような動作として思考活動を表すことがあるという点において、「思う」と異なっている。この場合、思考内容は省略されているとも言えるだろう。

(40) 三四郎ははあと答えた。今夜でも好いかと尋ねた。野々宮は少しく考えていたが、仕舞に思い切って宜しいと云った。
　　　　　　　　　　　　　　　　　　　　　（夏目漱石・三四郎）

3.1.2. 疑問
　「考える」は、おもに「なぜ」などの疑問詞をともなって、原因や理由について疑問を提示することがある。驚きなどの感情を表すというより、不可解に思いながら、その理由を考えているのである。「思う」の場合と違い、これは否定的なものが多い。

(41) なんであんなにカッとしちゃったのかな……と、長崎聡美は考えていた。　　　　　　　　　　　　　　　（宮部みゆき・返事はいらない）

## 3.2.「を」格の名詞をともなう「考える」
### 3.2.1. 思案

「を」格の名詞をともなう「〜(のこと)を考える」という形は、おもに想起を表す「〜(のこと)を思う」とは異なり、それについて、どのようなものかなど、あれこれ検討することを表している。「を」格の名詞は抽象名詞でなければならない。

次の例は、「〜こと」が「考える」の単なる思考内容をさしだしている。これは、つねに「〜ことを」の形である。

(42)　左山は<u>他の事を考えている</u>風で、うわの空で機械的な質問を繰返していたが、　　　　　　　　　　　　　　　　　　(井上靖・あすなろ物語)

次の例は、「何か」「どのようなものか」という、その対象の内容についての検討を表している。名詞は抽象名詞であり、「〜のことを」という形にはならない。

(43)　同時に私はKの<u>死因を繰り返し繰り返し考えた</u>のです。
　　　　　　　　　　　　　　　　　　　　　　　　　(夏目漱石・こころ)

次の例は、それが何かをさぐるのではなく、それについて、あれこれと思考をめぐらすことを表している。この「を」格の名詞は、「〜のことを」という形にすることができる。同様の意味は、「〜について考える」という形でも表わされる。

(44)　初之輔は、ぼんやり、案内嬢の説明を聞きながら、留守番をしている、<u>三千代の事を、考えていた。</u>
　　　　どうして、うちの細君は、ネコの眼のように、うつり気で、怒りっぽくなってしまったのか、どうにも、その心理が判らない。
　　　　　　　　　　　　　　　　　　　　　　　　　　(林芙美子・めし)

(45) この写真をよく見て、お前のやった事をもう一度考えてみるんだ。
(石川達三・青春の蹉跌)

　次の例は、時間を表す成分をともなって、未来のことを「想像する」という意味を表している。想像して、なんらかの対策を考えているのである。これは、「～のことを」という形にすることができる。

(46) 鮎太は、オシゲと繁く会っていたわけではなかったが、オシゲのいなくなった後の生活を考えて、その索寞さを心で計算していた。
(井上靖・あすなろ物語)
(47) 辰平もおりんも冬のことを考えていたが、玉やんも同じようなことを考えていた。　　　　　　　　　　　　(深沢七郎・楢山節考)

　次の例は、それをどうするかという意味を表している。思考主体は、それについて必要なことを決めて、行動するのである。これも、「～のことを」という形にすることができる。

(48) 彼は、まだ具体的に金額までは考えていなかった、と答えた。そこで、私はその金が必要な理由を簡単に、しかし熱をこめて語った。
(沢木耕太郎・一瞬の夏)
(49) あるいは、内藤が裕見子とふたりだけの生活を考えるだけでよかったのなら、その苦境も乗り越えられたかもしれない。だが、その時、裕見子の胎内には、すでに理亜がいたのだ。　(沢木耕太郎・一瞬の夏)

　次の例は「考慮する」「配慮する」といった意味を表している。中止形の形をとり、そのあとに、それに影響されて主体が選択する動作がさしだされていることが多い。「思惑」「利害」「立場」といった名詞が「を」格の形をとっている。

(50)　祖母は冴子の学費を負担して、自分の身内へ肩身広い思いをしているわけだが、それでも村人の思惑を考えてか、冴子を自分のところへ呼ぶことはなかった。　　　　　　　　　　（井上靖・あすなろ物語）
(51)　Kの話が一通り済んだ時、私は何とも云う事が出来ませんでした。此方も彼の前に同じ意味の自白をしたものだろうか、それとも打ち明けずにいる方が得策だろうか、私はそんな利害を考えて黙っていたのではありません。ただ何事も云えなかったのです。
　　　　　　　　　　　　　　　　　　　　　　　　　（夏目漱石・こころ）

　次の例は、「こと」につく動詞のさしだす動作について、その実現を求める(あるいは、単にその実行を想定する)ことを表している。「だけ」「ばかり」「しか」といったとりたての意味をともなうことが特徴的である。例の(54)のように、「を」格に動作名詞がくる場合も、同様の意味が表される。

(52)　だが、あなたは何を賭けているというのか。なにひとつ失おうとせず、得ることばかり考えていないか……。　（沢木耕太郎・一瞬の夏）
(53)　この家をとび出して、自分で働いて生きて行くことも考えた。
　　　　　　　　　　　　　　　　　　　　　　　　　（石川達三・青春の蹉跌）
(54)　掛川早苗の談話まで載っている。官展脱退など全然考えていないと彼は語っているが、しかし本文の記事は、その動静を注目されている人として、掛川早苗を取り扱っていた。　　　（井上靖・あすなろ物語）

　次の例は、何かを考えだすという意味を表している。名詞に、「新しい」などの規定語がついていれば、結果として生じたものを表すことになり、とくに、そうした意味になる。また、これは、考えだすまでの過程を表すこともある。例の(43)のような、単にそれが何かということでなく、これは現実の動作との結びつきがある。つまり、実行する動作を考え出すのである。これは「〜のことを」という形にはならない。

(55) そうやって僕たち使う側が<u>新しい使い方を考えた</u>ことで、職人仕事の幅が広がるのはうれしいことです。　　　（永六輔・職人と語る）
(56) 私はこの追窮に苦しんだ。然し先生は私に<u>返事を考えさせる</u>余裕さえ与えなかった。　　　　　　　　　　　　（夏目漱石・こころ）

### 3.2.2. 態度

「～を…と考える」のように、名詞の「と」格をともなうものは、「を」格の名詞のさしだす対象を、そのようにみなすという意味を表している。「と」格ではなく、「～として」という形になることもあるが、その場合は、その対象の資格を表す。「～として」の場合は、「思う」に言いかえることができない。また、「～のように」という形をとることもある。

(57) 私たちは常に<u>彼をカメラマンとしてではなく、チームの仲間のひとりと考えていた</u>が、いつの間にかカメラマンとして少しずつ成長していたらしい。　　　　　　　　　　　　　　　（沢木耕太郎・一瞬の夏）
(58) 伯父は<u>康子の配偶者として賢一郎を考えている</u>らしかった。
　　　　　　　　　　　　　　　　　　　　　　（石川達三・青春の蹉跌）
(59) 子供を持った事のないその時の私は、<u>子供をただ蒼蠅いものの様に考えていた</u>。　　　　　　　　　　　　　　　（夏目漱石・こころ）

　形容詞の連用形をともなうものは、何かに取り組むときの心理的な態度を表している。対象がどうであるかという評価ではなく、その対象に対して主体がどのように向き合っているかという態度を表しているのである。これは、主体の考え方を表すとも言えるのに対して、「思う」の場合は、対象がどうであるかという評価を表している。

(60) アップ・ダウンがあるので実際のキロ数より多少きついかもしれません、と村田が控え目な言い方であらかじめ忠告してくれたのだが、口で果してどこまでついていかれることやらと言いつつ、私は内心<u>かなり甘く考えていた</u>。　　　　　　　　　　（沢木耕太郎・一瞬の夏）

## 4. おわりに

　以上、「思う」と「考える」の意味・用法について見てきたが、本稿は、一つ一つの意味・用法の確認にとどまり、奥田(1983)や高橋(2002)のような理論的な考察までには、いたっていない。

　また、鈴木(2009)が古代語の思考動詞のテンス・アスペクトについて明らかにしているように、筆者も、現代語の思考動詞のアスペクトについて検討するつもりであったが、本稿では、そこまでいくことができず、その前段階の意味・用法の検討にとどまっている。今後、鈴木(2009)に学びながら、現代語の思考動詞のアスペクトについて明らかにしていきたいと思う。

**注**

1　「しろと思う」というような命令文の引用もあることはあるが、あるとしても、それは、聞き手に働きかける命令の意味というより、話し手の願望を表している。

2　断定と少し異なるものだが、過去の出来事が「と思う」にさしだされて、思い出しを表すこともある。話し手は、事実を記憶のなかに確認するのである。
　　・三月の生あたたかい風が吹き、代々木練兵場の砂塵をまきあげる頃、富士の雪はまだ融けていなかったと思う。　　　　　　　　　（加藤周一・羊の歌）

3　ただし、話し手にとって完全に確実なことは、「と思う」をつけて言うことはできない。「～と思う」が意見を表すのであれば、当然、そうなるだろう。

4　ただし、小説の地の文では、次のように、その場面のなかで起こってきた他の出来事に条件づけられて生じる意志を表すことがある。
　　・私はひね鱶を一尾あげた。すると一人の男が土手の上をやって来て、私のすぐ脇で釣り始めた。私は場所を変えようと思った。
　　　　　　　　　　　　　　　　　　　　　　　　　（山本周五郎・青べか物語）

5　意志表示の場合も、継続相では、似た機能をはたす。
　　・「岡本さん、あんた、今日は、まっすぐ、お家へ、帰らはりまっか？」
　　　「帰ろうかと思っていますがね……」　　　　　　　　（林芙美子・めし）

**参考文献**

奥田靖雄(1983)「を格の名詞と動詞とのくみあわせ」言語学研究会(編)『日本語文法・

連語論(資料編)』むぎ書房
鈴木　泰(2009)『古代日本語時間表現の形態論的研究』ひつじ書房
高橋圭介(2002)「類義語「思う」と「考える」の意味分析」『日本語文法』2巻1号
　　　日本語文法学会
高橋圭介(2003)「引用節を伴う「思う」と「考える」の意味」『言語と文化』4　名古
　　　屋大学
日本語記述文法研究会編(2003)『現代日本語文法4　第8部モダリティ』くろしお出版
宮崎和人・安達太郎・野田春美・高梨信乃(2002)『新日本語文法選書4　モダリティ』
　　　くろしお出版
森山卓郎・仁田義雄・工藤　浩(2000)『日本語の文法3　モダリティ』岩波書店

# 仮定条件における「と・たら・なら・ば」の意味と用法
―セルビア語の条件文との対照の観点から

スネジャナ・ヤンコヴィッチ

## 1. はじめに

　スラブ語に族するセルビア語は、類型的にも日本語と違うし、「条件」という概念が日本語と異なるため、セルビア語を母語とする学習者にとって日本語の条件表現が非常に困難な項目の一つである。セルビア語の「条件」とは、必ず仮定的な事柄を表していて、いくつかの種類に分けられている。これに対して、日本語の「条件」は、仮定的な事柄だけではなく、時間、原因・理由などの非仮定的な事柄も表すことができるカテゴリーである。さらに、仮定条件における「と・たら・なら・ば」基本的な条件形の使用規則は明確ではない。セルビア語では、ある条件を表すための言語的手段は明確であるのに対して、日本語では一つの条件形がいくつかの条件のタイプを表すことができる。

　本稿の趣旨は、セルビア語との比較に最も適切であると思われる、仮定的な事柄をほかの事柄から明確に区別した分類、高橋他（2005）の条件分類に基づいて、「と・たら・なら・ば」が表す仮定の事柄をセルビア語にある五つの条件のタイプと対照し、その意味と用法を分析することである。日本語の条件形はどんな条件の種類を表すことができるか、特にセルビア語の条件文で表されているさまざまな意味が日本語でどのように文法化されているかを形態論の観点から調べたいと思う。そうするためにはまず日本語の条件形の使用の際にどんなパラメータがかかわってくるかについて考えていきたいと思う。

## 2. 先行研究

### 2.1. 日本語の条件の意味分類

日本語の条件形、「と・たら・なら・ば」の意味や用法に関する研究はすでにたくさんなされてきた。その中で、「と・たら・なら・ば」の意味分類については多く論じられてきた(前田(1991)、益岡(1993)、高橋他(2005)など)。高橋他(2005)によると、日本語の条件文は、次のタイプに分けられる。

➤ 仮定的な条件(成立するかどうかまだ分からないのだが、成立するかもしれないし、成立しないかもしれない条件)をさしだすもの
➤ 予定的な条件(一定時間後に成立が予定されている条件)をさしだすもの
➤ 反現実の仮定的な条件(現実にはないのに、仮に、あることとしてさしだす条件)をさしだすもの
➤ 既定の条件(すでに現実に成立した条件)をさしだすもの
➤ 一般的な条件(特定の時間位置に限定されず、習慣的な繰り返し、あるいは一般的な可能性として成立する条件)をさしだすもの

しかし、これらの条件のタイプのうち、「既定条件・予定的な条件・一般的な条件」は、条件の意味よりも、非仮定的な意味—時間および原因・理由などに近い意味を持っていることが言える。さらに、セルビア語では、反現実の仮定的な条件は仮定条件の一つのタイプであるのに対して、高橋他(2005)の分類では個別の条件として扱われている。

### 2.2. 条件文の種類を見分けるパラメータ

Comrie(1986)は、類型論の観点から、条件文のパラメータ(parameter)を次のように提示した。それは(1)節の順番(clause order)、(2)条件のマーカー(marking of conditionality)、(3)仮定の度合い(degrees of hypotheticality)と(4)基準時(time reference)である。

## 2.2.1. 節の順番

セルビア語では、条件節は主節に先行することが普通であると同時に主節が前に来ることも可能である。日本語では、主節が従属節の後に来るという文法規則(主節の動詞は必ず文末に来る)がある。

## 2.2.2. 条件のマーカー

セルビア語では条件を表すマーカーは接続詞の ako、ukoliko、li、kad、da である。しかし、条件文の意味を正確にさせる手段として重要なのは、条件節および主節で使われている動詞の形である。接続詞と動詞の形の組み合わせによってセルビア語では、条件の意味のタイプ、すなわち条件文の種類が区別される。

日本語の場合は、「と・たら・なら・ば」それぞれの意味と用法が異なっているにもかかわらず、共有している部分もあり、入れ替えの可能な場合とそうではない場合がある。さらに、日本語の「と・たら・なら・ば」は、条件を表す場合に使われるだけではなく、時間、原因・理由などを表す場合にも使われる。すなわち、日本語の条件のマーカーは、条件だけを表すとは限らない。

## 2.2.3. 仮定の度合い

セルビア語では、仮定の度合いは、接続詞と動詞の形の組み合わせによって明確に表されている。このパラメータによって、セルビア語の条件は三つのタイプに大別される。

・現実の(レアルな)条件
・潜在的(ポテンシャルな)条件
・非現実的(非レアルな)条件

日本語では、条件節「と・たら・なら・ば」間で仮定の度合いがそれぞれ異なるが、仮定の度合いの区別が主に文脈から可能である。さらに、日本語の条件文はゼロから最大までの仮定の度合いを表すことができるのに対し

て、セルビア語の条件文はゼロの仮定の度合いを表すことはできない。

### 2.2.4. 基準時

セルビア語では、条件節および主節で使用できるのは、動詞の現在形、過去形、未来形、第二未来形と接続法である。仮定の度合いが最も弱いレアルな条件の条件節には動詞の現在形または第二未来形、主節には未来形が用いられる。ポテンシャルな条件の条件節には接続法または現在形が用いられ、主節には接続法が使用される。仮定の度合いが最も強い非レアルな条件の条件節には接続法、現在形および過去形、主節には接続法が用いられる。

日本語では、テンスがあるものの、仮定の度合いによってテンスが変化するという条件節の基準時に関するComrie(1986)の枠組みには入らない。日本語の場合は、テンスは条件節ではなく、主節によって表されている。仮定性の最も強い非レアルな条件のマーカーとして主節の述語の過去形を指摘できるのである。

## 3. 日本語の仮定条件における「と・たら・なら・ば」の使用に関する新たなパラメータ

以上のことから、Comrie(1986)が定めたパラメータ、そして、セルビア語の条件の種類を見分けるために最も重要なパラメータである仮定の度合い、基準時、そして条件のマーカーは、日本語では必ずしも文法化されているわけではないのが判明した。このことを理由に、日本語の条件形の仮定条件においての使用を分析する際に、二つの新しいパラメータを導入したいと思う。それは、条件形の使用によく制限を与える条件構文の主節のモダリティと条件節と主節の事柄的な関係である。このパラメータに基づいて日本語の「と・たら・なら・ば」の仮定条件における意味と用法を分析していきたいと思う。

### 3.1. 条件構文の主節のモダリティ

伝統的な文法論では、文を平叙文(declarative)、命令文(imperative)と疑問

文(interrogative)に分けている。

　本稿では、文を(1)平叙文(2)判断文(3)決意文(4)依頼文(5)命令文(6)願望文(7)誘い掛け文(8)問いかけ文と(9)疑念文に整理した。

　このように分けた基準は、まず第一に形態論的に考えて分類して、第二に条件構文を考察するにあたって各条件形と主節のモダリティおよび各条件形と条件節と主節の事柄的な関係との呼応関係を調べるのに有効に働く面を考えて分類したのである。

平叙文：ある経験や知識に基づく推測などが述べられている文
　【形式】〜する、〜だ、など。
判断文：述べられている事柄に話し手の判断(確信、推量など)が表されている文
　【形式】〜はずである、〜だろう、〜かもしれない、〜に違いない、など。
決意文：話し手の意志が表されている文
　【形式】〜する、〜しよう、〜するつもりだ、など。
依頼文：話し手が相手にあることを依頼する文
　【形式】〜してください、〜してくれ、〜していただけませんか、〜して、など。
命令文：話し手が相手にあることをするように命令する文
　【形式】〜しろ、〜しなさい、〜したまえ、など。
願望文：話し手の願望が表されている文
　【形式】〜したい、〜してほしい、など。
誘いかけ文：話し手が相手にあることを誘いかける文
　【形式】〜しよう、〜しませんか、など。
問いかけ文：話し手が疑問に思っていることを相手に問いかける文
　【形式】〜か？、〜する？、〜どうする？、〜でしょうか？、など。
疑念文：話し手が疑問に思っていることを独り言で述べている文
　【形式】〜するのではないか、〜しなかったのか、〜しないだろうか、〜どうだろうか、〜どうするだろう、など。

## 3.2. 従属節と主節の事柄的な関係

　日本語の条件構文の中の各条件形の使用にあたって、従属節と主節の事柄的な関係が重要であるため、その関係を考察してきた。次の6種類を分けることができた。

（1）　従属節の条件の実現が主節の事柄の前提になる場合
（2）　従属節の条件が主節の事柄の原因・理由になる場合
（3）　従属節か主節の事柄の実現の方法が表されている場合
（4）　主節で従属節の条件の実現に関する評価が表されている場合
（5）　主節で従属節の事柄に関する結論が表されている場合
（6）　主節で従属節の条件が実現した場合の反応が表されている場合

## 4. セルビア語の条件の種類

　セルビア語の条件文とは、主節の状態が成り立つために必要な条件となる現実的状態ではなく、仮定的状態を表すモーダルな従属文のことである。セルビア語では、二つの中心的な基準により条件のタイプが区別される。その基準は、(1)条件の実現がどれだけ可能性のあるものか(仮定の度合い)と(2)条件節のテンスである。

　条件の実現性の度合いによって、条件は三つのタイプに大別される。現実の(レアルな)条件、潜在的(ポテンシャルな条件)と非現実的(非レアルな条件である)。

　レアルな条件とは、アクチュアルで、実現の可能性がある条件のことである。この条件の実現は不確かながらも、予想できるものである。

　ポテンシャルな条件は、実現の可能性があるものの、現実的(アクチュアル)ではない。想像されただけのものか、実現の可能性が低い条件のことである。条件節が現実に起こるかどうか不明の事柄を想定して述べる。

　非レアルな条件とは、実際に起こらなかった、また、起こることのない非現実的な事柄の仮定を表す条件のことである。

二つ目の基準である条件節のテンスによって、「未来の条件」、「現在の条件」と「過去の条件」が区別される。

レアルな条件文には、未来と現在の条件が見られる。ポテンシャルな条件文には、未来の条件のみが見られる。非レアルな条件文には、現在と過去の条件が見られる。

セルビア語の最も重要な条件の種類は次の表で表すことができる：

**表1　セルビア語の最も重要な条件の種類**

| 条件の種類 | 複合文の構造 ||  例 |
|---|---|---|---|
| | 条件節 | 主節 | |
| レアルな未来の条件 | ―接続詞 ako、ukoliko ＋現在形/未来形 II | 未来形 | *Ako* budem imao više slobodnog vremena, baviću se odbojkom. これからもっと自由な時間があれば、バレーボールを始めたいと思います。 |
| レアルな現在の条件 | ―接続詞 ako、ukoliko ＋現在形/未来形 II | 現在形 | *Ako* je Marko u školi, preneću mu poruku. マルコが学校に来ていれば、メッセージを伝えておきます。 |
| ポテンシャルな(未来の)条件 | ―接続詞 kad ＋接続法 ―接続詞 da ＋現在形 (動詞のアスペクトは完成相) | 接続法 | *Kad* biste se potrudili/ *Da* se potrudite, uspeli biste. 努力すれば、できるようになるでしょう。 |
| 非レアルな現在の条件 | ―接続詞 kad ＋接続法 ―接続詞 da ＋現在形 (動詞のアスペクトは継続相) | 接続法 | *Kad* bih imao više slobodnog vremena/ *Da* imam više slobodnog vremena, bavio bih se sportom. もっと自由な時間があれば、スポーツをやりたいんだけど。 |
| 非レアルな過去の条件 | ―接続詞 da ＋過去形 | 接続法 | *Da* ste se potrudili, uspeli biste. もっと努力をしていれば、できたのに。 |

## 5. 研究方法

本稿では、日本語の基本的な条件形「と・たら・なら・ば」が表すセルビア語に存在する仮定的な意味と用法に焦点を当て、日本語とセルビア語の対照の観点から両言語における対照項目の対応関係、その共通点と異なる点を探ることにした。

## 6. 分析

収集した1719の用例の内、1218はレアルな条件(その内777はレアルな未来の条件、441はレアルな現在の条件)、276はポテンシャルな条件と225は非レアルな条件(その内57は非レアルな現在の条件、168は非レアルな過去の条件)を表していた。

### 6.1. レアルな未来の条件

#### 6.1.1. 従属節の条件の実現が主節の事柄の前提になる場合

##### 6.1.1.1. 主節が決意文である場合

(12) そんなハツ子でも、なるべく近くに住んでいてくれる方がいい。とにかく一本立ちで食っていけるなら、結構なことだと思うことにした。

(大岡昇平『事件』)

##### 6.1.1.2. 主節が依頼文である場合

(13) それでなければこの問題をここで切り上げてください。

(夏目漱石『こころ』)

##### 6.1.1.3. 主節が命令文である場合

(14) おかしいと感じたら、そこをよくさがせ。

(星新一『人民は弱し官史は強し』)

### 6.1.2. 従属節の条件が主節の事柄の原因・理由になる場合
#### 6.1.2.1. 主節が平叙文である場合
(15) 「雨が降れば娘が迎えに来てくれます。」　　　　（川端康成『雪国』）
(16) あの箱に一つでも敵の弾丸があたったら、もうおしまいです。
　　　　　　　　　　　　　　　　　　　　　　（竹山道雄『ビルマの竪琴』）

#### 6.1.2.2. 主節が判断文である場合
(17) 「あそこのところを清書して出すと、先方で誤解するんじゃないでしょうか。」　　　　　　　　　　　　　　　　（井伏鱒二『黒い雨』）
(18) もう見つけられてしまっただろうか？…いや、気がついたら、すぐに、半鐘を鳴らすはずだ。　　　　　　　　　（安部公房『砂の女』）
(19) 「熱はあがったけれどぼくは先生はなんともないと思うなあ。ああして寝ていらしても、もし悪いなら苦しむはずだがなあ」ともっぱら否定する。　　　　　　　　　　　　　　　　　　　　　（幸田文『父』）
(20) 「とにかく、お金を振り込まねば、品物の動きがぱったりです」
　　　　　　　　　　　　　　　　　　　　　　　　（井伏鱒二『黒い雨』）

### 6.1.3. 従属節か主節の事柄の実現の方法が表されている場合
#### 6.1.3.1. 主節が判断文である場合
(21) 彼はその写真を机の前に飾っておいたら、きっといい脚本がかきたくなるだろうと思った。　　　　　　　　　（武者小路実篤『友情』）

#### 6.1.3.2. 主節が決意文である場合
(22) もちろんぼくは役人ですから自分の地位を高めるためなら他人をだしぬいてでも点数稼ぎをやりたいと思います。（開高健『パニック』）

#### 6.1.3.3. 主節が命令文である場合
(23) 「ここから出たければブンを呼んで降服するよう説得なさい」
　　　　　　　　　　　　　　　　　　　　　　（井上ひさし『ブンとフン』）

#### 6.1.4. 主節で従属節の条件の実現に関する評価が表されている場合
#### 6.1.4.1. 主節が判断文である場合
(24) 「…砂ってやつは、そんなに生易しいものじゃないんだ！　こんなことで、砂にさからえると思ったら、大間違いさ。」

(安部公房『砂の女』)

(25) 「お前さん達から進めて貰えれば、これに越したことはねい。…」

(中山義秀『秋風』)

### 6.2. レアルな現在の条件
#### 6.2.1. 従属節の条件の実現が主節の事柄の前提になる場合
#### 6.2.1.1. 主節が平叙文である場合
(26) ほとんどの生徒が下校してからでないと校庭では練習させてもらえない。　　　　　　　　　　　(筒井康隆『エディプスの恋人』)

#### 6.2.1.2. 主節が問いかけ文である場合
(27) 「それで、せっかく運動をやるなら、オリンピックぐらいになんとか出られないの」　　　　　　　　　(曽野綾子『太郎物語』)

#### 6.2.1.3. 主節が依頼文である場合
(28) 「そんな元気があるんだったら、私を歓ばせてよ」

(高野悦子『二十歳の原点』)

#### 6.2.2. 従属節の条件が主節の事柄の原因・理由になる場合
#### 6.2.2.1. 主節が平叙文である場合
(29) ポケットがなければ金を入れるところもなくなる。

(井上ひさし『ブンとフン』)

#### 6.2.2.2. 主節が命令文である場合
(30) 汐見があんなになった原因が藤木にあるのなら、藤木に部をやめてもらうなんて言ってね。　　　　　　　　　(福永武彦『草の花』)

#### 6.2.2.3. 主節が疑念文である場合
（31） 手ちがいが事務室にあるのだったら、アルバイトの報酬はやはり、はらってくれるのだろうか。　　　　　　　（大江健三郎『死者の奢り』）

## 6.3. ポテンシャルな(未来の)条件
### 6.3.1. 従属節の条件の実現が主節の事柄の前提になる場合
#### 6.3.1.1. 主節が判断文である場合
（32） 慈海の妻になれば、まず喰うに困るということはないだろう。
　　　　　　　　　　　　　　　　　　　　　　　　（水上勉『雁の寺』）
（33） 「うんと貰えたら、一番良い部屋に入院するといいね。」
　　　　　　　　　　　　　　　　　　　　　（大江健三郎『死者の奢り』）

#### 6.3.1.2. 主節が誘い掛け文である場合
（34） 会って話を聞くつもりなら、これからつれて行ってあげようか。
　　　　　　　　　　　　　　　　　　　　（筒井康隆『エディプスの恋人』）

### 6.3.2. 従属節の条件が主節の事柄の原因・理由になる場合
#### 6.3.2.1. 主節が平叙文である場合
（35） どうでしょう、もっと正直に話して戴けると助かるのですが。
　　　　　　　　　　　　　　　　　　　　　　　　（立原正秋『冬の旅』）
（36） 他人はみんな証人だ。それなのに、他人がいなければ、恥というものは生れて来ない。　　　　　　　　　　（三島由紀夫『金閣寺』）

#### 6.3.2.2. 主節が判断文である場合
（37） ここで降ろされでもしたら、早いところ他の車にでも拾われない限り、誰でも死んでしまうだろう。
　　　　　　　　　　　　　　　　　　　（藤原正彦『若き数学者のアメリカ』）

### 6.3.3. 主節で従属節の条件の実現に関する評価が表されている場合
#### 6.3.3.1. 主節が判断文である場合
(38) 時折、日曜、祭日と休みの続く時など、小学校時代を過した郷里の部落の土を踏むことが<u>出来たら</u>どんなに素晴らしいだろうと思った。

(井上靖『あすなろ物語』)

## 6.4. 非レアルな現在の条件
### 6.4.1. 従属節の条件の実現が主節の事柄の前提になる場合
#### 6.4.1.1. 主節が判断文である場合
(39) 「わたし、<u>男だったら</u>殴っちゃうんだけど」(井上靖『あすなろ物語』)
(40) <u>ふだんなら</u>きっといい景色なんでしょうね。

(筒井康隆『エディプスの恋人』)

### 6.4.2. 従属節の条件が主節の事柄の原因・理由になる場合
#### 6.4.2.1. 主節が判断文である場合
(41) <u>そうでなかったら</u>、毎日がはなはだ不安なものになってしまう。

(星新一『人民は弱し官史は強し』)

#### 6.4.2.2. 主節が疑念文である場合
(42) 壁がなく、<u>考え悩むことがなければ</u>、人生はどんなに味気ない平凡なものとなるだろう。　　　　(星新一『人民は弱し官史は強し』)

## 6.5. 非レアルな過去の条件
### 6.5.1. 従属節の条件の実現が主節の事柄の前提になる場合
#### 6.5.1.1. 主節が判断文である場合
(43) あなたさえ、あのような事件を<u>起こさなければ</u>、離婚などというこはなかった筈だ。　　　　　　　　　　　　　　(宮本輝『錦繡』)

#### 6.5.1.2. 主節が疑念文である場合
(44) もしあの方の御病気をもっと早く<u>知っていたなら</u>と、そうも考え、烈

しい残り惜しさに身も世もない気持もいたしましたが、しかし主人があり子供があります以上、果してわたくしに何ほどのことが出来ましたでしょうか。　　　　　　　　　　　　（福永武彦『草の花』）

6.5.2. 主節で従属節の条件が実現した場合の反応が表されている場合
6.5.2.1. 主節が判断文である場合
（45）　もし、スピーカーが、日本軍の攻撃がいかに正当であり、勇敢でかつ美しいものであったかを繰り返し説明したら、やはりそれに反発したであろう。　　　　　　　　　（藤原正彦『若き数学者のアメリカ』）

　条件節と主節の事柄的な関係と「と・たら・なら・ば」の使用率は次のページの表2で表すことができる。
　また、主節のモダリティと「と・たら・なら・ば」の使用率は表3、各条件のタイプと「と・たら・なら・ば」との関係は表4で表す。

表2 条件節と主節の事柄的な関係と「と・たら・なら・ば」の使用

|  |  | 前提 | 原因・理由 | 方法 | 評価 | 結論 | 反応 | 合計件数 |
|---|---|---|---|---|---|---|---|---|
| レアルな未来の条件 | と | 6 (6.1%) | 90 (**90.5%**) |  | 3 (3.0%) |  |  | 99 |
|  | たら | 54 (28.6%) | 108 (**57.1%**) | 6 (3.2%) | 12 (6.4%) | 9 (4.8%) |  | 189 |
|  | なら | 87 (**69.1%**) | 30 (23.9%) | 9 (7.1%) |  |  |  | 126 |
|  | ば | 63 (17.3%) | 234 (**64.4%**) | 27 (7.4%) | 24 (6.6%) | 15 (4.1%) |  | 363 |
| レアルな現在の条件 | と | 3 (**25.0%**) | 6 (**50.0%**) |  | 3 (**25.0%**) |  |  | 12 |
|  | たら | 44 (**51.8%**) | 23 (27.1%) | 3 (3.5%) |  | 15 (17.7%) |  | 85 |
|  | なら | 124 (**50.0%**) | 50 (20.2%) | 3 (1.2%) | 9 (3.6%) | 54 (21.8%) | 8 (3.2%) | 248 |
|  | ば | 49 (42.2%) | 49 (**42.2%**) | 3 (2.6%) | 3 (2.6%) | 12 (10.4%) |  | 116 |
| ポテンシャルな条件 | と |  | 18 (**100.0%**) |  |  |  |  | 18 |
| ポテンシャルな条件 | たら | 23 (21.1%) | 74 (**67.9%**) | 3 (2.8%) | 9 (8.3%) |  |  | 109 |
|  | なら | 21 (**50.0%**) | 21 (**50.0%**) |  |  |  |  | 42 |
|  | ば | 30 (28.0%) | 62 (**57.9%**) | 6 (5.6%) | 9 (8.4%) |  |  | 107 |
| 非レアルな現在の条件 | と |  |  |  |  |  |  |  |
|  | たら | 6 (40.0%) | 9 (**60.0%**) |  |  |  |  | 15 |
|  | なら | 21 (**70.0%**) | 9 (30.0%) |  |  |  |  | 30 |
|  | ば | 3 (25.0%) | 9 (**75.0%**) |  |  |  |  | 12 |
| 非レアルな過去の条件 | と |  |  |  |  |  |  |  |
|  | たら | 9 (13.0%) | 57 (**82.6%**) |  |  |  | 3 (4.3%) | 69 |
|  | なら | 15 (**41.7%**) | 15 (**41.7%**) | 3 (8.3%) |  | 3 (8.3%) |  | 36 |
|  | ば | 6 (9.5%) | 51 (**80.9%**) |  |  | 3 (4.8%) | 3 (4.8%) | 63 |

表3 主節のモダリティと「と・たら・なら・ば」の使用

| | | 平叙文 | 判断文 | 決意文 | 依頼文 | 命令文 | 願望文 | 誘い掛け文 | 問いかけ文 | 疑念文 | 合計件数 |
|---|---|---|---|---|---|---|---|---|---|---|---|
| レアルな未来の条件 | と | 93 (**94.0%**) | 6 (6.1%) | | | | | | | | 99 |
| | たら | 99 (**52.4%**) | 36 (19.1%) | 9 (4.8%) | 3 (1.6%) | 24 (12.7%) | | | 6 (3.2%) | 12 (6.4%) | 189 |
| | なら | 68 (**54.0%**) | 18 (14.2%) | 18 (14.2%) | 18 (14.2%) | 3 (2.4%) | | | | 1 (0.8%) | 126 |
| | ば | 252 (**68.5%**) | 64 (17.7%) | 6 (1.7%) | 3 (0.8%) | 20 (5.5%) | 3 (0.8%) | | | 15 (4.1%) | 363 |
| レアルな現在の条件 | と | 6 (**50.0%**) | 3 (25.0%) | | | | | | | 3 (25.0%) | 12 |
| | たら | 30 (**35.3%**) | 13 (15.3%) | | 9 (10.6%) | 15 (17.7%) | | | 6 (7.1%) | 12 (14.1%) | 85 |
| | なら | 101 (**40.7%**) | 45 (18.1%) | 21 (8.5%) | 6 (2.4%) | 24 (9.7%) | 9 (3.6%) | 3 (1.2%) | 27 (10.9%) | 12 (4.8%) | 248 |
| | ば | 58 (**60.4%**) | 15 (15.6%) | 3 (3.1%) | | 3 (3.1%) | | | 3 (3.1%) | 14 (14.6%) | 96 |
| ポテンシャルな条件 | と | 16 (**88.9%**) | 1 (5.6%) | | | | | | | 1 (5.6%) | 18 |
| | たら | 44 (**41.1%**) | 30 (28.1%) | | | 9 (8.4%) | | | 12 (11.2%) | 12 (11.2%) | 107 |
| | なら | 13 (31.0%) | 16 (**38.1%**) | 3 (7.1%) | | 4 (9.5%) | | | 3 (7.1%) | 3 (7.1%) | 42 |
| | ば | 46 (43.0%) | 52 (**48.6%**) | 3 (2.8%) | | | | | 3 (2.8%) | 3 (2.8%) | 107 |
| 非レアルな現在の条件 | と | | | | | | | | | | |
| | たら | 12 (**80.0%**) | 3 (20.0%) | | | | | | | | 15 |
| | なら | 23 (**76.7%**) | 7 (23.3%) | | | | | | | | 30 |
| | ば | 8 (**66.7%**) | 4 (33.3%) | | | | | | | | 12 |
| 非レアルな過去の条件 | と | | | | | | | | | | |
| | たら | 21 (30.4%) | 42 (**60.9%**) | | | | | | 3 (4.3%) | 3 (4.3%) | 69 |
| | なら | 12 (33.3%) | 21 (**58.3%**) | | | | | | | 3 (8.3%) | 36 |
| | ば | 39 (**61.9%**) | 24 (38.1%) | | | | | | | | 63 |

表4　各条件のタイプにおける「と・たら・なら・ば」の使用

|  | と | たら | なら | ば | 合計 |
|---|---|---|---|---|---|
| レアルな未来の条件 | 99→12.74%<br>↓<br>**76.74%** | 189→**24.32%**<br>↓<br>**40.65%** | 126→16.22%<br>↓<br>26.15% | 363→**46.72%**<br>↓<br>**54.92%** | 777 |
| レアルな現在の条件 | 12→2.60%<br>↓<br>9.31% | 85→18.44%<br>↓<br>18.28% | 248→**53.80%**<br>↓<br>**51.45%** | 116→25.16%<br>↓<br>17.54% | 461 |
| ポテンシャルな(未来)の条件 | 18→6.57%<br>↓<br>13.95% | 107→**39.05%**<br>↓<br>23.01% | 42→15.33%<br>↓<br>8.71% | 107→39.05%<br>↓<br>16.19% | 274 |
| 非レアルな現在の条件 | 0→0.00%<br>↓<br>0.00% | 15→26.32%<br>↓<br>3.22% | 30→**52.63%**<br>↓<br>6.22% | 12→21.05%<br>↓<br>1.82% | 57 |
| 非レアルな過去の条件 | 0→0.00%<br>↓<br>0.00% | 69→**41.07%**<br>↓<br>14.84% | 36→21.43%<br>↓<br>7.47% | 63→37.50%<br>↓<br>9.53% | 168 |
| 合計 | **129** | **465** | **482** | **661** |  |

## 7.　まとめ

　本稿では、日本語の条件形「と・たら・なら・ば」の仮定条件としての意味と用法を探ってみた。セルビア語に存在する条件の種類は日本語でどのような文法的な手段で表されているかを見てきた。パラメータは、条件節と主節との事柄的な関係、そして主節のモダリティにした。

　このようなパラメータに基づいて、各条件のタイプおよび各条件形がどんな条件節と主節との関係を一番よく表しているのか、どんな文が主節に一番よく現れているのかを分析してきた。そして各条件形がどんな条件のタイプを最も表しているのかを見てきた。

　用例の分析の結果、「たら・なら・ば」は、すべての条件のタイプを表すことができて、仮定性の広いスパンに対して柔軟な条件形である。「と」の場合は、非レアルな現在の条件と非レアルな過去の条件の用例は見つからなかった。それは、「と」は条件節と主節が自然な因果関係にあることを示す

ため、現実に起きなかったこと、あるいは起きることのない事態を想像する非レアルな条件には使えないと言えるだろう。さらに、時間、原因・理由などの事実的な関係をよく表す「と」が非レアルな条件として使用されない理由は、この条件の仮定性格の強さにあるのではないかと思われる。

レアルな未来の条件には「ば」が最も多く使われていた(46.72%)。レアルな現在の条件には「なら」が最も多く使用されていた(53.80%)。ポテンシャルな条件には、「たら」が最も多く使われ(39.05%)、非レアルな現在の条件には「なら」が最も多く使われていた(52.63%)。非レアルな過去の条件には、「たら」が最も多く使用されていた(41.07%)。

以上のことから、次のことが明らかになった。

「と」…仮定性の弱いレアルな未来の条件を最も多く表している。レアルな現在の条件とポテンシャルな条件としての例は少ない。仮定性の最も強い非レアルな条件には使われていない。
「たら」…レアルな未来の条件とより仮定性の強いポテンシャルな条件に最も多く使われている。
「なら」…レアルな現在の条件を表す傾向がある。
「ば」…レアルな未来の条件、レアルな現在の条件、そして仮定性の最も強い非レアルな過去の条件に最も多く使われていた。

以上のことから「たら」と「ば」の仮定性が最も強いと言えるだろう。「ば」は一番広く用いられたため、普遍的な条件形とも言えるだろう。「と」の仮定条件としての使用は非レアルな条件以外のものに制限されているのが分かった。

ここで以上分析した仮定条件におけるセルビア語と日本語との共通点をまとめてみよう。

・節の順番：条件節が主節に先行する。
・「と」にはセルビア語のレアルな条件(未来・現在を含む)とポテンシャルな条件としての意味と用法が見られる。

- 「たら・なら・ば」にはセルビア語の条件のすべての種類としての意味と用法が見られる。
- 条件節と主節の事柄的な関係：両言語において、仮定条件は因果関係を最も多く表している。このことは条件が仮定的な因果関係を表していて、Irrealis$^2$ 世界において Realis 世界の事実的な因果関係に相当していることを物語っているだろう。

異なる点もまとめてみよう。

- 節の順番：セルビア語の場合は、主節が条件節の前に来ることも可能である。
- 条件のマーカー：セルビア語では条件のマーカーは接続詞と主節のテンスである。日本語の場合は、「と・たら・なら・ば」は条件のマーカーだけではなく、非条件的な事柄のマーカーとしての機能も見られる。どの場合に条件のマーカーで、どの場合に非条件的な事柄を表しているかは整理されていない。条件のマーカーとして「もし」、非レアルな過去の条件の主節の過去形、主節においての判断文の「だろう・はず・に違いない」などが挙げられる。
- 仮定の度合い：セルビア語の場合は仮定の度合いは明確に文法化されているし、条件の接続詞およびテンスの選択に関する重要なパラメータである。日本語の場合は仮定の度合いが明確に文法化されていない。
- 基準時：セルビア語の場合は、基準時は条件節にも主節に条件ごとに定められている。日本語の場合は、基準時は主節によって表されているし、未来形と現在形の区別がつかない場合が多い。
- 条件と主節との事柄的な関係：セルビア語の場合は、条件の接続詞の使用に関するパラメータになっていない。日本語の場合は、条件節と主節との事柄的な関係は「と・たら・なら・ば」の使用に影響を与える重要なパラメータである。
- 主節のモダリティ：セルビア語の場合は、条件の接続詞の使用に関するパラメータになっていない。日本語の場合は、「と・たら・なら・ば」の使

用制限にかかわってくるので、重要なパラメータになっている。
・条件のタイプ：セルビア語の場合はレアルな未来の条件、レアルな現在の条件、ポテンシャルな条件、非レアルな現在の条件と非レアルな過去の条件が文法化されている。日本語では、主節のテンスによって明確に文法化されているのはレアルな未来の条件と非レアルな過去の条件である。

## 8. 終わりに

　仮定条件における「と・たら・なら・ば」の条件形の意味と用法はセルビア語を母語とする日本語学習者にとって習得しがたい項目の一つである。セルビア語にある条件の種類と対照し、日本語の「と・たら・なら・ば」にどんな条件の意味が表されるのか、どのような基準に基づいて「と・たら・なら・ば」が使用されているのかを分析することによってこの項目の学習プロセスがより容易なものになるだろう。
　今後の課題として、日本語の条件のマーカーの整理、使用率、そして各条件形との関係を分析することが日本語の条件構文の学習プロセスにとって重要であると考えている。

**注**

1　第二未来形(futureII)は発話時の後の時間で、他の動作の前か他の動作と同時に実現すると推測される動作を表している法である。
　　例：もし間に合えば、芝居の切符が買える。
2　Mithun(1999)は、Realis と Irrealis を次のように定義している。Realis とは事態を実現したこと、起こったこと、あるいは実際に起こりつつあることとして描写する。それは直接的な知覚を通して知り得るものである。Irrealis とは事態を純粋に思考の領域内にあるものとして描写する、それは想像を通してのみ知り得るものである。(和佐、2006)

**参考文献**

Akatsuka, Noriko. (1983) Conditionals. In *Papers in Japanese Linguistics* 9: pp.1-34.

Akatsuka, Noriko. (1985) Conditionals and the Epistemic Scale. In *Language* 61(3): pp. 625–639.

有田節子(1999)「プロトタイプから見た日本語の条件文」『言語研究』115　日本語学会

有田節子(2006a)「条件表現の導入」益岡隆志(編)『条件表現の対照』pp.3–28　くろしお出版

Comrie, Bernard. (1986) Conditionals: A typology. In Elizabeth C. Traugott, etal., eds., *On Conditionals*, pp.77–99. Cambridge: Cambridge University Press.

Jacobsen, Wesley M. (1984) Aspects of Hypothetical Meaning in Japanese Conditionals. *Function and Structure*, pp.83–122. By Akio Kamio and Ken-Ichi Takami.

前田直子(1991)「条件分類の一考察」『日本語学科年報』13: pp.55–79　東京外国語大学外国語学部日本語学科

前田直子(1998)「非仮定的な事態を接続するト・タラ文の意味・用法」『東京大学留学生センター紀要』8: pp.71–88

益岡隆志(1993)「条件表現と文の概念レベル」益岡隆志(編)『日本語の条件表現』pp.23–39　くろしお出版

益岡隆志(2006)「日本語における条件形式の分化―文の意味的階層構造の観点から―」益岡隆志(編)『条件表現の対照』pp.31–46　くろしお出版

Mithun, Marianne. (1999) *The Languages of Native North America*. Cambridge: Cambridge University Press.

奥田靖雄(1985)「文のこと・文のさまざま(1)」『教育国語』80: pp.47

Solvang, Harry. (1999)「ノルウエー語から見た日本語の条件表現　―日本語を学習しようとするノルウエー人を対象に―」『ニダバ』28: pp.108–117　西日本言語学会

ソルヴァン・ハリー(2006)「日本語学習者における条件文習得問題について」益岡隆志(編)『条件表現の対照』pp.173–193　くろしお出版

Stanojčić Živojin, Popović Ljubomir i Micić Stojan. (1989) *Savremeni srpskohrvatski jezik i kultura izražavanja*, pp.287–320. Beograd: Zavod za udžbenike i nastavna sredstva.

高橋太郎・松本泰丈・鈴木　泰・金子尚一・金田章宏(2005)『日本語の文法』ひつじ書房

豊田豊子(1977)「『と』と時」『日本語教育』33: pp.90–106

和佐敦子(2006)「スペイン語と日本語の条件表現―叙法と時制の観点から―」益岡隆志(編)『条件表現の対照』pp.151–171　くろしお出版

**用例出典**

安部公房(1981)『砂の女』新潮文庫
井伏鱒二(1979)『1 黒い雨』新潮文庫
大岡昇平(1980)『事件』新潮文庫

幸田 文(1955)『父』新潮文庫
川端康成(1947)『雪国』新潮文庫
中山義秀(1969)『秋風』新潮文庫
夏目漱石(1951)『こころ』角川文庫
武者小路実篤(1947)『友情』新潮文庫

『CD-ROM版 新潮文庫の100冊』(1995)の中から
井上 靖『あすなろ物語』
井上ひさし『ブンとフン』
大江健三郎『死者の奢り』
開高 健『パニック』
高野悦子『二十歳の原点』
筒井康隆『エディプスの恋人』
竹山道雄『ビルマの竪琴』
立原正秋『冬の旅』
福永武彦『草の花』
曽野綾子『太郎物語』
三島由紀夫『金閣寺』
水上 勉『雁の寺』
宮本 輝『錦繍』
藤原正彦『若き数学者のアメリカ』
星 新一『人民は弱し官史は強し』

# 平安期日本語における動詞述語文の主語標示
—ノ格[1]とガ格のふるまいから

高山道代

　平安期日本語において、動詞述語文の主語標示機能は複数の形態によってになわれている。ノ格とガ格については、その機能上の類似性によりこれまでも多く対照されてきたが、本稿では、格システムのなかでの主語標示のありかたの一端を捉えるため、ハダカ格[2]もふくめた三形態について対照する。

　はじめに、高山(2006、2008)に基づき、句の機能上のタイプ、述語動詞のタイプ、主語名詞のカテゴリカルな意味の各側面において、ノ格とガ格の類似性と相違性をハダカ格との対照によりしめす。次に、これをふまえて、ノ格とガ格の相違点の一つとして人名詞を主語とする場合についてとりあげる。

## 1. ノ格とガ格の類似性と相違性

### 1.1. 句の機能上のタイプ

　主語名詞のおかれる句の機能の側面からのべると、平安期日本語におけるハダカ格は連用形従属節を中心に、終止形主節や連体形従属節にも広く用いられる[3]。これに対し、ノ格とガ格はともに連体形従属節に偏ってもちいられており、ハダカ格とは異なる分布をみせる。表1および表2では、規定節を「名詞句節」、準体句節と助辞後続句節を「従属節A」とし、連体形従属節を二分している。また、連用形従属節と条件形従属節を「従属節B」としている。「主節」には引用句節もふくめている。

表1から、ノ格は436例中382例(約83.0％)が連体形従属節の主語として用いられ、若干ではあるがその他のタイプの句節においても用いられることがわかる。また、表2から、ガ格の場合も同様に、大半(34用例中26例(約76.5％))が連体形従属節の主語として用いられ、その他の句節の主語標示としても用例は少ないながら分布することがわかる。両形態は動詞文主語標示全体のなかで連体形従属節内の主語標示に偏って機能する点において、また、少ないながら他の句のタイプの主語標示としても用いられる点において、おおよそ同様の傾向をみせる。

**表1　ノ格主語と句の機能**[4]

| 動詞のタイプ＼句の機能 | 名詞句節 | 従属節A | 従属節B | 主節 | 計 |
|---|---|---|---|---|---|
| 非能動的自動詞 | 41 | 44 | 12 | 3 | 100 |
| 能動的自動詞 | 45 | 59 | 2 | 13 | 119 |
| 他動詞 | 104 | 69 | 27 | 17 | 217 |
| 計 | 190 (43.6％) | 172 (39.4％) | 41 (9.4％) | 33 (7.6％) | 436 (100.0％) |

**表2　ガ格主語と句の機能**

| 動詞のタイプ＼句の機能 | 名詞句節 | 従属節A | 従属節B | 主節 | 計 |
|---|---|---|---|---|---|
| 非能動的自動詞 | 2 | 1 | 0 | 0 | 3 |
| 能動的自動詞 | 2 | 0 | 1 | 1 | 4 |
| 他動詞 | 13 | 8 | 2 | 4 | 27 |
| 計 | 17 (50.0％) | 9 (26.5％) | 3 (8.8％) | 5 (14.7％) | 34 (100.0％) |

## 1.2. 述語動詞のタイプ

　次に、主語と対応する述語動詞のタイプ[5]に即してのべる。平安期日本語におけるハダカ格の大半は非能動的自動詞文の主語および他動詞文の対象語として用いられており[6]、他動詞文の主語標示としての用法はハダカ格の機能全体のなかではそれほど多くない。ノ格は他動詞文の主語から非能動的自

動詞文の主語まで広く標示するが、そのおよそ半数が他動詞文の主語標示に用いられている。ガ格は他の二形態にくらべて、用例が少なく安定した機能をそなえているとは言い難いが、他動詞文の主語標示に多くもちいられる点においてノ格と類似の傾向をもつ。ただし、他動詞文の主語標示への用例の偏りの程度はノ格よりも顕著であり、ガ格の特徴としてみとめられる（表3ではガ格79.4%、ノ格49.8%）。

表3　述語動詞のタイプと主語名詞の形態

| 動詞のタイプ＼名詞の形態 | ハダカ格 | ノ格 | ガ格 | 計 |
| --- | --- | --- | --- | --- |
| 非能動的自動詞 | 570 | 100 | 3 | 673 |
| 能動的自動詞 | 161 | 119 | 4 | 284 |
| 他動詞 | 252 | 217 | 27 | 496 |
| 計 | 983 | 436 | 34 | 1453 |

## 1.3. 主語名詞句のカテゴリカルな意味

　ハダカ格は非能動的自動詞の主語として現象名詞や事象名詞を多く標示する傾向にあるが（高山2001、2003）、他動詞文や能動的自動詞文のなかでは人名詞の標示にも広く用いられる。ノ格は他動詞文や能動的自動詞文の主語として人名詞を多く標示する傾向にあるが、非能動的自動詞文においては人名詞以外の名詞も広く標示している。一方、ガ格は他動詞文の主語として人名詞に偏りをもってもちいられており、ハダカ格ともノ格とも大きく様相を異にする。動詞文主語の名詞のカテゴリカルな意味における分布の仕方において、ハダカ格とノ格は対照的であるが、ガ格に比して相対的に類似する側面のあることがわかる。

表4 動詞文主語標示における人名詞のあらわれやすさ

| 動詞のタイプ<br>名詞の形態 | 他動詞 | 能動的<br>自動詞 | 非能動的<br>自動詞 | 計 |
|---|---|---|---|---|
| ハダカ格 | 240/252 | 128/161 | 35/570 | 403/983 |
| ノ格 | 207/217 | 94/119 | 13/100 | 314/436 |
| ガ格 | 27/27 | 4/4 | 3/3 | 34/34 |
| 計 | 474/496 | 226/284 | 51/673 | 751/1453 |

　人名詞を標示する割合を動詞のタイプごとにみると、ハダカ格とノ格は他動詞文においてもっとも高く、能動的自動詞文ではそれより低く、非能動的自動詞文になるとほとんど人名詞を標示しないというように、動詞のタイプに応じて人名詞を主語とする割合も異なることがわかる。一方、ガ格の場合は動詞のタイプにかかわらず、今回の調査範囲におけるすべての用例において人名詞を主語としており、これも、ガ格の主語標示機能の特徴となっている。

　なお、動詞文全体において人名詞を主語とする割合は、ハダカ格において約41.0%、ノ格において約72.0%、ガ格において約100.0%みとめられ、各形態が他動詞文主語としてあらわれる割合は、それと呼応するように、ハダカ格において約25.6%、ノ格において約49.8%、ガ格において約79.4%となっている。人名詞であることと他動詞文の主語であることには相関性がうかがえる[7]。

### 1.4. ノ格とガ格の相違性

　これまで述べてきたように主語標示のノ格とガ格は、連体形従属節の主語標示に偏る点においてハダカ格と異なり、類似性がみとめられる。また、他動詞文の主語を多く標示する点においてもハダカ格に比してノ格とガ格が相対的に類似の傾向をもつものの、分布の偏りの程度において両者は相違をみせる。名詞のカテゴリカルな意味の面では、動詞文主語標示全体のなかでハダカ格は現象名詞や事象名詞に多く用いられるものの人名詞にも広く用いられ、ノ格は人名詞に多く用いられるものの人名詞以外の名詞にも幅広く用いられるというように、ハダカ格とは好対照の様相をみせる。ガ格は人名詞に

偏って用いられ、ハダカ格やノ格とは分布の様相を大きく異にする。

このように、三形態の主語標示機能について諸側面から検討すると、ノ格とガ格はハダカ格に比して常に顕著な類似性を有しているわけではなく、特に、主語名詞のカテゴリカルな意味の面ではハダカ格とノ格がガ格に対して相対的類似性をもっているといえ、ノ格とガ格は相違することがわかる。

## 2. 人名詞を主語標示する場合の相違

### 2.1. 人名詞の文法的意味区分

本稿では、ノ格とガ格の動詞文主語標示における差異の一つとして、人名詞を標示する場合についてとりあげる。高山(2008)では両形態が人名詞を主語標示する場合、ノ格は「人」「世人」などの不特定性の高い名詞を多く標示するが、ガ格は「わ」「惟光」のような特定性の高い人名詞の標示に偏りがみとめられることを指摘した。本稿では、高山(2008)で指摘した「特定性」について文法的意味および指示的意味の両側面から整理する。野村(1993a、b)では「実体性」「属性性」という概念からノとガの差異を指摘しており、本稿における「特定性」と関わるが、名詞のカテゴリカルな意味についてはふれられていない。本稿では両形態が名詞のカテゴリカルな意味のうえで相違し、特に、ガ格が人名詞の標示に偏る点でノ格との相違が顕著であることから、まずはじめに、人名詞の文法的意味のうえでノ格とガ格を対照する。

他の条件をそろえるため、句の機能のタイプ、述語動詞のタイプの両面でノ格とガ格が中心的機能をはたしており、かつ、ハダカ格の主語標示機能との対立がみとめられる連体形従属節の他動詞文主語に限定して対照する。主語標示機能のなかではかなり限られた範囲をとりあげることになるが、連体形終止法の一般化、ガ格主語標示の定着化といった古代語から現代語への変化を考えるうえで意義のあるものと思われる。

なお、人名詞は鈴木重幸(1972)の文法的意味区分を参考にし、①代名詞、②固有名詞、③普通名詞、④複数名詞・集団名詞にわけて考える。以下、主語名詞句の三形態(ハダカ格、ノ格、ガ格)の各用例を、上記意味区分に沿っ

### 2.1.1. ハダカ格

（1） 会：「…かしこく教へたつるかなと思ひたまへて、われ[9]たけく言ひそしはべるに、すこしうち笑ひて、…」　　　　　　　　　　（帚木）①

（2） 地：惟光入りて、めぐるめぐる人の音する方やと見るに、いささかの人げもせず。　　　　　　　　　　　　　　　　　　　　　　（蓬生）②

（3） 地：世の人なびき仕うまつること、昔のやうなり。　　　　　（澪標）③

（4） 地：かの大弐の北の方上りて驚き思へるさま、侍従が、うれしきものの、いましばし待ちきこえざりける心浅さを恥づかしう思へるほどなどを、いますこし問はず語りもせまほしけれど、…　　　　　　（蓬生）③

（5） 地：例の女ばら、「いかがはせん。そこそは世の常のこと」とて、取り紛らはしつつ、目に近き今日明日の見苦しさをつくろはんとする時もあるを、　　　　　　　　　　　　　　　　　　　　　　　（蓬生）④

（6） 地：帝おりゐさせたまはむの御心づかひ近うなりて、この若宮を坊に、と思ひきこえさせたまふに、…　　　　　　　　　　　　（紅葉賀）③

（7） 地：さぶらひにまかでたまひて、人々大御酒などまゐるほど、　　　　　　　　　　　　　　　　　　　　　　　　　　　　　　　（桐壺）④

（8） 地：木高き紅葉の蔭に、四十人の垣代、いひ知らず吹き立てたる物の音どもにあひたる松風、まことの深山おろしと聞こえて吹きまよひ、…　　　　　　　　　　　　　　　　　　　　　　　　　　（紅葉賀）④

　ハダカ格が他動詞文主語として人名詞を標示する割合は62例中61例と高い。表5にしめしたように、人名詞の文法的意味区分において、ハダカ格は代名詞から複数・集団名詞まで広く用いられるが、その多くは一般性の高い普通名詞や複数名詞であり、なかでも普通名詞への用例の偏りがみとめられる。

　ハダカ格の他動詞文主語標示は人名詞への偏り方が顕著である点でガ格と類似しているが、人名詞の文法的意味区分からみた分布の様相は普通名詞や複数名詞を多く標示する点でノ格（後述）と類似する。

なお、「大臣」「后」「帝」などは普通名詞であるが、指示的意味により固有名詞に準じた用いられ方をしていることが多い。「かの大弐の北の方」のように規定成分にかざられ、高い指示性をおびる場合もある。

表5　ハダカ格(他動詞文主語62例中人名詞61例)

| 文法的意味区分 | ①代名詞 | ②固有名詞 | ③普通名詞 | ④複数・集団名詞 |
|---|---|---|---|---|
| 用例数 | 1 | 2 | 44 | 14 |

2.1.2.　ノ格

(9)　心：「いさや、ここの人目も見苦しう、かの思さむことも若々しう、出でゐんが今さらにつつましきこと」と思すに、…　　　(賢木)①

(10)　会：「よろづのこと、ありしにもあらず変りゆく世にこそあめれ、戚夫人の見けむ目のやうにはあらずとも…」　　　(賢木)②

(11)　心：かの下が下と人の思ひ捨てし住まひなれど、その中にも、思ひのほかに口惜しからぬを見つけたらばと、めづらしく思ほすなりけり。
　　　　　　　　　　　　　　　　　　　　　　　　　　　　(夕顔)③

(12)　地：世の人の思へる寄せ重くて、おぼえことにかしづけり。(賢木)③

(13)　地：院の思しのたまはせしさまのなのめならざりしを思し出づるにも、…　　　　　　　　　　　　　　　　　　　　　(賢木)③

(14)　会：「世は尽きぬるにやあらむ。…故宮の思さんところによりてこそ…」　　　　　　　　　　　　　　　　　　　　　　(薄雲)③

(15)　地：この殿の蔵人になしかへりみたまひし人なれば、いとも悲し、いみじと思へども、また見る人々のあれば、聞こえを思ひて、しばしもえ立ちとまらず。　　　　　　　　　　　　　　　　　　(須磨)③

(16)　地：人々の語りきこえし海山のありさまを、はるかに思しやりしを、…　　　　　　　　　　　　　　　　　　　　　　(須磨)④

(17)　地：親たちのかく思ひあつかふを聞くにも、似げなきことかな、と思ふに、ただなるよりはものあはれなり。　　　　　　(明石)④

(18)　地：黒貂の皮ならぬ絹綾綿など、老人どもの着るべき物のたぐひ、かの翁のためまで上下思しやりて、奉りたまふ。　　　(末摘花)④

ノ格においても他動詞文主語における人名詞の割合は173例中154例と高く、他の形態と同様であるが、他の二形態に比べると用例の偏り方はやや緩やかである。人名詞のなかでは、「人」「人々」などの一般性の高い名詞や複数名詞を多く標示し、なかでも「人」は40例ほどみとめられ、普通名詞への偏りが顕著である。代名詞から複数・集団名詞まで人名詞全般を主語標示する点ではハダカ格の分布と類似する。

　「このすき者」「あのつらき人」のように規定成分にかざられることもあるが、ノ格の場合、「かの尼君など」「継母の北の方など」のように接尾辞「など」を伴う用例が多く、この場合、特定性をあえて弱めるはたらきをしているものと考えられる。

表6　ノ格(他動詞文主語173例中人名詞154例)

| 文法的意味区分 | ①代名詞 | ②固有名詞 | ③普通名詞 | ④複数・集団名詞 |
| --- | --- | --- | --- | --- |
| 用例数 | 1 | 4 | 133 | 16 |

2.1.3.　ガ格

(19)　心：中宮、御目のとまるにつけて、春宮の女御のあながちに憎みたまふらむもあやしう、わがかう思ふも心うしとぞ、みづから思しかへされける。　　　　　　　　　　　　　　　　　　　　　　　(花宴)①

(20)　会[10]：「おのが、いとめでたしと見たてまつるをば、尋ね思ほさで、かくことなることなき人を率ておはして、…」　　　　(夕顔)①

(21)　地：公茂が仕うまつれるが、いといみじきを奉らせたまへり。　　　　　　　　　　　　　　　　　　　　　　　　　　(絵合)②

(22)　会：「…阿倍のおほしが千々の金を棄て、火鼠の思ひ片時に消えたるもいとあへなし。…」　　　　　　　　　　　　　(絵合)②

(23)　会：「…いとよく隠したりと思ひて、小さき子どもなどのはべるが、言あやまりしつべきも言ひ紛らはして、…」　　　　(夕顔)③

(24)　地：惟光尋ねきこえて、御くだものなど参らす。右近が言はむこと、さすがにいとほしければ、近くもえさぶらひ寄らず。　(夕顔)③

表7　ガ格(他動詞文主語21例中人名詞21例)

| 文法的意味区分 | ①代名詞 | ②固有名詞 | ③普通名詞 | ④複数・集団名詞 |
|---|---|---|---|---|
| 用例数 | 11 | 4 | 6 | 0 |

　他動詞文のなかで人名詞を主語標示する場合において他の二形態と対照すると、ガ格は人名詞の占める割合がきわめて高い点においてハダカ格と類似の傾向をみせるものの、人名詞の文法的意味区分における分布の様相において、他の二形態とは大きく相違する。ハダカ格やノ格は普通名詞を中心に分布をみせ、代名詞や固有名詞を標示しにくい傾向があるのに対し、ガ格はこうした代名詞や固有名詞を積極的に主語標示する。ハダカ格とノ格は一般性の高い人名詞を、それに対してガ格は特定性の高い人名詞を積極的に主語標示する傾向があるといえる。

　しかし、人・普通名詞の主語標示には、ハダカ格やノ格だけでなくガ格が用いられる場合も21例中6例みとめられ、なお、異なる観点からの検討が必要である。

## 3.　人・普通名詞における特定性

　以下にあげるのはハダカ格の場合であるが、人・普通名詞には用例(25)のように規定成分にかざられることによって特定性が付与される場合と、用例(26)のように規定成分をともなわずに指示的意味により高い特定性をそなえる場合とがみとめられる。

(25)　地：かの大弐の北の方上りて驚き思へるさま、侍従が、うれしきものの、いましばし待ちきこえざりける心浅さを恥づかしう思へるほどなどを、いますこし問はず語りもせまほしけれど、…　　　　　　　(蓬生)
(26)　地：帝おりゐさせたまはむの御心づかひ近うなりて、この若宮を坊に、と思ひきこえさせたまふに、…　　　　　　　(紅葉賀)

　用例(26)における「帝」は文法的意味区分のうえでは特定性をもたない普

通名詞であるが、指示的意味においては特定性の高い名詞といえる。

ガ格主語標示における人・普通名詞の用例には、上記の用例(23)、(24)のほかに、(27)「侍従が」、(28)「母君の御祖父、中務宮と聞こえるが」、(29)「かのむげに息も絶えたるやうにおはせしが」、(30)「やむごとなき方のおぼつかなくて、年月を過ぐしたまふが」などの用例(4例)がある。「右近が」「侍従が」などの普通名詞のみの形のものは文脈から指示的意味における特定性をそなえているものと判断される。また、ガ格には準体句節の主語が多くみとめられるが、これらは規定成分によって特定性を付与される場合に準ずるものとみることができる。さらに、用例(29)のガ格名詞は葵の上の様子をあらわしており、用例(30)では紫の上のことをさしている[11]ものと文脈から判断されるが、この場合、規定成分にかざられることによるだけでなく指示的意味によっても特定性が付与されているとみることができる。

文法的意味区分においては普通名詞でありながら、規定成分をともなったり指示的意味を有したりすることで特定性がみとめられる用例は、人・普通名詞全体のなかで以下の割合であらわれる。

　人・普通名詞：216例中
　　ハダカ格：29例／58例(50.0%)
　　ノ格：70例／152例(約46.1%)
　　ガ格：6例／6例(100.0%)

ハダカ格、ノ格については人・普通名詞全体のおよそ半数において特定性がみとめられ、ガ格は用例が少ないものの今回の調査では、すべての用例に特定性がみとめられるというように、人・普通名詞の指示的意味における特定性の面では、ハダカ格とノ格が類似し、ガ格と対立の様相をみせる。

## 4. おわりに

以上のように、本稿では、連体形従属節における他動詞文主語に限定し、人名詞の「特定性」の面からノ格とガ格を対照した。人名詞は、代名詞や固

有名詞などの場合はガ格によって、普通名詞の場合にはノ格によって主語標示される傾向がみとめられる[12]というように、文法的意味区分においてより特定性の高い名詞がガ格で標示される傾向のあることがわかる。さらに、ガ格は人・普通名詞の主語標示にも用いられるのであるが、この場合の主語名詞は、規定成分をともなったり指示的意味を有したりすることによって高い割合で特定性がみとめられる。このように、主語となる人名詞の「特定性」におけるノ格とガ格の差異は、名詞の文法的意味におけるよりも指示的意味をより詳細に反映したものとなっていることが指摘できる。

## 注

1 松本(1982)では喜界島方言のガ格を「能格専用ではなく、属格(連体格)との共用」の格形式とみている。このような観点にたって、平安期日本語のガ格・ノ格も主語標示機能の側面から分析できるものと考える。

2 文法体系をつくる一つの形式として助辞によらない格標示形式をみとめる鈴木重幸(1972)による。本稿では、表記上の便を図り、「はだか格」「の格」「が格」を「ハダカ格」「ノ格」「ガ格」のように記す。

3 高山(2003)の調査による。丹羽(1989)では、現代語における「無助詞格」は「文頭に近い位置にあるほど主題性が高い」ことを指摘しているが、古代語のハダカ格にも同様のことがみとめられ、その場合、主節の主語としてあらわれやすい。本稿でとりあげるハダカ格は主題性がみとめられる場合も主述関係が明確であるものは分析対象としている。

4 表1〜4はいずれも高山(2004)の調査をもとに整理しなおしたものである。『源氏物語』(桐壺〜朝顔巻)を調査対象とし、テキストには日本古典文学全集(旧)『源氏物語』(小学館)を用いている。

5 本稿では高山(2006)の動詞の区分を用い、自動詞を二分して能動的自動詞と非能動的自動詞とする。詳細は日本語文法学会第7回大会発表予稿集(110ページ)を参照されたい。

6 ハダカ格が主体変化動詞の主格と主体動作客体変化動詞の対格に多くもちいられることについては、名詞と動詞のむすびつきの観点から記述的調査をおこない、高山(2001、2003、2004など)にのべている。

7 高山(2004)では、名詞と動詞のむすびつきにおいて、主体動作客体変化動詞の主格には人名詞を代表する活動体名詞が用いられ、主体変化動詞の主格には現象名詞や事象名詞が用いられる傾向にあることから、古代語では、連語を構成する名

詞のカテゴリカルな意味と動詞の文法的なタイプとが相関することを指摘した。本稿では、文のレベルにおいて、主語名詞のカテゴリカルな意味と述語動詞のタイプとが相関することを指摘している。他動詞文主語を文のレベルでとらえる必要性については、鈴木康之氏よりご指摘をいただいた。

8  文体の差異については本稿ではとりあげないが、歌の用例は除き、文体の別を用例のはじめに記した。例：会話文＝会
9  反照代名詞的な用法もみとめられるが本稿ではこの問題にはふれないこととする。
10 ガ格は他の二形態に比べると用例が少なく、主語標示としての安定した機能をそなえているとは言い難い。また、本稿では文体的な差異について積極的にとりあげていないが、ガ格主語は会話文のなかで多くみとめられる点においてもハダカ格やノ格の場合とは異なる。
11 大野(1977)は万葉集の用例から、奈良期において準体句がガ格のかたちで主語標示されるとき、「ウチ」の人間(自身や親族など)の行為として表現されていることを指摘するが、本稿の調査における準体句にも同様の用法がみとめられた。
12 本稿であつかう名詞の「特定性」と他動詞文主語へのなりやすさとの関わりについては、Silverstein, M.(1976)の名詞句階層による指摘と重なる。

**参考文献**

鈴木重幸(1972)『日本語文法・形態論』むぎ書房
大野　晋(1977)「主格助詞ガの成立(上)」『文学』45–6
松本泰丈(1982)「琉球方言の主格表現の問題点―岩倉市郎『喜界島方言集』の価値―」『国文学　解釈と鑑賞』47–9
丹羽哲也(1989)「無助詞格の機能―主題と格と語順―」『国語国文』58–10
野村剛史(1993a、b)「上代語のノとガについて(上)(下)」『国語国文』62–2
野村剛史(1993b)「上代語のノとガについて(下)」『国語国文』62–3
高山道代(2001)「古代日本語のハダカ格について―源氏物語の用例を通して―」日本語文法学会第2回大会(於和光大学)予稿集(96–105ページ)
高山道代(2003)「源氏物語における主格表現としてのハダカ格とノ格について」『人間文化論叢』5　お茶の水女子大学人間文化研究科
高山道代(2004)「古代日本語におけるハダカ格について」お茶の水女子大学博士論文(未公刊)
高山道代(2006)「絶対格的ハダカ格の展開」(パネルセッション「日本語史における主語標示―その変遷と背景にあるもの―」)日本語文法学会第7回大会(於神戸大学)予稿集(103–111ページ)
高山道代(2008)「主語表示の名詞ノと名詞ガ―源氏物語における用例から―」『対照言語学研究』18

Silverstein, M.(1976) Hierarchy of features and ergativity. In Dixon 1976: 112–71.

# 形容詞派生の名詞〜サのデ中止形

津留崎由紀子

## 1. はじめに

　形容詞[1]の語幹に接尾辞「さ」をつけると「寒さ」「美しさ」などの派生名詞(以下「〜サ」とする)ができる。〜サは多くの形容詞から派生され[2]、元の形容詞の意味をひきつぎながら文法的には名詞として主語や補語などになる。また、〜サは形容詞と同様に性状規定文の述語になるが、形容詞と異なり、単独で述語になることができず、必ず前接する部分(以下、「連体部」とする)を必要とする。

（1）　室内は、春のように暖かい。
（2）　室内は、春のような暖かさだ。

　(1)は「春のように」を取り去っても成り立つが、(2)の「春のような」という連体部を取り去った「室内は暖かさだ」という文は成り立たない[3]。本稿は、「連体部〜サ＋デ」という形をとる述語名詞のデ中止形が後続節に対してどのような関係的意味を表すかを示し、関係的意味ごとに、〜サの種類と連体部の意味、および〜サと連体部との関係がどのように異なるかを明らかにしようとするものである。

## 2. 接尾辞サのはたらきと〜サの2つの用法

　「広さを測る」の「広さ」は面積の意味で、「広い」という形容詞の意味に程度概念が加わっている。一方、「暑さを感じる」の「暑さ」は、「暑い」という形容詞の意味そのものが名詞化されている。西尾(1995：103-104)は、接尾辞サを、「第一に程度概念の名詞を作る働きが目立」つとしながらも、「形容詞などのあらわす内容ほぼそのままに名詞化するもの」と結論づけている。

　新屋(2006)は、〜サを述語とする性状規定文について考察し、連体部と〜サからなる述部を、程度を客観的に規定し、評価的に中立な中立的用法と話し手の持つ一定の価値観を基準として程度を規定し、評価を含む評価的用法に二分している。「居間は八畳の広さだ」は中立的用法、「室内は熱帯のような暑さだ」は評価的用法である。中立的用法の〜サは形容詞に程度概念が加わった〜サ、評価的用法の〜サは形容詞のもつ意味がそのまま名詞化された〜サだと考えられる。

## 3. 〜サのデ中止形の表す関係的意味

　述語名詞および形容詞の中止形が後続節に対して表す関係的意味には、〈並列〉〈前提〉〈先行事態〉〈原因〉〈注釈〉〈解説〉〈評価〉〈副状態〉がある。収集した〜サのデ中止形の用例には、〈先行事態〉以外すべて存在した。（用例の出典は略称表記。）

（3）〈並列〉その幹とてもすべて一抱えの大きさで丈も高い。　　　　（み）
（4）〈前提〉地下室は物置程度の広さで、ベッドがその三分の一程度を占めていた。　　　　（世）
（5）〈原因〉それにひどい暑さで、妻のはだけた胸に抱きこまれている二歳の男の子は、ひいひい泣き通しでした。　　　　（た）
（6）〈注釈〉［その日の真紀子は］昨夜とはうって変った淑やかさで化粧も絶えず気をつけ、彼を見上げる眼も細かい心遣いに生き生きと変化

し、些細な買物にも久慈のままに随った。　　　　　　　　　　（旅）
（7）〈解説〉縫子は年かさの娘のものわかりのよさで、優しく力づけた。
　　　「心配はいりませんよ。(略)」　　　　　　　　　　　　（播）
（8）〈評価〉「―けれどもなまじっか人並以上の暮しをしていた悲しさで今
　　　更他人の台所を這いずる気にもなれず(略)」　　　　　　（一）
（9）〈副状態〉重い古い瓦屋根が、同じ高さで、湿った月の下に押し並ん
　　　でいた。　　　　　　　　　　　　　　　　　　　　　　（金）

　〜サのデ中止形は、(3)は後続節と対等なコトガラ、(4)は後続節の細部に対する全体的特徴、(5)は後続節のデキゴトの原因を表している。(6)〜(8)は、後続節において述べられるコトガラについて語り手の注釈、解説、評価を〜サのデ中止形によって先に述べたものである。(6)は「その日の真紀子」の具体的動作を「昨夜とはうって変った淑やかさ」とまとめ、(7)は人の行為が「年かさの娘のものわかりのよさ」に起因すると解説し、(8)は語り手自身の心理状態に対する評価的感想を述べている。(9)は、モノ全体の状態を表す後続節に対して高さという側面の状態を表している。

　中止形はテンスやモダリティーを表し分ける形がないため、中止形述語は文末述語に比べて述語性が弱い。中止形述語が後続節に対する関係的意味を表すという別の機能をもつと、さらに述語としての機能は弱まっていく[4]。〈並列〉〜〈原因〉を表す〜サのデ中止形は先行節の述語としてはたらき、後続節と異なる主語をとることができる。〈注釈〉を表す〜サのデ中止形は述語としての機能ももつが、後続節と異なる主語をとることはできない。〈解説〉〈評価〉〈副状態〉を表す〜サのデ中止形に述語性はなく、(7)(8)は語り手の心的態度を表す陳述成分、(9)は後続述語の修飾成分になっている。

　中立的用法の用例数の割合についてみると、関係的意味によって偏りがあることがわかる。〈並列〉の用例の40％、〈前提〉の用例の50％、〈原因〉の用例の8％(4例)、〈副状態〉の用例の11％が中立的用法だが、他の関係的意味を表す用例には存在しない。〜サのデ中止形が〈並列〉〈前提〉を表す例には、(3)(4)のように、モノゴトの客観的な複数の側面を述べる文において、その最初に述べる側面の性状を〜サのデ中止形で表すという例が多い

ので、中立的用法が多くなる。〈副状態〉を表す例も、(9)のように、モノやヒトの状態や運動に付随する客観的な位置や形状などの副次的な側面を〜サで述べる場合に、中立的用法が用いられる。中立的用法の〜サのデ中止形が〈原因〉を表す4例については、後述する。

## 4. 関係的意味ごとにみる〜サと連体部の特徴

### 4.1. 〈並列〉〈前提〉を表す〜サのデ中止形

後続節と並べられるだけで、意味的に必然的な結びつきがないのが〈並列〉〈前提〉を表す中止形である。先行・後続節が意味的にも構文的にも対等な場合、節の順序は入れ換えられ、中止形は〈並列〉を表す。また、二つのコトガラが述べられるべき順序(概要—詳細、全体—部分など)にしたがって述べられると、節の順序は入れ換えられず、中止形は〈前提〉を表す。(10)(11)は〈並列〉、(12)〜(14)は〈前提〉の例である。

(10) 彼の郷里熊本などは、昼間は<u>百度近い暑さ</u>で、夜も油汗が流れてやまぬ程蒸暑い夜が少くない。　　　　　　　　　　　　　　　　(みみ)

(11) 巷の百万の屋根屋根は、皆々、<u>同じ大きさ</u>で同じ形同じ色あいで、ひしめき合いながらかぶさりかさなり、(略)。　　　　　　　　(彼)

(12) 花と云ってもほんの粟粒ほどの<u>大きさ</u>で、同じくこまかなしなやかな冬枯の枝のさきにつぶつぶとして黄いろく咲きいづる。　　(花)

(13) なかは十畳敷ほどの<u>広さ</u>で二つに区切られ、奥の半分は床より一段高い壇であった。　　　　　　　　　　　　　　　　　　　　　　(忍)

(14) [百貨店は] 夜間営業で、店内は<u>頭痛のするやうな明るさ</u>で、造花のさくらの枝が方々に飾ってある。　　　　　　　　　　　　　(朝)

〜サの語例
　〈並列〉大きさ4、太さ、重さ、速さ、暑さ、柔かさ、安らかさ、つらさ、はかなさ、美しさ

　〈前提〉大きさ7、広さ6、高さ3、深さ2、静けさ2、暖かさ2、若さ2、

長さ、明るさ、薄暗さ、青さ、白さ、せせっこましさ、壮麗さ、清潔さ、異様さ、憎さ、美しさ、丈夫さ

〈並列〉〈前提〉を表す〜サのデ中止形には、人について述べる例は少なく、モノや状況について客観的に述べる文が多い。そのため、形状や色彩、明度、温度、音など、客観的な特徴や状態を表す〜サと、(12)(13)のように、数値や同程度のものをあげて客観的に程度を規定する連体部が多い。(14)のような比喩表現で程度の高さを表す連体部もあるが、(14)も、先行節と後続節は並べられているのみで、後続節において述べられる内容と因果関係がある〈原因〉を表す例とは異なっている。

## 4.2. 〈原因〉を表す〜サのデ中止形

中止形が表す〈原因〉には、先行・後続節に時間的な先後関係のある〈先行原因〉((15)(16))と、先後関係のない〈条件〉((17)(18))、後続節が先行節を根拠とした判断や評価を表す〈根拠〉((19)(20))が存在する。

(15) 然しここの電車は、人の歩いているのと同じ位の早さで、しまいに腹が立ってイライラして来た。　　　　　　　　　　　　　　　　（大）
(16) (略)兵隊さんが、ペットを見ると口笛を吹いて、ビスケットを投げてくれた。ペットは、はげしいうれしさで、その兵隊さんの手へ飛びついていった。　　　　　　　　　　　　　　　　　　　　　　　　　　（美）
(17) じーんと時間の歩みが止まったような蒸暑さで、新聞をひろげて切抜記事を探していると、うつらうつらするのだった。　　　　　　　（青）
(18) 言葉の通じない外国へでもやってきたような心細さで、一本松のわが家のあたりばかりを見やっていた。　　　　　　　　　　　　　（瞳）
(19) 夜の元村は只波の音だけの静けさで、これだけは大変いゝ。　　（原）
(20) 理一の傷は、左胸の上膊の筋肉に深さ三センチ、右肩は肩胛骨に達する深さで、全治一月は要する、ということであった、　　　　　（冬）

〈先行原因〉悲しさ2、うれしさ、忙しさ、痛さ、早さ、ゆかしさ、こ

　　　　　　　そばゆさ、うまさ
〈条件〉　　寒さ4、暑さ3、暖かさ2、蒸暑さ、静けさ、不安定さ、ひ
　　　　　　どさ、心細さ、胸苦しさ、おかしさ、恐ろしさ
〈根拠〉　　大きさ3、深さ2、美しさ2、強さ、暑さ、静けさ、忙しさ、
　　　　　　壮大さ、気やすさ、不親切さ、似合わしさ、聡明さ、器用
　　　　　　さ、うれしさ、大胆さ

　〜サのデ中止形が〈先行原因〉を表す例は、先行・後続節ともに時間軸上のデキゴトが述べられる。(15)は、電車が人と同じ位の早さだった、心理変化が起きたという主体の異なる二つのデキゴトが並べられ、「しまいに」によって時間的先後性が補足されている。(16)は、有情物がある心理状態になった結果、意志的行為を行うという先行・後続節が同一主体の文である。〜サのデ中止形が〈条件〉を表す(17)は気温とその中で起こっているデキゴト、(18)は感情とくり返しの行為に因果関係が生じている。(17)は先行・後続節の主体が異なり(18)は同じだが、どちらも二つのデキゴトは同時である。(19)(20)は後続述語が評価や判断、〜サのデ中止形はその〈根拠〉を表す。

　〜サをみると、〜サのデ中止形が〈先行原因〉を表す例には感情形容詞から派生された〜サが多く、〈条件〉を表す例には気温や音など、デキゴトの周りの状況を表す〜サが多い。感情を表す〜サもある。〜サのデ中止形が〈根拠〉を表す例は、後続述語のほうが判断性、評価性が高いというのが重要な条件なので、〜サにそれほど特徴的な偏りはみられない。中立的用法も3例あり、客観的な側面を表す「大きさ」「深さ」が用いられている。

　連体部をみると、〜サのデ中止形が〈原因〉を表す例には連体部が程度の高さを表すが半数以上ある。〈並列〉を表す例にはなく、〈前提〉を表す例にも4分の1しかないのに比べ、〈原因〉を表す例の程度の高さを表す連体部の多さが際立つ。程度の高さを表す連体部は中立的用法にもあり、(15)では電車の「早さ」の程度が極端に低いことが表されている。(16)〜(20)の連体部からは、いずれも程度が高いという意味が読み取れる。モノゴトの程度が極端に高い、または低いというのは不安定な状況であり、デキゴトを引き

起こす原因や評価判断の根拠になりやすいからだと考えられる。

### 4.3. 〈注釈〉を表す〜サのデ中止形

(21) どこへもいかずに峠の村で山切りや漁師をしている吉次は、あいかわらず借りネコのようなおとなしさで、みんなのうしろにひかえ、水ばなをすすりあげながらだまって頭をさげた。　　　　　　　　（瞳）

(22) 皮膚の色もミルクの白さで、底の方から白い。　　　　　　（砂）

(23) その丸い、少し腫れたような顔は、童画風の鮮やかさで、白粉と紅に隈取られていた。　　　　　　　　　　　　　　　　　　（金）

　　　美しさ2、無頓着さ、鷹揚さ、狡猾さ、熱心さ、だらしなさ、静粛さ、
　　　おとなしさ、淑やかさ、やさしさ、物静かさ、てきぱきさ、気忙しさ、
　　　若々しさ、白々しさ、空しさ、鮮やかさ、賑やかさ、荒っぽさ、豪華さ、
　　　つまらなさ、痛さ、温かさ、真新しさ、白さ

　〈注釈〉を表す〜サのデ中止形は、後続節において述べられる具体的なコトガラを、語り手がひと言でまとめて先に述べるものである。人について述べる文が多く、(21)のように、後続節において述べられる人の具体的行為を一言でまとめる、人の態度や性格を表す評価的な〜サが多い。また、連体部は、(21)のように〜サの程度の高さを表す例と(22)(23)のように〜サの種類を類別する例がある。〈注釈〉を表す述語名詞の中止形には「ミルク色で」「童画風で」のような形で主体を類別する例が多い。〜サのデ中止形の用例は、これらが連体部にあり、さらに主体の性状を表す〜サが加わることで、連体部が類別しているのがどのような性状なのかを〜サが表すことになる。

### 4.4. 〈解説〉を表す〜サのデ中止形

(24) それについて知らないものの大胆さで、伸子は、「フランスに、本気で研究するような新しい問題があるのかしら」とつぶやいた。　（道）

(25) 息子の嫁になってはくれまいかと相談を進めて来たのがそもそもの始まりである。老婦人は旅先の気軽さで、快く賛成した。　　（光）

(26) そのままの様子でそれに応えている桃子から順助へと、隣席の青年が青春の敏感さで目を移した。　　　　　　　　　　　（夜）

(27) 一円も払ってもらえそうにないその仕事を、利朗は持前の人のよさで快く引き受け、しかも可能なかぎり丹念に仕上げようとしていた。
　　　　　　　　　　　　　　　　　　　　　　　　　　　　　　（瞬）

　　敏感さ、鈍感さ、いっこくさ、頑固さ、大胆さ、ものわかりのよさ、おとなしさ、放胆さ、懇切さ、心弱さ、弱さ、円滑さ、身軽さ、自然さ、気軽さ、ぶえんりょさ、人なつっこさ、人のよさ

〈解説〉を表す述語名詞の中止形には、「いつもの癖で左手を振っていた[5]」という文の「いつもの癖で」のように、後続節において述べられる人の行為の理由や行動原理を語り手が解説するという一類型がある[6]が、～サのデ中止形の表す〈解説〉の例は全てここに分類でき、後続節の行為の主体はすべて人(有情物)である。(24)～(26)は、「それについて知らないものは大胆だ」「旅先(という状況)は気軽だ」「青春(の時期にある人)は敏感だ」のように、意味的には連体部が主語、～サが述語と解釈できる。～サは、人の行為の理由や行動原理となりうるような、人の性質や行為態度を表す語が多い。連体部は、すべて状況や年代などを表す総称的な意味のノ格名詞で、～サのデ中止形はモノゴトの一般的傾向が後続節の人の行為の理由だと解説している。

　(27)はこれらとは異なり、連体部と～サに主述関係はない。「持前の」「生来の」などの連体部と性格や態度を表す～サのデ中止形によって、主語の示す人の行為は本人の生来の性質に起因すると解説している。

### 4.5. 〈評価〉を表す～サのデ中止形

(28) 畿内や中国筋は、自分の足で歩き、眼でみて知っているばかりか、この稼業のありがたさで、諸国へ売りあるく売り子から耳にしている。
　　　　　　　　　　　　　　　　　　　　　　　　　　　　　　（国）

(29) よもやあの老練な人がその道に手抜りなどのあろうとは思われない。そこがそれ人の一生の測りがたさで、不図ある種牛を預かった為

に、意外な出来事を引起したのであった。　　　　　　　　　　　（破）
(30)　しかし、地方ジムに所属している悲しさで、中央にあるジムの政治力に負け、次々と出し抜かれてしまった。　　　　　　　　　　　（瞬）
(31)　多喜子が帰るしおを計っていると、幸治が案外の敏感さで、「まあ、よろしいでしょう」ととめた。　　　　　　　　　　　　　　　　（二）

　悲しさ4、浅ましさ3、ありがたさ3、辛さ、浅はかさ、測りがたさ、敏感さ、早さ

　〜サのデ中止形が〈評価〉を表す例の〜サは、主観的で評価的な意味をもつ。「悲しい」「つらい」などは感情形容詞だが、〈評価〉を表す〜サのデ中止形では、コトに対する評価の意味にずれている。(28)〜(30)の連体部のノ格名詞や連体形接続の句は総称的な意味を表すコトで、〜サの評価の対象であり、〈解説〉と同様、〜サの意味上の主語である。語り手が、後続節のデキゴトから「この稼業はありがたい」「人の一生は測りがたい」「地方ジムに所属していることは悲しい」という一般的な評価を引き出し、デキゴトに先立って述べている。
　「〜ものだ」の中止形「〜もので」が〈評価〉を表す例に、「友だちはありがたいもので、花子は何も言わなくても察してくれた。」のように、語り手が、個別的なデキゴトから敷衍して一般的なモノゴトへの評価に思い至り、その評価を、総称名詞を主語にして「〜もので」という形で述べるという例がある[7]。(28)〜(30)も同じ意味構造で、「この稼業はありがたいもので」のように、「〜もので」に言い換えることができる。
　(31)は、「幸治」が敏感に反応したことに対する思いがけないという語り手の評価を連体部の「案外の」が表し、行為に先がけて述べている。人の性格や日常を知る語り手が、眼前の行為を見て生じた意外な気持ちを述べるこのような〈評価〉の例は、同じく人の性格や日常を知る語り手が人の行為を生来の性格に起因すると述べる、〈解説〉の(29)のような例と対照的である。
　ところで、(28)〜(30)と同様の意味構造をもち〈評価〉を表す例は、〜サニ、〜サニハ、〜サφ、という形を含む文にも存在する。

(32) 与一の母や兄は身分ちがいの悲しさに、しょせんは泣き寝入りにするほかはなかった。　　　　　　　　　　　　　　　　　　　　（蛙）
(33) 片親の悲しさには、私は子供をしかる父親であるばかりでなく、そこへ提げに出る母親をも兼ねなければならなかった。　　　　　　　（嵐）
(34) 「わたくしには取れませんから。」と速記の出来ないことにかこつけて、何度か逃げているのだが、月給をもらっている悲しさ、どうしたって社長の命令にそむくわけにはいきゃしない。　　　　　　　（路）

　〜サが文末にある「〜の〜サ。」という形は、山田(1908)のいう感動喚体句の一種である。現代語においても、笹井(2005)は「この花の美しさ。」のような「〜の〜サ。」という形式を感嘆文とし、「〜の」は意味上の主語、「〜サ」は意味上の述語であるとする。(32)(33)の「〜の〜サ」は、形式上は連体格のノ格名詞とそれに飾られた名詞ではあるが、意味的には文の資格を持つ単位と考えることができる[8]。ノ格名詞だけではなく、(34)の連体形接続句の連体部も「月給をもらっていることは悲しい」と言え、〜サと意味上の主述関係がある。これらから、(28)〜(30)、(32)〜(34)の「〜の／連体形接続句〜サ＋デ」という形は、「〜サ＋ダ」という述語名詞の中止形とはいえず、意味的に文の資格をもつ単位がそのまま、またはデ、ニ、ニハをともなって文中に差し込まれて〈評価〉を表していると考えることができる。(24)〜(26)の〈解説〉を表す例も、連体部と〜サが意味上の主述関係にある点で、同様であると考えられる。

## 4.6. 〈副状態〉を表す〜サのデ中止形

(35) 二升もはいる大薬缶ほどの、鈍く光ったものが、地の上二、三尺ほどの高さで、プカリプカリと流れていった。　　　　　　　　　　（牢）
(36) 彼は、油で煮られるようないらいらしさで、兄の帰郷を七日の間空しく待ち明かした。　　　　　　　　　　　　　　　　　　　　（仇）
(37) 昔のまゝの美しさで女が坐ってゐる。　　　　　　　　　　　（晩）

　　美しさ9、若さ9、高さ6、重さ4、大きさ3、さびしさ3、長さ2、広

さ 2、深さ 2、黒さ 2、白さ 2、するどさ 2、静かさ 2、いらいらしさ 2、切なさ 2（2 例以上の語のみ）

　〈副状態〉とは、述語を修飾する修飾成分の中で、動きや状態のようすを詳しくするのではなく、動きや状態の中における主体の副次的状態を表すものをいう。「高さ」など、客観的な形容詞派生の〜サが多いのは、(35)のようなモノの動きや状態について述べる文で、モノの客観的な位置やサイズなどを〜サのデ中止形が表す例が多いからである。また、感情形容詞派生の〜サも多いが、これは(36)のような人の動きや状態について述べる文で、付随する心理状態や生理状態を表す〜サのデ中止形があるためである。用例の多い「美しさ」は、(37)のように動きや状態の中での主体の外観を表す。

　また、「美しさ」と同じく用例の多い「若さ」のデ中止形は、主体の動きや状態に付随する年齢という副次的状態を表すと同時に、後続節と逆接関係になっている。

(38)　正岡子規なんかは、<u>三十六歳の若さ</u>で死んでゐるが、（略）。　　（結）
(39)　<u>そんな若さ</u>で、自分の謙虚さの重みをちゃんと知っていた。　　（金）

　(38)は「三十六歳で」だけでも成り立つが、「若さで」によって後続節のデキゴトが起こるにはまだ若すぎるという意味が加わる。連体部には(39)のように「あの、その、そんな」などの指示語が多く、「若さで」が具体的な年齢を述べずに若さだけを強調し、後続節において述べられるコトガラとの矛盾を際立たせるために用いられている。

## 5.　おわりに

　述語名詞の〜サが先行節においてデ中止形になる文について考察した結果、〜サ、連体部、および〜サと連体部の関係は一様ではなく、関係的意味によって異なっていた。〈並列〉〈前提〉〈副状態〉には程度が数値化できるような客観的な意味の〜サと数字や同程度のものを示して程度を規定する連

体部が多い。〜サのデ中止形がこれらの関係的意味を表す文は客観的なコトガラを述べる文であり、形状や色、温度、音量など、客観的なモノの側面を表す〜サのデ中止形が中立的用法で使われる例は、ほぼこの3種に限られる。〈原因〉を表す〜サのデ中止形には、デキゴトの周りの状況や人の感情を表す〜サと程度の高さを表す連体部によって、温度や感情の程度の高さがデキゴトを引き起こすことを表す例が多い。〈注釈〉を表す〜サのデ中止形には、モノゴトや人の性格、態度を表す〜サが多く、連体部は、程度の高さを表すものと〜サを類別するものの両方が存在する。

　一方、他の関係的意味とは異なり、〜サのデ中止形が〈解説〉と〈評価〉を表す典型的な例では、連体部と〜サは意味上の主述関係がある。つまり、〈解説〉〈評価〉を表す〜サのデ中止形は、文相当の句「〜の／連体形接続句〜サ」がデによって文中に差し込まれ、語り手の心的態度を表す部分になったと考えられる。これは、津留崎(2002：119-120)において述べた、ことわざや慣用句のデ中止形が〈解説〉を表す「気がついたときはすでに遅しで、〜」などや、4.5.でも述べた〈評価〉を表す「〜もので」にも共通する。「文相当の句＋デ」が〈解説〉や〈評価〉を表す例については、さらに考察していきたい。


注
1　本稿の「形容詞」にはナ形容詞(形容動詞)も含む。
2　遠藤(1985)は、語形が短いほど〜サが作りやすく、文体的制約から文章語や俗語は〜サになりにくいとしている。森田(1980)は、「さ」がつきにくい語として「小高い」など「ある程度絶対的な程度を表す語」や「急だ、妙だ」などをあげている。
3　新屋は、「性状規定文の述語としての〜サは、連体部を必須とするという意味で、形式名詞的である。」(新屋2006：35)といい、さらに、述語となるために連体部を必要とする語彙の一つとして新屋(1989)の「文末名詞」をあげ、「〜サを『『文末名詞』の下位類と呼んでいいのではなかろうか」(新屋2006：43)としている。
4　高橋(1983)には、動詞の中止形の述語性が弱まるにつれ、意味や機能が変化する過程が述べられている。
5　渡辺(1974：141)の例による。渡辺(1971：142、1974：333)では、「いつもの癖で」

のような文の部分を「解説の誘導成分」と呼んでいる。
6 〈解説〉には、本稿で述べた〈原理解説〉のほか、〈関係解説〉〈判断解説〉などもある。～サのデ中止形の表す〈解説〉は〈原理解説〉のみなので、本稿では単に〈解説〉とする。詳しくは、津留崎(2002：112–131)を参照されたい。
7 津留崎(2008：112–113)では、総称名詞に対する一般的な知識に基づいた評価を表すという「～もので」と「AのBさで」という形式との関係について、簡単に述べた。
8 川端(1963：39)は、装定の形式をとりながら意味上の主述関係にある「～の～サ」などの感動喚体句を「概念限定としての連體修飾の関係一般に等しくない」として「句的體言」とよぶ。笹井(2005)もこの考えを引き継いでいる。

**引用文献**
遠藤織枝(1985)「接尾語『さ』の一考察」『早稲田大学語学教育研究所紀要』31：pp.1–20　早稲田大学語学教育研究所
川端善明(1963)「喚体と述体―係助詞と助動詞とその層」『女子大文学』15：pp.29–57　大阪女子大学
森田良行(1980)『基礎日本語 2―意味と使い方』角川書店
西尾寅弥(1995)「名詞形性接尾辞サについて」『大妻女子大学紀要．文系』27：pp.101–111　大妻女子大学
笹井 香(2005)「現代語の感動喚体句の構造と形式」『日本文藝研究』57(2)：pp.1–21　関西学院大学日本文学会
新屋映子(1989)「"文末名詞"について」『国語学』159：pp.88–75　国語学会
新屋映子(2006)「形容詞派生の名詞『～さ』を述語とする文の性質」『日本語の研究』1(1)：pp.33–46　日本語学会
髙橋太郎(1983)「構造と意味と機能―動詞の中止形(～シテ)とその転成をめぐって―」『日本語学』2(12)：pp.13–21　明治書院
津留崎由紀子(2002)「述語名詞および形容詞の中止形の表す関係的意味についての研究」お茶の水女子大学博士論文(未公刊)
津留崎由紀子(2008)「評価成分『～もので』をめぐって」『文教大学文学部紀要』22(1)：pp.91–119　文教大学文学部
渡辺 実(1971)『国語構文論』塙書房
渡辺 実(1974)『国語文法論』笠間書房
山田孝雄(1908)『日本文法論』寳文館

**用例出典**((　)は本文中の表記　出典のないものは作例)
村上春樹「(世)界の終わりとハードボイルドワンダーランド」、三浦哲郎「(忍)川」、坪井栄「二十四の(瞳)」、立原正秋「(冬)の旅」、吉行淳之介「(砂)の上の植物群」、

三島由紀夫「(金)閣寺」、沢木耕太郎「一(瞬)の夏」、島崎藤村「(破)壊」、司馬遼太郎「(国)盗り物語」、山本有三「(路)傍の石」以上、CD-ROM版『新潮文庫の100冊』

若山牧水「(み)なかみ紀行」、横光利一「(旅)愁」、太宰治「(彼)は昔の彼ならず」「(た)ずねびと」、宮本百合子「(播)州平野」「(一)太と母」「(美)しい犬」「(夜)の若葉」「(光)のない朝」「(道)標」「(二)人いるとき」、徳富健次「(みみ)ずのたはごと」、若山牧水「(花)二三」、小出楢重「(大)切な雰囲気」、織田作之助「(青)春の逆説」、林芙美子「(朝)夕」「大(原)行」「(田)舎がえり」「(晩)菊」、岡本綺堂「青(蛙)堂鬼談」、島崎藤村「(嵐)」、菊池寛「(仇)討三態」、斎藤茂吉「(結)核症」以上、『青空文庫』

# 後置詞「によって」の機能

林　淳子

## 1. はじめに

　動詞テ形派生の後置詞の機能は多次元にわたる。機能が多次元にわたるとは、後置詞が文中でどのような成分を示すかという観点において、幅広く機能を有しているということである。これは動詞テ形が「当該の動詞が文末述語ではなく、まだ文がつづくということを示す形である」ことに基づいている。全(2004)によれば、このようなテ形のもともとの機能において、テ形を含む複文前件は、そのムードやテンスが後件のそれに委ねられているために従属性を帯びやすい。そうして後件の比重が高くなることがさらにすすめば、テ形を含む前件は従属句以下の存在として、文の後件と意味的関係をもつ拡大要素や陳述語、機能語になるのである。そして、この従属句以下の存在になる度合いというのがさまざまであるため、動詞テ形派生の後置詞の機能は多次元にわたって獲得されることになるのである。

　本稿ではこのように動詞テ形派生の後置詞の機能が格表示機能にとどまらず幅広く分布する様子を具体的に把握するため、後置詞のなかでも「によって」をとりあげ、次元という概念を設定して「によって」の機能が多次元にわたる様子を明らかにする。その際、目安として以下の三つの次元を設ける。

　　Ⅰ．文が描く事態の直接構成要素のひとつ(主語・補語)を示す。
　　Ⅱ．文が描く事態に必須の要素ではないが、事態内容を豊かにする規定

的要素(修飾成分)を示す。
Ⅲ. 事態を描き述べる部分から離れて、その事態を文として述べるときの態度や前提など事態にとって外在的な情報(状況成分・陳述成分)を示す。

　本稿はまた、「によって」の各機能に関して、格助詞への置き換え操作の結果からその機能的特徴を考察するとともに、各機能がどのようにつながりあってひとつの形式で複数の機能を実現するのかを考えることもあわせて目的とする。
　なお、本稿は格助詞との比較などの観点から「によって」を単位とするが、その機能が格助詞的機能にとどまらないということを重視して、複合格助詞ではなく後置詞という名称を用いる。

## 2.「によって」の機能の広がり

### 2.1.「によって」の機能

　後置詞「によって」の機能を、文中で何を示すかによって分類すれば以下のようになる。また、「置き換え」可能な格助詞もあわせて示す。後置詞と格助詞は、名詞を文中の他の名詞や部分とむすびつける機能語である点で共通する。そのため、ときにある後置詞とある格助詞以外すべて同じ要素が同じ語順である二つの文を作ることができ、その意味が大きく異ならないことがある。そのように後置詞と格助詞が「置き換え」可能であるとき、当該後置詞と当該格助詞の機能は非常に近いということができ、これは後置詞の機能的特徴を把握する手助けとなる。また、どの格助詞にも置き換え不可能である場合には、格助詞との近接性が指摘されがちな後置詞の、そうでない機能的特徴を見出すことになる。そこで本稿では、「によって」がどのような格助詞と置き換え可能なのか、もしくはどの格助詞とも置き換え不可能なのかを、各用例について示す。その際、紙幅の都合により、後置詞の用例と置き換え操作の結果を合わせて「神によって／に決定されている」のように示す。「／」の左側は出典通り、右側は筆者による置き換え操作の結果である。

「／」の右側が「×」である場合、これはどの格助詞にも置き換え不可能であることを表す。また、出典は各用例末に括弧内省略表記し、章末に一覧を示す。

①動詞の項

　動詞の項とは、動詞の意味を充足して事態を構成する要素のことである、動詞の項がどのような意味をもって動詞の意味を充足するかは、動詞の意味や名詞の種類やとる格に応じて異なる。「によって」は受動態の文において動詞の項を示すが、その動詞の項の意味役割には a. 主体と b. 構成要素の二つがある。

a.　受動態の文において「によって」は文が描く事態の行為主体を示す。
（1）　人間の行為というものが神によって／にあらかじめ決定されているか、それとも隅から隅まで自発的なものかということです。　　（世界）
（2）　この新入社員の紹介のあとに、鯨やんの退社が、やはり野々宮常務によって／から正式に知らされた。　　（新橋）
（3）　僕の目は何かとくべつなものを見るために、門番の手によって／で作りかえられてしまったのだ。　　（世界）
（4）　どちらかというと二流旅館で、客の半数は近隣の百姓の湯治客によって／で／に占められていた。　　（楡家）
（5）　交通丸が途中、小樽に寄港した時、小樽水上警察署によって／×船内が捜索された。　　（人民）

b.　受動態の文のなかでも、構成を意味する動詞の受動態の文においては、「によって」は構成要素を示す。
（6）　もともと山は岩と沢によって／で形作られていると考えてもよかった。　　（孤高）
（7）　くわしく言うと三種類の平面座標とホログラフによって／でこのシミュレーションは構成されておるです。　　（世界）

②手段

　意志動詞文においては「によって」は行為主体がその行為を実現するための手段を示す。手段を有するということは主体がその手段を講じて何らかの行為を成し遂げようとすることであるから、この機能が意志動詞文に見られるのは当然だといえる。手段として表される名詞は行為主体によるまた別の行為である。

（8）　陸上から援軍を送れる唯一のキリスト教国ハンガリアは、すでに同盟条約によって／で動きを封じてある。　　（コンスタンティノープル）
（9）　その考え方は、苦行によって／で／から悟りを開こうとするバラモン教の僧と一部通ずるものがあったが、…　　　　　　　　　（孤高）

③判断基準・情報源

　判断行為を表す文においては、主体がその判断に際して基準とすることがらが「によって」で示される。

（10）　岩かげから吹きさらしへ出る場合は、飛雪の方向によって／で／から風の流線と速度を推測し、それに応じた用意をしなければならなかった。　　　　　　　　　　　　　　　　　　　　　　　　　　　　（孤高）

　また、認識行為を表す文においては、主体にそう認識させる情報源が「によって」で示される。

（11）　その犬の鳴き声によって／で／から危険な夜はそれと窺知できた。
　　　　　　　　　　　　　　　　　　　　　　　　　　　　（楡家）

　これら判断基準・情報源は行為主体の行為実現を成立させるという意味では②手段に通じる。判断行為や認識行為を表す動詞も意志動詞に含まれることから③は②手段の特別な場合と考えることが出来る。ただし、判断基準・情報源は行為主体による別の行為でなく、外界から主体に提供されることが

らである点で③判断基準・情報源は②手段と異なる。

④根拠・基盤
　「によって」が示す名詞が規則や法律であり、その規則にのっとって後続部分で述べられることが成り立つ、という意味構造の文がある。このとき、後続部分は自動詞文や受動態の文、述語が「〜となっている」の文であり、主体の意志的な活動からではなく根拠・基盤から生み出された事態であるような描かれ方である。

(12)　原料である阿片は、法律によって／で日本政府の専売品となっている。　　　　　　　　　　　　　　　　　　　　　　　　　　　　（人民）
(13)　コカインは無制限に製造していいものではなく、国際連盟の規約によって／で、日本のコカイン使用量には、年間三千ポンドの枠がはめられていたのである。　　　　　　　　　　　　　　　　　　　（人民）
(14)　「失踪後七年以上経っていれば民法によって／×この宣告が受けられる」　　　　　　　　　　　　　　　　　　　　　　　　　　　（エディプス）

　この④根拠・基盤は、「によって」で示される名詞(規則)から行為主体へは何らはたらきかけがない点で③判断基準・情報源と異なる。また、「によって」で示される名詞がことがらではなく、後続部分と「ことがら対ことがら」の関係にならない点で後述の⑤原因とも異なる。

⑤原因
　「によって」が原因を示す文は、無意志動詞文や受動態の文、そして「〜てしまう」の形によって行為が無意志的であるように描かれている文である。このような文は別の事態が原因となって意図せずに生起した事態を描く。

(15)　四十二試合にもわたって殴りつづけられてきたことによって／で、藤倉は二十二歳にして廃人になる危険性を体内に抱え込んでしまって

いたのだ。　　　　　　　　　　　　　　　　　　（一瞬）
(16) お前たちの母上の死によって／で、私は自分の生きて行くべき大道にさまよい出た。　　　　　　　　　　　　　　　（小さき者へ）
(17) 「統制経済についてはやるべきことはやって行く。ただ統制をやった効果よりもそれによって／で／から生れる逆効果の方が多いとなれば考えなければならぬ」　　　　　　　　　　　　　　　（山本）
(18) 大人たちの迷惑は、黒人兵を運びおろすという作業によって／で／からひきおこされるものだけにすぎない。　　　　　　　（死者）

⑥複数想定

　「Aによって」の形で複数のAを想定し、そのなかのひとつもしくは限られた数のAにおいて後続部分で語る事態が起こる、ということを表す文がある。このとき、状況Aが想定である以上、後続部分も想定に基づいて語られているので、後続部分の述語は(19)(20)の「〜のこと（可能性）もある」のように異なるAにおいては異なる事態が存在したことを示唆する述べ方になる。

(19) 家畜小屋も、亭主と子供の骨も、隣との地境いの、厚い砂の壁の下になっているのかもしれないし、場合によって／×は、そっくり隣の庭に入りこんでしまった可能性もあるという。　　　　　　（砂の女）
(20) 人によって／×は植物蛋白を殆んど消化しないじゃないかと思われることもあるのだ。　　　　　　　　　　　　　　　（銀河鉄道）

　また、「違う」「異なる」のような述語を伴って、複数の状況Aそれぞれに対応して複数の事態が存在すること全体を示す(21)のような例もある。

(21) 同じ少年でありながら、環境によって／で思考形態やものの見方があんなにもちがってくるのだろうか、と彼は安や利兵衛や寺西保男を思いくらべてみた。　　　　　　　　　　　　　　　　（冬の旅）

## 2.2. 「によって」の各機能がはたらく次元

　後置詞「によって」の機能として上の①〜⑥をあげたが、これらの機能はそれぞれどの次元ではたらいているのだろうか。

　まず、動詞の項は事態構成に不可欠の要素であるから、これを示す①の機能は次元Ⅰではたらいているといえる。②手段③判断基準・情報源④根拠・基盤の機能においては、「によって」が示す名詞は事態を成立させる要件ではあるものの、事態自体の描写はこれらの要素がなくても構成可能であり（というよりむしろ、述語等の観点からいえば、これらの要素がなくても構成可能な方法で描写されているのであり）、「によって」が示すのはその事態の間接的な成立要件であるから、次元Ⅱではたらいているといえる。⑤原因を示す「によって」はそれぞれに独立して成立している二つの事態をむすびつけるのであり、「によって」は事態の外側ではたらいている。意味のうえでは複文に近い構造となるから次元Ⅲに近いのであるが、原因という規定要素は修飾成分であり次元Ⅱではたらいているともいえるため、両者の中間に位置すると考えられる。最後に、⑥複数想定の機能は次元Ⅲではたらいている。想定される複数の選択肢のそれぞれに対してそれぞれの事態の実現が想定されている中から、ひとつを取り上げ、その場合に対応する事態が実際に述べられるわけだから、「によって」が示すのは事態の生起の前提となる状況なのである。

　このような各機能のはたらく次元を、置き換え操作の結果とあわせて示せば表1のようになる。（［　］内は置き換え操作の結果。「×」はどの格助詞へも置き換え不可能なことを示す。）

表1 「によって」の各機能がはたらく次元

| 次元Ⅰ | ①動詞の項(主体)<br>　a［から・で・に・×］<br>　b［で］ |
|---|---|
| 次元Ⅱ | ②手段［で・から］<br>③判断基準・情報源［で・から］<br>④根拠・基盤［で・×］<br>⑤原因［で・から］ |
| 次元Ⅲ | ⑥複数想定［で・×］ |

## 3. 置き換え操作の結果から見える機能的特徴

　本節では、前節で用例とともに示した格助詞への置き換え操作の結果から、各機能の「によって」の機能的特徴、また「によって」全体の機能的特徴を考察する。「によって」の格助詞への置き換え操作における特徴はすべての機能の「によって」が「で」へ置き換え可能であること、そして「で」以外の格助詞への置き換えがわずかである、ということである。
　まず、唯一「に」へ置き換え可能なのが①動詞の項 a. 主体の「によって」である。受動態の文で主体を示す「によって」が「に」に置き換え可能なのは、(1)(4)のように「によって」が示す名詞が「動作主」そのものであるときに限られる。(5)のように主体が組織名で示されて動作主そのものでないときには「に」へ置き換えることはできない。と考えれば、動作主そのものでないときも含めて受動態の文で主体を示すということが「によって」の機能的特徴であるといえる。
　一方、「から」への置き換えは①動詞の項 a. 主体②手段③判断基準・情報源⑤原因の機能の「によって」について可能であるが、①⑤に関しては、置き換えが可能となるのはどれも述語の意味に基づくところが大きい。すなわち、①動詞の項 a. 主体を示す「によって」については、動詞が(2)「知らせる」のように伝達行為を示すものであるときに限り、伝達行為の主体が伝達における情報の出どころとして奪格の格助詞「から」で示されうるのである。⑤原因の機能の「によって」が「から」へ置き換え可能なのも、述語が(17)「生

れる」、(18)「ひきおこされる」のように事態の生起を明言する場合に限られる。そのような述べ方によって、原因たることがらを出どころに事態が出現するというイメージが強くなるからである。また、②手段を表す「によって」は、「から」へ置き換えられる場合の条件や規則性は見出せないものの、やはり広義出現の意味合いが成立する場合に限られる。ただし③判断基準・情報源は情報の出どころそのものであるので、すべての用例で「から」への置き換えが可能である。

　これらと異なり、「で」への置き換えは①〜⑥すべての機能の「によって」で可能なのであるが、その内実は機能ごとに異なる。まず①動詞の項b.構成要素②手段⑤原因の「によって」はすべての用例で「で」へ置き換えることができるのだが、これは格助詞「で」に構成要素、手段、原因を示す用法があるためであり、後置詞「によって」と格助詞「で」の機能が重なり合うのがこの三つの機能においてなのだといえる。これらに比べて、①動詞の項a.主体③判断基準・情報源④根拠・基盤⑥複数想定の「によって」が「で」へ置き換え可能であるのは上記の本質的に格助詞「で」と機能を重ね合わせる「によって」に近づいたときである。①動詞の項a.主体の「によって」のうち「で」への置き換えが可能なのは、この「によって」が示す名詞やそのむすびつく動詞の性質から「によって」が示すものが構成要素((4))や手段((3))に近づいた場合のみである。③判断基準・情報源は、判断行為や認識行為を表す動詞が意志動詞の一部であると考えれば、その行為実現を成立させるものとして判断基準・情報源は手段と同等に考えられ、これを「で」で示すことができるのは当然である。それゆえ、③判断基準・情報源の「によって」はすべての用例で「で」へ置き換え可能なのである。④根拠・基盤の「によって」が「で」に置き換えられるのはこの「によって」が原因を示すことが明白なときに限られる。「で」への置き換えが可能な(12)(13)で述べられているのは、根拠・基盤となる法律・規約が有効である間はずっと保たれる状態であるのに対し、「で」への置き換え不可能な(14)で述べられている事態は、根拠となる法律が有効である期間内に(くり返されるとしても)一回ごとにしか生起しない事態である。状態と状態であれば原因を示す「で」でむすぶことができるけれども、状態における一回性の事態ということにな

るとそれは基盤ではあっても原因ではなく、「で」では示せないのだと考えられる。また⑥複数想定の「によって」も⑤原因の「によって」に近づくとき「で」への置き換えが可能になる。⑥複数想定の「によって」のうち、「で」へ置き換え可能なのは(21)のように述語で「状況ごとに実現される事態が異なる」ということそのものを表す文においてである。このとき想定される複数の状況((21)の「環境」)が「実現される事態が異なる」ということの原因とも解釈できるのである。以上をまとめれば、「によって」はどの機能においても「で」への置き換えが可能であるが、その内実は異なっており、「で」の機能と重なり合っている機能においては本質的に置き換えが可能であるが、それ以外の機能においてはそれら本質的な置き換えが可能な機能に近づくときに「で」への置き換えが可能になっていると考えられる。

　以上のように置き換え操作の結果を考察してみると、「によって」の機能的特徴としてはやはり、格助詞「で」に近いということが顕著な特徴といえる。条件に応じて「に」「から」へ置き換え可能な場合があるものの、それは一部の機能、さらにそのなかの一部の用例で「によって」が「に」「から」に近づく条件が整ったときに限られる。一方、「で」に関しては、「によって」は構成要素・手段・原因を示すという本質的に格助詞「で」と重なる機能のほかに、場合によってこれに近づく機能があり、その結果すべての機能において「で」への置き換えが可能となっている。すべての機能の「によって」が程度の差はありながらも同じひとつの格助詞「で」へ置き換え可能であるのは、そのようなことが可能になる下地として「によって」の各機能が大きくひとつにまとまっているからだと考えられる。次節では、そのような観点から「によって」の各機能がどのようにつながってひとつの形式で複数の機能を実現しているかを考察する。

## 4. 機能同士のつながり

　前節では、置き換え操作の結果から「によって」の各機能は大きくひとつにまとまっている可能性があると考察したが、「によって」の機能全体を貫いているのは「源を示す」という意味的性格であると考えられる。この「源

を示す」という意味性格は「(〜に)よる(因る・由る・縁る・拠る・依る)」という派生源の動詞の語彙的意味を継いだものである。その性格が具体的にどのような機能となって現れるかは、文の述語の種類によって異なる。

　まず、①動詞の項②手段⑤原因の三つの機能の「によって」はそれぞれ受動態の文・意志動詞文・非意志動詞文のなかでこれら三つの機能に定まり、またそれぞれの機能に応じて自ずとはたらく次元が決まる。①動詞の項の機能の場合、受動態の文において「によって」は主体を、また特に構成を意味する動詞の受動態の文においては構成要素を示す。事態成立の一番のエネルギー源といえば行為主体である。行為主体は主語になるのが一般的な傾向であるが、受動態の文では行為主体以外の名詞が主語として示されるので行為主体の方は事態を生み出す源として「によって」で示すことになる。この論理は(6)(7)のような、動詞が構成を表し、「によって」が構成要素を示す文でも基本的には同じである。

　次に「源を示す「によって」」は、意志動詞を述語にもつ文においては②手段の機能を担う。能動態意志動詞文では事態自体の源である行為主体はたいていガ格名詞で示され、「によって」が示すのはそれよりも副次的な、行為主体が行為を達成するために用いる「源」である。

　そして「によって」が非意志動詞を述語にもつ文において「源を示す」ときには、⑤原因の機能を担う。このとき非意志動詞文たる後続部分はそれ自体でひとつの事態として成立しきっており、「によって」が示す原因たることがらはそれとはまた別に生起したひとつの事態であり、別に生起した「源」すなわち原因ということになる。このように「源を示す」という「によって」の基本的な意味性格は、述語の種類に応じた機能で文のなかに存在する。なぜなら述語の種類とは事態の描写の仕方の種類ということであり、それに応じて「によって」が示す「事態の源」がどのような要素であるかが異なるからである。また、それゆえに必須の要素として事態描写に加わる度合いも異なるため、①の機能は次元Ⅰ、②の機能は次元Ⅱ、⑤の機能は次元Ⅲ、とそれぞれはたらく次元が異なることになる。

　残る他の機能のうち、③判断基準・情報源④根拠・基盤の機能はそれぞれ②手段と⑤原因の機能からのつながりを考えることができる。上述の通り、

意志動詞文のなかでも判断行為や認識行為を表す文において「によって」は判断行為の基準や認識行為に至る情報源を示す。また非意志動詞文や、受動態によって事態が自然にそうなったかのように述べる文のなかで、特に「によって」が示す名詞が規則や法であるとき、それは事態の根拠や基盤を意味する。つまり、大まかに言えば③判断基準・情報源の機能は②手段の機能から文の構造は変わらず、動詞の意味内容に応じてより特定的な意味を得たものであり、④根拠・基盤の機能は⑤原因の機能と同じ文構造だが名詞の意味内容に伴って特定の意味を得たものだと言える。

　最後に⑥複数想定の機能については⑤原因の機能からのつながりを考えることができる。ただし、この場合の⑤原因の機能からのつながりは、④根拠・基盤の機能が⑤原因の機能からつながっているのとは異なるつながりの様子である。⑥複数想定の機能は「Aによって」の形で複数のAを想定し、そのなかのひとつあるいは特定のいくつかのAが実現するとき後続部分で述べる事態が生起する、という意味構造をもつ。この、「によって」が示す名詞と後続部分で語られる事態との関係は⑤原因の場合のように別々に生起するものである。ただし、⑤原因の機能の場合には二つの事態は因果関係、いわば確定条件でむすばれていたのに対し、⑥複数想定の機能の場合には仮定条件的に二つの事態がむすばれている点で両者は異なるのである。また仮定条件のなかでも、どのような状態を仮定するかが明示されず、その母体となる複数の状態の存在が提示されるだけであるので、後続部分で語る事態を時空間的に修飾するというよりもむしろ前提の提示という意味合いが強く、完璧に次元Ⅲに収まっている点が⑥複数想定の機能の⑤原因の機能と異なるところである。

　後置詞「によって」の機能同士の関係は以上のように考えられる。「によって」は派生源「(〜に)よる」の「源を示す」という意味性格が色濃く残っており、機能同士は縦につながるというよりむしろ、述語の種類に応じて横に広がっている。この機能同士のつながりを図で示すと以下のようである。

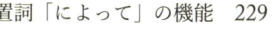

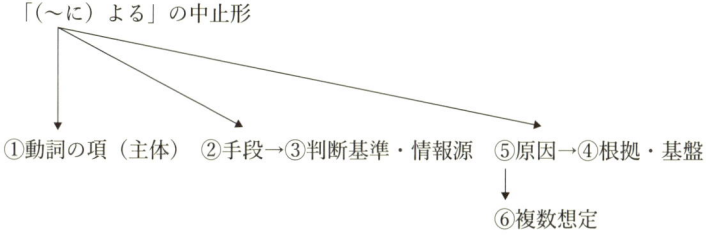

```
           「(〜に) よる」の中止形
          ↓    ↓       ↓        ↓
      ①動詞の項（主体） ②手段→③判断基準・情報源　⑤原因→④根拠・基盤
                                        ↓
                                      ⑥複数想定
```

図１　「によって」の機能間関係

## 5. まとめ

　以上、本稿では「によって」が文中でどのような成分を示すかという観点において異なる複数の機能を有する様子を、次元という概念を設定して、明らかにした。また、置き換え操作の結果から「によって」はどの機能においても格助詞「で」への置き換えが可能なのであり、その下地には機能を超えて「によって」全体を貫く「源を示す」という意味性格の存在があると考察した。この共通性格をもつ「によって」がどのようにしてひとつの形式で複数の機能を実現しているかといえば、述語の種類との関連で機能が定まっていることが用例から明らかになった。すなわち、受動態の文においては①動詞の項、意志動詞文においては②手段、非意志動詞文においては⑤原因の機能がそれぞれ実現し、さらに③判断基準・情報源は②手段からの、④根拠・基盤と⑥複数想定は⑤原因からの派生と考えられるのである。このように多次元に機能が分布する論理は動詞テ形から派生した点に見いだせ、その他の活用形の動詞派生や名詞派生の後置詞にはこのような多次元性は見られないことからも、これは裏付けられる。「によって」は動詞テ形派生であるゆえに多次元にわたって機能を分布させているのであり、派生源の動詞の意味に基づく「源を示す」という意味性格をもつことを「によって」自身の個性として、格助詞「で」と機能を重ね合わせつつ独自の機能も有しているのである。

**参考文献**

川端善明(1958)「接続と修飾―「連用」についての序説―」『国語国文』27 巻 5 号
菅井三実(1997)「格助詞「で」の意味特性に関する一考察」『名古屋大学文学部研究論集(文学)』43
砂川有里子(1984)「〈に受身文〉と〈によって受身文〉」『日本語学』3 巻 7 号　明治書院
全　成龍(2004)「動詞のなかどめ「～して」の機能の変化と品詞の転換」『21 世紀言語学研究　鈴木康之教授古希記念論集』白帝社
高橋太郎(1983a)「動詞の条件形の後置詞化」渡辺実(編)『副用語の研究』明治書院
高橋太郎(1983b)「構造と機能と意味―動詞の中止形(～シテ)とその転成をめぐって―」『日本語学』2 巻 12 号　明治書院
間淵洋子(2000)「格助詞「で」の意味拡張に関する一考察」『国語学』51 巻 1 号　国語学会
山田敏弘(2003)「起因を表す格助詞「に」「で」「から」」『岐阜大学国語国文学』30

**用例出典**

用例はすべて「CD-ROM 版　新潮文庫の 100 冊」から採集した。本稿に掲載した用例の出典は以下の作品である。括弧内は本文中での略称を示す。
『世界の終りとハードボイルド・ワンダーランド』村上春樹(世界)／『新橋烏森口青春篇』椎名誠(新橋)／『楡家の人びと』北杜夫(楡家)／『人民は弱し　官吏は強し』星新一(人民)／『孤高の人』新田次郎(孤高)／『コンスタンティノープルの陥落』塩野七生(コンスタンティノープル)／『エディプスの恋人』筒井康隆(エディプス)／『一瞬の夏』沢木耕太郎(一瞬)／『小さき者へ・生まれ出づる悩み』有島武郎(小さき者へ)／『山本五十六』阿川弘之(山本)／『死者の奢り・飼育』大江健三郎(死者)／『砂の女』安部公房(砂の女)／『銀河鉄道の夜』宮沢賢治(銀河鉄道)／『冬の旅』立原正秋(冬の旅)

# 中国語の使役表現から見た日本語
―〈状態変化的〉使役文を中心に

方　美麗

## 1. 中国語の使役表現の研究

　方(2008)では、統語論的な視点と連語論的な分析により"誰+譲誰+做什麼"(人が人に動作をさせる)の表現する意味的な組みあわせを一般化し、使役介詞の"譲"からなる"誰+譲誰+做什麼"と他の使役介詞"叫"、"使"、"被"との違いを考察し、日本語の使役構造の捉え方との違いを述べた。中国語では"譲"という一つの形式に使役的用法と受身的用法が存在するため、他の介詞との関係も複雑になっている。だが、使役用法中心の"譲"が受身用法になる場合は、動作の仕手と動作の受け手との立場上の関係で、新たな名詞項を増やさない構造になり、使役用法の場合は、新しい使役者が参加する。このような違いは、日本語の受身構造と使役構造との違いと共通している。本稿では、"誰+譲誰+怎麼様"(人が人を／にどのようにする／どのように変化をさせる)形式を焦点に、"譲"で表現される使役の意味と"叫"、"使"、"被"の場合との違いを考察し、日本語の使役構造のとらえ方との違いを論じたい。

## 2. 中国語の"誰+譲誰+怎麼様"について

　"誰+譲誰+怎麼様"における"人の状態変化を引き起こす"タイプ(例えば、苦しめる、死なせる、泣かせる、失脚させるのような生理的、心理的、社会的状態変化を示す動詞)を体系的に一般化することに関しては、筆者は

この形式に登場する'話し手'(2.2.の〈提議的〉に出てくる)、'主語'及び'目的語'の文での役割と'述語'動作との関係から大きく〈状態変化的〉、〈提議的〉、〈被動的〉の三つの構造的なタイプに分けている。本稿では、この三つのタイプをさらに、動作の意志性の所在、働きかけ性の有無、そして文及び動詞のタイプからその下位的な体系を取り出し、一般化する。この一般化した下位的な結びつきを表現する"讓"と、他の介詞との関連性、さらに、日本語の使役表現との相違を論じる。以下この三つのタイプの下位的な結びつきについて言語データを用いて論じたい。

### 2.1. 〈状態変化的〉構造的なタイプ

〈状態変化的〉タイプには目的語の示す人間にして、心理的か生理的か社会的かあるいは位置、空間的な状態変化をさせるように働きかける。まず、一番用例の多かった〈心理的な状態変化〉から見ていく。

（1） 因為，我沒有讓他們滿意，可是，我應該讓他們滿意嗎？
　　　 それは、彼らを満足させなかったからだ。しかし、彼らを満足させるべきでしょうか？　　　　　　　　　　　　　　　　　　　　仮訳
（2） 媽媽為了不讓我感到傷心才這樣說的，其實洛奇已經死了。　対訳
　　　 ママは私を悲しませないようにいってるけど、ロッキーは死んだんだ。　　　　　　　　　　　　『窓際のトットちゃん』（以下『窓』で示す)
（3） 「他會先讓我失望，再給我希望。」　　　　　　　　《那年十八歲》
　　　 「彼はまず私を失望させてから、希望を与えてくれるでしょう。」仮訳

　（1）からのタイプの文は、主語の示す人間が目的語の示す人間（以下「主語、目的語の示す人間」を省略して、単に「主語」、「目的語」と示す）に働きかけて、心理的な状態変化を与えるという組みあわせである。これらの文は、心理状態変化を与える主体と客体（状態変化主体）との関係である。「主語」は何らかの方法で「目的語」の心理的な状態変化を与える使役主体(使「変化」主体が正しいか)で、動作の意志性をもつものである。「目的語」はその働きかけを受けて、心理的な状態変化が生じる、主体である。このタイプの

述語は "快樂、高興、歡喜、幸福、失望、擔心、難過、傷心、煩惱、流淚、後悔、痛苦、難以入眠等" のような心理状態を示す動詞である[1]。このような［主語(致使者)＋讓＋動作者(心理状態變化者)＋心理状態動詞］の組みあわせには、'「主語」は何らかの方法で「目的語」の心理的な状態変化を促成する'という共通の意味をもっている。本稿では、これを〈使心理状態変化文〉と名付けている。この〈使心理状態変化文〉に対応する日本語は「N1 が N2 を V させる」のような自動詞の使役のかたちになる。

ところで、「目的語」の心理状態に変化を与える動詞には、次のような他動詞("安慰")がその機能を示すものがある。

（４）　我媽是為了讓你來安慰我的。　　　　　　　　　　　　対訳
　　　おっかさんは、お前を、私を慰めるために入れたのです。『菊の花』
（５）　他衷心想讓大家快樂。　　　　　　　　　　　　　　　対訳
　　　彼は皆を喜ばせてあげたいと、心から思いました。『二人の王子さま』

他動詞の場合は、「主語(使役主体)が第一の目的語(使役の客体＝動作主体)に対して、ある目的(心理的な状態変化)を実行するために、第二の目的語(使役の第二の客体)に働きかける」という意味になる。このタイプの組みあわせに対応する日本語は、［N1 が N2 を V］と［N1 は N2 を N3 を V ために V］の二つのタイプがある。［N1 が N2 を V］タイプは能動構造の使役他動詞であるが、［N1 が N2 を N3 を V ために V］は二重目的語をとる構造になる[2]。ここで表現される中国語の「來＋安慰」は（'のために入れた／のためにきた'）の意味での二つの動詞が連続するかたちで、「來」が後ろの動詞「安慰」(慰める)という動作を遂行するための動作になるからである。だが、日本語ではこの二重動作の構造に対応する表現が、二重目的語構造になってしまう。これは、一つの動詞に一つの目的語をとる日本語と、重なった動詞のかたちで一つの目的語を共有できる中国語との構造の違いである。使役表現の二重目的語をとる構造は日本語でも普遍的とは言えないだろう。なお、(5)の例は中国語では自動詞表現であるのに対し、日本語では他動詞表現である。

この〈使心理状態変化文〉は以下の文と構造が非常に似ている。その違いを見てみよう。

（7） 沒事了，太監大人再也不會讓妳難過。
　　　　　　　　　　　　　　　《醫女大長今上》（以下《醫》で示す）
　　もういい。これから宦官はもう君を悲しませたりはしないだろう。
　　　　　　　　　　　　　　　　　　　　　　　　　　　　　　仮訳
（8）　「妳讓我擔心。」　　　　　　　　　　　　　　　　《別有情懷》
　　あなたが私を心配させた。　　　　　　　　　　　　　　　　直訳
　　私はあなたのことを心配した。　　　　　　　　　　　　　　仮訳
（9）　你太讓我失望了。
　　あなたは私を失望させた。　　　　　　　　　　　　　　　　直訳
　　私はあなたに失望した。　　　　　　　　　　　　　　　　　仮訳
（10）　讓你失望實在很抱歉，但是我真的沒有做。　　　　　　　仮訳
　　「君を失望させて悪いのやけど、全然やってないの。」　　『天の瞳』
（11）　我想我是讓他失望了。　　　　　　　　　　　　　　《寒假》
　　私はきっと彼を失望させたでしょう。　　　　　　　　　　　直訳

　これらの文は、「主語」が「目的語」に働きかけて、心理的な状態変化をさせる意志性（以下動作の意志性で示す）がないため、「目的語」自身が相手のことの影響で自ら心理的な状態変化が生じたものである。'感じた'、つまり自発的起因者になる。よって、このタイプの文は働きかけ性のない組みあわせになる。このタイプの文を、本稿では〈心理状態変化起因者文〉と名付ける。この〈心理状態変化起因者文〉に対応する日本語は「N1 は N2 を V させる」のかたちである。例(10)の［妳讓我擔心。］又は、例(11)［你太讓我失望了。］のような表現は、直訳すると［あなたが私を心配させた。／あなたが私を失望させた。］になるが、日本語では［私はあなたのことを心配した。／私はあなたに失望した。］のように、話し手が何らかの原因で自ら心理状態変化した場合は、使役表現ではなく、能動構造で表現するのが普通である。だが、日本語の能動構造の場合、客体を示す「を格の名詞」が主体

の心理的な状態変化の原因＝対象になる場合、その「を格の名詞」に「のこと」をそえて抽象化の手続きをほどこすことによって表現される。一方、客体を示す「を格の名詞」が主体の願いや希望のようなモーダルの変化の原因になる場合、その相手は「失望」という動作の相手＝対象になる。動作の相手＝対象の場合、日本語では「に格」で表現するのが普通である。中国語の〈心理状態変化起因者文〉の一つの意味内容を表現する形式に対応する日本語では、心理的な状態変化がさらに細かく区別され、心理状態か祈願かによって表現面がことなる。中国語で一つの形式に盛り込まれた意味的な結びつきが、日本語では二つの形式に表現される意味内容を含んでいることが分かる。なお、〈心理状態変化起因者文〉の場合"譲"は"叫"、そしてやや古い表現の"令"にも置き換えることができる。

　以上が、〈状態変化的〉における'人に心理的な状態変化を与える'表現である。中国語の心理的な状態変化を与える構造［主語＋譲＋動作者（心理状態變化者）＋心理状態動詞］からは、心理的な状態変化を引き起こしたのは自ら発した自動的なものであるか、他からの何らかの働きかけを受けた他人の意志的なものであるかを見わけることは難しい。一つの形式で表現される二つの異なった意味内容の〈使心理状態変化文〉と〈心理状態変化起因者文〉は、日本語とつき合わせることによって、両者の違いが見えてくる。また、中国語の〈使心理状態変化文〉と〈心理状態変化起因者文〉に対応する日本語では、働きかけ性のある文は使役表現で、働きかけ性のない文は自動詞表現で示されることが分かる。

　〈状態変化的〉使役文には、以下のような主語の示す人が"譲"の後にくる目的語の示す人に働きかけて、生理的な状態変化を引き起こすものがある。

(12)　李老漢已經泄露了够多的秘密了，我應該譲他安静一會兒。　《憩園》
　　　……。私も当分は彼を休ませてやらねばなるまい。　　　　対訳
(13)　母親説：「借我到今天晩上譲小孩睡著為止。」　　　　　　　仮訳
　　　お母さまは「今晩赤ちゃんを寝かせるまで貸しといておくれね。」と言いました。　　　　　　　　　　　　　　　　　　　　『黄金鳥』

(14) 「我讓你們活命，是要你們往後好好做人！」　　　　　《醫》
　　　あなた達を生かしてやったのは今後良い人間になって欲しいからだ！
　　　　　　　　　　　　　　　　　　　　　　　　　　　　　　仮訳
(15) 　レイコさんはまた何か冗談を言って二人の男を笑わせた。
　　　　　　　　　　　　　　　　　　　　　　　　　『ノルウェイの森』
　　　玲子又說了一些笑話讓那兩位男的笑。　　　　　　　　　仮訳

　これらの文は、「目的語」に何らかの働きかけをし、その生理状態に変化を生じさせるものである。この場合、目的語の動作主体は生理状態変化の主体になる。このタイプの述語は"睡、玩、死、胖(太る)、瘦、站、座、蹲(しゃがむ)、走、跑、休息、醉、活、笑、住嘴等"のような生理的な状態を示す動詞である。このような［主語＝生理状態変化の働きかけ者＋讓＋目的語＝生理状態変化の主体(働きかけを受ける者)＋生理状態を示す動詞］の組みあわせは"人の生理的な状態に変化を引き起こす"という共通の意味をもち、これを〈使生理状態変化文〉と名付けることができる。〈使生理状態変化文〉の場合"讓"は"給"に置き換えることができる。
　〈使生理状態変化文〉に対応する日本語は「N1は N2を Vせる／させる」になるが、次のような例の場合は日本語では表現し難くなる。

(16) 　我會讓她變成安靜的屍體，把她扔在荒郊野外的。　　《醫》
　　　私は彼女を静かな死体になるようにし、郊外に捨てるだろう。　仮訳

　これは単に「目的語」の生理的な状態を変化させるのではなく、客体を新たな生理的な状態に変化させるように働きかける文である。これは〈使生理状態変化文〉の表現する"N1 讓 N2 V"ではなく、"N1 讓 N2 變成 N3"になる。"N1 讓 N2 變成 N3"の表現する意味は'客体を新しい生理状態に変化するように働きかける'である。これを日本語で表すと「(N3)になるようにする」になるが、日本語にはこのような表現はない。要するに、日本語には中国語の〈使生理状態変化文〉と同じような表現があるものの、'客体を新しい生理状態に変化させるように働きかける'表現はないことが分か

る。なお、客体を新しい生理状態に変化させるように働きかける場合も、"譲"は"叫"に置き換えることができる。

さらに、〈状態変化的〉使役文には、「主語」の示す人が"譲"に付く「目的語」の示す人に働きかけて、その「目的語」に空間的な状態変化を引き起こすものがある。

(17) 「如果換皇上的話，我會運用我的關係，讓你回到漢城的。」　《醫》
　　　もし皇帝交替になれば、私の力で、あなたをソウルに戻す。　仮訳
(18) 要是那樣的話，就讓舞娘今晚住在我的房間吧！　　　　　　対訳
　　　それならば、踊り子を今夜は私のへやにとまらせればいい。
　　　　　　　　　　　　　　　　　　　　　　　　　『伊豆の踊子』
(19) パソコンの前にチビケンを坐らせて、私はこの一週間で作った自分のホームページを見せた。　『プラナリア』
　　　我讓小健坐在電腦前，讓他看我這個星期所作的網頁。　仮訳
(20) 那個人就讓小豆荳蹲在自己腳下的雪橇上。　　　　　　　　対訳
　　　その人は自分の足もとのスキー板の上にトットちゃんをしゃがませる。
　　　　　　　　　　　　　　　　　　　　　　　　　　　　『窓』

これらの文は、使役主体が動作主体に働きかけて、その空間的な状態(位置的なありかた)に変化を生じさせるものである。この場合、「目的語」の動作主体は空間的な状態変化の主体となる。このタイプの述語は"来、回、走、跑／站、坐、蹲(—在／—到)等"のような移動性の動詞と空間との繋がりを表す"—到、—在"のような方向性の補助動詞からなるものである。このような〔主語＝空間状態変化の働きかけ手＋譲＋目的語＝空間状態変化の主体(働きかけを受ける者)＋補助動詞を伴う移動性の動詞＋場所(位置)名詞〕の組みあわせは"人の空間的な状態に変化を引き起こす"という共通の意味をもつ。よって、このタイプの文を〈使空間的状態変化文〉(または「空間変化的な使役文」)と名付けることができよう。このタイプの"譲"は"叫、要、請"に置き換えることができる。ところで、これらの例に対応する日本語において、例(17)の場合は他動詞の「人に対する直接的な働きかけ」であり、例(18)

から(20)の場合は自動詞の使役文の表現である。中国語の〈使空間的状態変化文〉が日本語の人に対する働きかけと他動性の移動動詞との組みあわせにも対応することが分かる[3]。

また、〈状態変化的〉使役文の中には、「主語」が、「目的語」に働きかけるか協力するかによって、「目的語」の社会的な地位状態を変化させるものがある。例えば、

(21) 要不是我讓他當選，他怎麼能當總統。　　　　　　　　　作例
　　 私が彼を当選させなければ、彼は大統領になれるもんか。　仮訳

(22) 不管怎麼窮，也想讓長子繼承家業。　　　　　　　　　　対訳
　　 長男はやっぱり、いくら貧乏でも自分の家を継がしとうございます。
　　　　　　　　　　　　　　　　　　　　　　　　　　　『親ごころ』

(23) 我要讓他身敗名裂應該不是太困難的事情。　　　　　　　《寒假》
　　 私が彼に、地位も名誉も失わせるのは簡単なことだ。　　仮訳
　　 彼を身も名誉もぼろぼろになるようにするのは難しくないことだ。直訳

(24) 「…，我要讓焉年做老師內人，」　　　　　　　　　　　《醫》
　　 「私は焉年を、先生の奥様にさせたいのです。」　　　　直訳

(25) 她原本也屬意讓河庭成為下一個位御醫女，　　　　　　　《醫》
　　 彼女は本来河庭を、次の皇室御女醫にさせたかった。　　直訳

これらの文の主語は権力をもった、又は「人に社会地位を変化させ得る(協力者)」地位の高い人間である。「目的語」は、社会的な地位が変化する主体である。つまり、使役主体が変化主体に何らかの力を駆使し、その社会的な地位に変化を与える組みあわせである。このタイプの述語は"當選、擔任、高昇、及格、上台、下台、下獄、出人頭地、有地位、有面子、成功、結婚等"のような地位状態を示す動詞である。このような［主語(致使者)＋讓＋動作者(社會地位變化者)＋地位状態動詞］の組みあわせには、'主語が目的語に社会的地位変化を促す'という共通の意味をもっている。よって、このタイプの意味を〈使地位状態変化文〉と名づけることができる。

ところで、中国語の〈使地位状態変化文〉の意味的な結びつきに対応する日本語は二通りである。つまり、例(21)から(25)まで'客体をある状態にするように働きかける'場合、日本語では「N1 が N2 に／を Vさせる」で表現され、'客体を新しい地位状態に変化するように働きかける'場合は、日本語では「N1 が N2 を N3 になるようにする」で表現されることになる。ただ、〈使生理状態変化文〉と同じように、中国語では、客体を新しい地位状態に変化するように働きかける場合、日本語ではそれを表すことが難しい。なお、'客体を新しい地位状態に変化するように働きかける'場合、"讓"は介詞"給"に置き換えることができる。

〈状態変化的〉使役文のなかには、述語動詞が認知的な状態を示すものがある。例えば、

(26) 啟元盡量讓他明白，快點把住處安定了。　　　《別有情懷》
　　　啟元ができるだけ彼に知らせたい、住いを早めに落ち着かせること。
　　　　　　　　　　　　　　　　　　　　　　　　　　　　　　仮訳
(27) 啟元盡量讓她了解自己。　　　　　　　　　　《別有情懷》
　　　啟元ができるだけ彼女に理解させる。　　　　　　　　　　仮訳
(28) 我讓小健坐在電腦前，讓他看我這個星期所作的網頁。　仮訳
　　　パソコンの前にチビケンを坐らせて私はこの一週間で作った自分のホームページを見せた。　　　　　　　　　　　　　　『プラナリア』
(29) 翼讓洋確認了自己的手錶。　　　　　　　　　　　　　仮訳
　　　翼は自分の腕時計を洋に確認させた。　　　　『リアル鬼ごっこ』

このタイプは、「主語」の示す人間が「目的語」の示す人間に状態変化を与えるのではなく、伝達内容や認知内容を伝えるという文の組みあわせである。従って、これらの文は、つまり「目的語」に新たな認知状態を与える、使役主体が何らかの動作を働きかけることによって、「目的語」の認知内容を変えるような組みあわせである。このタイプの述語は"明白、了解、知道、看、確認など"のような認知的な意味をもつ動詞である。このような［主語（致使者）＋讓＋動作者（認知状態変化者）＋認知動詞］の組みあわせは'主語

が目的語に認知的な状態に変化を促す'という共通の意味をもっている。よって、これを〈使認知状態変化文〉と名付けることができる。この〈使認知状態変化文〉の場合、"讓"を他の介詞に置き換えるとやや不自然になる。

## 2.2. 〈提議的〉構造的なタイプ

次に〈提議的〉について述べる。"誰＋讓誰＋怎麼樣"における〈提議的〉使役文には「主語」が、「目的語」に働きかけて生理的な状態を変化させる文がある。以下の例を挙げよう。

(30) 佳德搖著頭吼叫：「絕對不能讓那老太監活著！」　　　　《醫》
　　　佳德は頭を振って叫んだ「絶対あの老宦官を生かしてはならない！」
(31) …。一定不能讓他死。　　　　　　　　　　　　　　　　仮訳
　　　…。その男を死なせてはならない。　　　　　　　　『走れメロス』
(32) 「既然救不了牠們，不如讓牠們安樂死！」　　　　　《那年十八歲》
　　　救う方法がなければ、奴等を安楽死で死なせましょう！　　　仮訳
(33) 「…你的方法太消極了！應該讓牠們結紮！」　　　　《那年十八歲》
　　　あんたの方法はあまりにも消極的だ。やつらを断種させるべきだ！
　　　　　　　　　　　　　　　　　　　　　　　　　　　　　仮訳

このタイプは、「主語」か「話し手」の示す人間が、「目的語」の示す人間に働きかけて、生理的状態に変化を与えることを提議する文の組みあわせである。これらの文は、「主語」が「目的語」の生理的な状態を変化させることの提議者で、「目的語」は生理的な状態変化の主体である。述語は生理状態を示す動詞である。このような［話し手（提議者）＋讓＋目的語＝処置を受ける客体（生理状態變化者）＋生理状態動詞］の組みあわせには、'話し手が目的語の生理状態に対する処置を提議する'という共通の意味をもっていることになる。

(30)、(31)の例と(32)、(33)の例とを比べて見よう。上記の例は両方とも「話し手」が「目的語」の生理状態の処置の仕方を提議するような構造である。一方で、(30)、(31)の例文は提議の内容が'生かす'か'死なせる'

という選択提議であるのに対し、(32)、(33)の文は提議の内容が'死に方'つまり処置の方法についての提議である。よって、(30)、(31)の文は単なる処置するかどうかの問題で、(32)、(33)の文は処置の仕方まで提議するという違いがある。よって、(30)、(31)のような'話し手が目的語の生理的な状態変化を提議する'文を〈生理状態処置提議文〉(以下〈生理状態処置〉と示す)に、(32)、(33)の文を〈生理状態処置法提議文〉(以下〈生理状態処置法〉と示す)に細分することができる。この分け方には表現面での置き換えに関する違い、すなわち、〈生理状態処置〉の介詞"讓"が"給"に置き換えることができ、〈生理状態処置法〉の介詞"讓"は他の介詞に置き換えることはできないことと対応している[4]。両者の意味の内容面での違いは、前者は処置するかしないかを問題にしていて、後者はどのように処置するかを問題にしていることにある。

　この〈生理状態処置法〉に対応する日本語は「N1はN2をVさせる」形式になるが、中国語の処置提議と処置方法提議との違いを例(31)、(32)の日本語訳でみてみよう。前者はいわゆる許可文であり、一般的に(その男を生かそう。)のような意志文にはなりにくい。一方、後者には〈仕方〉を意味する「で格の名詞」が加わっており[5]、(奴等を安楽死で死なせよう。)のような意味を表すことができる。「で格の名詞」が介入することで文の意味が変わったことになる。なお、日本語の「で格」が介入する使役文については別稿で改めて取り上げたい。

　以上論じてきたように〈提議的〉は、「話し手」と「主語」と「目的語」が存在する文であるが、「主語」には動作の意志性がない。しかし、「目的語」から発する働きかけ性は「主語」に向けられて、また動作意志の担い手が話手になる場合がある。以下にそれを論じよう。

(34) 　你應該讓爸爸好好地教導一下！
　　　あなたは父に躾てもらうべきだ！　　　　　　　　　　　　　仮訳
(35) 　你得讓你的老師好好地教訓一下！
　　　あなたは先生に躾てもらうべきだ！　　　　　　　　　　　　仮訳

(36) 他得讓媽媽好好地管教管教。
　　　彼は母に躾てもらうべきだ。　　　　　　　　　　　　仮訳
(37) 他應該讓軍隊的長官好好訓練訓練。
　　　彼は軍隊で長官に訓練してもらうべきだ。　　　　　　仮訳

　これらの「主語」は動作の使役者でもなければ、「目的語」の状態変化の使因者でもない。また、「目的語」は動作主体ではあるが、その動作は意志性を持たない。要するに、このタイプの文は動作の意志性は「主語」にも、「目的語」にもなく、むしろ文の構造に参加しない話し手にある。これらの文は、「話し手」が「処置内容・仕方の提議者」で、「主語」が「処置を受ける対象」で、「目的語」が「意志を持たない動作主」で、述語が教導を意味する動詞である。このような [話し手＝動作主体の提議者、主語＝三人称＝処置を受ける対象、目的語＝処置する主体、述語＝教導動詞] の組みあわせには、'主語に対する処置者の提議' という共通的な意味がある。よって、このタイプを〈人の処置者提議文〉(以下〈人の処置者〉と示す)と名付けることができる。このタイプの動詞とは "教導教導、教訓教訓、説一説、唸一唸、罵一頓、打一頓、管教管教、調教等" のようなもので、本稿はこれらの動詞を教導性動詞と呼ぶことにする。なお、このタイプの文は "應該、得" のような主観的な判断を示す補助的な単語が参加し、その意志性を一層明らかにする。〈人の処置者〉の場合、"讓" は "由、叫" に置き換えることができる。
　この〈人の処置者〉に対応する日本語の表現は「NはNにVてもらうべきだ」のかたちになる。日本語の文末表現が「―てもらうべきだ」である。「―もらう」は受益表現で、「―べき」は話し手の主観的な判断であるが、つまりこれは '当然の報酬' という主観的な判断になるだろう。中国語の〈人の処置者〉は使役形式の "讓" で表現されるのに対し、日本語では使役的表現ではなく、「―てもらうべきだ」のかたちで表現されることから、中国語の使役表現の範囲が日本語よりも広いことが覗えるだろう。
　以上の〈人の処置者〉の特徴に、「目的語」が人を処置する人ではなく、機関(組織)、体制を示す場合があり、その時は述語動詞の動作性も変わる。

(38) 那種人應該讓法廷好好地制裁。
あのような人間は法廷の制裁を受けるべきだ。　　　仮訳
(39) 他得讓國家好好地懲罰懲罰！
彼は国に処罰されるべきだ！　　　　　　　　　　　仮訳
(40) 犯罪的人讓警方嚴辦是應該的。
罪をおかした人間が警察に処罰されるのは当り前だ。　仮訳

　これらの動詞は教導性動詞とはそれほど差はないが、「目的語」が人を処置する組織場所、体制の場合、動詞の意味的なタイプも「教導」から「制裁」へと変わる。なお、例(37)の「訓練」は'しつけ'に連続し、人間から団体に移行するタイプになる。このような[話し手＝動作主体の提議者＋主語＝三人称＝処置を受ける対象＋目的語＝人を処置する機関場所体制＋教導性動詞]の組みあわせには'主語が目的語の示す場所に制裁を受けることを提議する'という共通的な意味をもっている。よって、本稿ではこのタイプを〈人の制裁場所提議文〉(以下〈人の制裁場所〉と示す)と名付けている。この"制裁、懲罰"の動詞は、ここでは制裁動詞と呼ぶことにする。なお、〈人の制裁場所〉の"讓"は"由、受"に置き換えられる。
　〈人の制裁場所〉と〈人の処置者〉との違いは「目的語」が人間か場所又は組織かによって、置き換えられる介詞"由、受"と"叫"が違ってくることにある。"由、受"が人称にも組織名詞にも用いられるのは、それらの名詞が教導性動詞そして制裁動詞と組みあわさった時"提議、分配"という意味をもつからである。一方、"叫"が人を示す名詞にしか使えないのは、"訓練、制裁"のような組織で受ける動作と組みあわさらないからである。なお、〈人の処置者〉は、使役形式で表現される話手の意志的な提議が、日本語では「Nを　教導性Vてもらうべき」で表現される。主語ではなく、話し手の意志的な提議の表現は使役構造から離れているかも知れないが、日本語の働きかけ的な表現に対応することになる。なお、中国語の例(39)と(40)に対応する日本語の訳は二通りになるが、提議のような未然の文は日本語では「シテモラウベキ」の表現で対応し、出来事が已然の場合は「Ｖサレル」の表現で対応する。中国語の〈人の処置者〉に対応する日本語の表現は周辺的

な使役表現から受動的そして、受給表現(してもらう)と絡みあっている。日本語のこれらの問題そして、中国語の使役、受け身、受給表現との対応関係を今後の課題にしたい。受動のことに関しては後で触れる。

## 2.3.〈被動的〉構造的なタイプ

〈被動的〉タイプは、「主語」が使役主体ではなく動作の客体で、「目的語」が動作の主体になるという受け身的な構造である。例えば、

(41) 她所得到的報酬、卻是去做姨太太、給人家踐蹋、讓人家折磨。《憩園》
    彼女が得た報いは妾になり、人にいじめられ、虐げられることだ。
                                                            仮訳
(42) 平常我讓你欺負就算了，沒想到連你的兒子都欺負我、    yahoo 検索
    あなたにいじめられてもただ我慢していたが、お子さんまで…  仮訳
(43) ……有人讓他虐待三年。                              yahoo 検索
    ある人は彼に三年間虐待されていた。                    仮訳

これらの「主語」は動作の使役者ではなく、「目的語」の状態変化の使因者でもない動作の受け手である。また、「目的語」も状態変化の主体ではなく、動作の仕手である。述語は"欺負、踐蹋(いじめる)、折磨(いためつける)、折騰(苦しめる)、虐待(虐待)、糟蹋(踏みにじる)、侮辱(侮辱する)"のような肉体、精神的に苦しめることを示す動詞である[6]。このような[主語(被害者=動作の客体)+讓+目的語(加害者=動作者)+苦しめる動詞]の組みあわせには'主語が目的語に精神的な被害を受ける'という共通の意味をもち、よって、これを〈主語の被害文〉と名付けることができる。この場合"讓"は"被、給"に置き換えることができる。

このタイプの元の構造は受け身的な形式の元の構造「N2 苦しめる V N1 → N1 讓 N2 苦しめる V」になる。つまり、主語で示される「N1」の動作主体は、受け身用法の「目的語」で示される「N1」動作の主体になる。このような意味的な結びつきから、中国語の使役介詞"讓"に、受け身的な派生用法があることが分かる。なお、このタイプの表現に対応する日本語は

「N1 が N2 に V られる」の受け身形式で表される。

(44) 你這是不讓她們逮到把柄了嗎？　　　　　　　　《醫》
　　　そうなるとあなたが彼らに弱みをつかまれたのと同じでしょう？
　　　　　　　　　　　　　　　　　　　　　　　　　　　　　仮訳
(45) 你不用擔心，請好好地值班吧！　不要讓縣醫大人發現你又神遊了。
　　　　　　　　　　　　　　　　　　　　　　　　　　　　　《醫》
　　　あなたがまた夢遊してしまったことを県医に知られたら大変だから。
　　　　　　　　　　　　　　　　　　　　　　　　　　　　　仮訳

　また、次のような構造も〈主語の被害文〉に似ている。

(46) 祥子！你讓狼咬去了還是上非洲挖金去了。　　《骆驼祥子》
　　　祥子！いったいどこへ行ってたの。狼にさらわれたのかい…。　対訳
(47) 小偷讓警察帶走了。
　　　泥棒が警察に連れて行かれた。　　　　　　　　　　　　　仮訳
(48) 她讓那個男人娶走了。
　　　彼女があの男に連れて行かれた。　　　　　　　　　　　　仮訳

　このタイプの「主語」と「目的語」は〈主語の被害文〉と同じく動作の受け手と動作の仕手という関係である。また、述語は"動作動詞＋走"の複合動詞で、これを『連語論』に学んで「連れ去り動詞」と名付けておく。なお、このような［主語（被動者）＋讓＋目的語（意志的動作者）＋他動性の（連れ去り）動詞］の組みあわせは'主語が目的語に連行される'という共通の意味をもち、よって、これを〈主語の被移動文〉と名付けることができる。この場合、中国語の"讓"は「小偷被警察給帶走了。(例(47)から)」のように"被～給"に置き換えることができる。
　以上の「N1 讓 N2 連れ去り V」の元のかたちは、次の例のような中国語の"把"構造、つまり「処置構造」の「N2 把 N1 連れ去り V」になる。

(49) 要不是坏人把我抓到这里来，我妈妈也就不会把菊花你送到这鬼地方来！
悪い人が私をここへ連れて来なければ、私のおっかさんにしても、菊さんをこんな所へ入れはしなかったのだよ！　　　　『菊の花』
(50) 妹夫婦はまさか私を村から追い出すような事はしないだろう。
『走れメロス』
妹妹和妹夫不至于把我从村子里赶出去吧。　　　　　　　　　　対訳

　このように、中国語の「N1 讓 N2 連れ去りV」の構造は、動詞の仕手と受け手との問題で、元の構造がこの"把"に広げられる処置構造になる。また、この元の構造の中国語の「処置構造」で示される動作主体は「主語」で、動作の客体は「目的語」である。中国語の"把"を使役表現の一種だとする見方もある[7]。この種の"把"に広げられる構造は、主語＝動作の仕手「N2」が処置する対象の「N1」に対しての扱い方の問題で、いわゆる立場上の問題である。つまり、使役の元の能動構造から使役者が登場するような使役構造と違うことから、筆者はこの説に同意しない。また、このタイプの"讓"は受け身的な用法であるが、被害的なものとは違って、空間的な処置である。
　要するに、「N2」の動作主体に「N1」の動作の客体がある処置的な行為を行うことによって、空間的な移動が生じるということが表現されている。
　ところで、上の〈主語の被害文〉に似た構造のものがある。例えば、

(51) 她已經讓那個英國紳士給迷得失魂落魄了。
彼女はあのイギリス紳士に惑わされた。　　　　　　　　　　　仮訳
(52) 他讓那個年輕貌美的女人迷住了。
彼はあの若くてきれいな女に魅了された。　　　　　　　　　　仮訳
(53) 他好像讓她放了迷藥似的變了個人。
彼はまるで彼女に魔術を受けたかのように変わった。　　　　　仮訳

　これらの述語は"迷住、迷得團團轉、誘惑、吸引、騙、騙走、誘拐"のような誘惑を示す動詞である。ここでは「誘惑動詞」と名付けておく。これら

の誘惑動詞で示される動作によって状態変化を引き起こすまでが誘惑動詞を中核とする述語全体の意味と見ることができる。しかし、これらの「目的語」には加害意識があるかどうかは確認できない。なぜなら、これらの文は、話し手（一人称）の視点による推測であって、実際に発生した出来事ではない話し手の一方的な推測である。そのため、このタイプの構造は主語が一人称になることのできない表現である。またそれが原因であろうか、これらの文には副詞の"好像／似乎"（まるで〜のよう）が使われる。この［主語（被害を受けたとされる者）＋讓＋目的語（加害者とされる者）＋誘惑動詞］の組みあわせには'主語が目的語に被害を受けたことを推測する'という共通の意味をもち、よって、これを〈主語の被害想定文〉と名付けることができる。この場合、"讓"は"被"に置き換えることができる。このタイプの表現に対応する日本語は陳述文の「N1はN2にVられる」という受け身形式で表される。

ところで、〈被動的〉の中には、次の例のようなものがある。

(54) 我又覺得我讓你教誨了一課。　　　　　　　　　　《我的麥片寶貝》
　　　私はまたもあなたに説教されていたように思った。　　　　　仮訳
(55) 「我不敢。讓他知道的話，我就會沒命的。」　　　　　《寒假》
　　　「そんなこと私にはできない。彼に知られたら私の命が危ない。」仮訳
(56) 只要是讓他訓練過的選手，都有很好的成績。
　　　彼に鍛えられた選手なら、皆成績がいい。　　　　　　　　仮訳
(57) 凡是讓我看病的人，不管多麼痛的牙，立即給他拔掉。　　　対訳
　　　わしが手にかかったもんなら、どげん痛か歯でもすぐ抜いてしまう。
　　　　　　　　　　　　　　　　　　　　　　　　　　　　『えんま大王』

これらの"讓"を含む節は、主語と主題のない文である。これらの「目的語」は動作主体ではあるが、動作の意志性に関係なく、動作の経験者である。そのため、述語は"教、看、交、追、睡、訓練、手術、救、幫助、辯護、算命、逮捕、抓（—過）等"のような動詞に、動作の過去或は完了を表す補助動詞「—過」がつくかたちで表現されるものが多い。過去や完了でない場合、仮定条件のかたち（56と57の例）が使われる。このタイプの構造には、"讓"

のもつ前半の文と、それ続く後半の文という特徴があるが、その後半文は、動作主体の経験談、つまり'状態'のことである。また、このタイプの文は、仮条件を表す副詞"只要、凡是"が付くことが特徴である。この［讓＋動作者＋経験動作、状態を示す動詞］の組みあわせには'話し手の目的語に対する評価'という共通の意味をもち、よって、このタイプを〈経験者評価文〉と名付けることができる。この場合、"讓"は"被"に置き換えることができる。

〈経験者評価文〉に対応する日本語は「れる／られ（＋なら）」のような受け身に仮条件が付くかたちで表現するものが多いが、「教える、診る、付き合う、寝る」のような動詞は受け身では使われないものである。

## 3. まとめ

以上は"誰＋讓誰＋怎麼樣"の形式における〈状態変化的〉、〈提議的〉、〈被動的〉の構造的なタイプに、さらにその下位的な結びつきを一般化し、"讓"と他の介詞との関連性や日本語の使役表現との相違を考察した。少数ながら例外的なものもあるが、使役形式"讓"がつくる文での意味を一般化すれば、次ページの表のようにまとめることができる。

まず、〈状態変化的〉使役文の場合は、動詞タイプと動作の仕手と受け手との関係により〈使心理状態変化文〉、〈心理状態変化起因者文〉、〈使生理状態変化文〉、〈使空間的状態変化文〉、〈使地位状態変化文〉、〈使認知状態変化文〉の下位意味的な結びつきを一般化することができた。この分け方によって、中国語の使役介詞"讓"が、どのような組みあわせの場合に、どのような意味的なタイプの使役文を構成し、どのタイプの介詞と置き換えることができるかをみることができた。つまり、〈心理状態変化起因者文〉の場合、"讓"は"叫，令"に置き換えることができるが、〈使心理状態変化文〉の"讓"は"叫"に置き換えるとやや不自然になる。そして、〈使生理状態変化文〉の場合、"讓"は"給"に、〈使空間的状態変化文〉の場合、"讓"は"叫、要、（請）"に、〈使地位状態変化文〉の場合、"讓"は"叫"に置き換えられる。

表1 "譲"構文の意味・用法一覧

| | (働きかけ性)主語 | 目的語 | 動詞タイプ | [意味]と"置き換えられる介詞" |
|---|---|---|---|---|
| 状態変化的 | (○)致使者 | 心理状態変化者 | 心理状態V | [使心理状態変化文]"0" |
| | (×)起因者 | 心理状態変化者 | 心理状態V | [心理状態変化起因者文]"叫" |
| | (○)致使者 | 生理状態変化者 | 生理状態V | [使生理状態変化文]"給" |
| | (○)致使者 | 空間状態変化者 | 移しかえV | [使空間的状態変化文]"叫,要" |
| | 致使(協力)者 | 社会地位変化者 | 地位状態V | [使地位状態変化文]"給" |
| | 致使者(意志) | 認知状態変化者 | 認知動詞 | [使認知状態変化文]"0" |
| 提議的 | 提議者(意志) | 被処置者 | 生理状態V | [生理状態処置提議文]"給" |
| | 提議者 | 被処置者 | 生理状態V | [生理状態処置法提議文]"0" |
| | 調教対象 | 調教者 | 教導性V | [人の処置者提議文]"由、叫" |
| | 制裁対象 | 制裁場所又は組織 | 制裁性V | [人の制裁場所提議文]"由,受" |
| 被動的 | 被害者 | 加害者 | 苦しめるV | [主語の被害文]"被、給" |
| | 被動者 | 動作者 | 連れ去るV | [主語の被移動文]"被〜給" |
| | 被害者とされる者 | 加害者とされる者 | 誘惑V | [主語の被害想定文]"被" |
| | | 経験者、動作者 | 経験、状態V | [経験者評価文]"被" |

　ただ、動作の対象(目的語)が新しい生理又は地位的状態に変化するように働きかける文の場合、"譲"は"給"に置き換えられることが分かった。さらに、〈使認知状態変化文〉の場合は"譲"は他の介詞に置き換えることができない。
　このように、"譲"は〈使地位状態変化文〉と〈使認知状態変化文〉以外の〈状態変化的〉使役文では、働きかけ性の強いものは"叫"に置き換えら

れる。さらに、この分け方によって、日本語の使役文には目的語を新しい生理／地位的状態に変化するように働きかける表現がないことが分かった。

〈提議的〉使役文の場合は、〈生理状態処置〉、〈生理状態処置法〉、〈人の処置者〉、〈人の制裁場所〉提議文などの下位意味的な結びつきを一般化することができた。〈生理状態処置〉提議文の場合、"讓"は"給"に置き換えられ、〈生理状態処置法〉提議文の場合、"讓"は他の介詞に置き換えることはできないが、〈人の処置者〉提議文の場合、"讓"は"叫、由"に、〈人の制裁場所〉提議文は"讓"は"由、受"に置き換えられることが分かった。

〈被動的〉使役文の場合、〈主語の被害文〉、〈主語の被移動文〉、〈主語の被害想定文〉と〈経験者評価文〉の下位意味的な結びつきを一般化することができた。〈主語の被害文〉の場合、"讓"は"被、給"に、〈主語の被移動文〉の場合、"讓"は"被〜給"に、〈主語の被害想定文〉、〈経験者評価文〉の場合、"讓"は"被"に置き換えられることが分かった。

本稿は中国語の使役表現の構造的なタイプを一般化し、日本語の使役表現との違いを論じようとしたものである。日本語の使役表現には自動詞と他動詞との違いだけでなく、使役形式ではない使役文が存在する。それが原因か、現段階までの日本語の使役研究ではまだ内容面にまで踏み込みきれていない状態にある。このことが、本稿の対照研究にまで試行できなかった原因の一つである。対照研究は二つの言語が同じような明確な体系のレベルでないとそれを実行することが難しい。結果的に、中国語の体系を一方的に探りながら、その体系性に頼ってのつきあわせのかたちでしか進められなかったが、日本語という個別言語の研究で見えなかったものに関して、このつきあわせでその内容面を映し出すことを試みた。中国語の"讓"に広げられた一つの表現形式が使役、受動表現など二つ以上の内容面と、これに対応する日本語の使役、受身、受給、提議の表現、及びこれらの内容面の繋がりを見ることができた。

なお、今回の中国語の"誰＋讓誰＋怎麼樣"の形式に表現される構造的なタイプから見た日本語の表現を表2のように示す。

表2 中国語"讓"構文に対応する日本語表現

| 中国語の意味的な結びつき | 対応する日本語表現（使役、受給、受け身）の違いが際立つように |
|---|---|
| 使心理状態変化文 | 「人が 人を 心理状態Vさせる」 |
| 心理状態変化起因者文 | 「人が 人を 心理状態Vさせる」 |
| 使生理状態変化文 | 「人が 人を 生理状態Vさせる」 |
| 使空間的状態変化文 | 「人を 場所に （他動性)移しかえVさせる」 |
| 使地位状態変化文 | 「人が 人を 状態にする」<br>「人が 人を 状態Vようにする」 |
| 使認知状態変化文 | 「人が 人に 認知Vさせた」<br>「人が 人に 何を 認知Vさせてくれる／てほしかった」 |
| 生理状態処置提議文 | 「人を Vさせる（自動性動詞）」<br>「人を 仕方で （自動性)Vさせる」 |
| 生理状態処置法提議文 | 「人を（手段で）Vさせる（自動性動詞）」 |
| 人の処置者提議文 | 「人が 人に 教導性Vてもらうべき」 |
| 人の制裁場所提議文 | 「人が 組織に 教導性Vてもらうべき」 |
| 主語の被害文 | 「人が 人に 苦しめるVられる」 |
| 主語の被移動文 | 「人が 場所に 連れ去るVられる」 |
| 主語の被害想定文 | 「人が 人に 誘惑Vされる」 |
| 経験者評価文 | 「人が 人に 説教Vられた」 |

中国語の使役表現に複数の介詞が存在することが、使役研究を複雑にしているが、本研究では"讓"に展開する使役構造を中心に、その意味的な結びつき及びその結びつきに参加する要素を体系的に一般化することで、他の介詞との関わりを理論的に説明することができた。日本語の使役研究も、同じような方法で実行されたら、これまでと違った面が取りだされることになるだろう。

## 注

1. 人の心理・生理的変化を表す動詞について早津(2004)に次のような指摘があった。「人の心理・生理的変化といった無意志動作の惹起は、日本語にはそれを表す他動詞があまりなく(「脅かす、苦しめる、元気付ける、寝かす」などがあるが豊かでない)、そういった事態の表現は心理的・生理的状態を表す動詞に「—(s)aseru」のついた使役動詞が活発に用いられる。」
2. 方(2008)「中国語から見た日本語の文法」の〈主語の二重使動文〉を参照されたい。
3. 連語論ではこのタイプの組みあわせを《うつしかえの結びつき》と名付けている。(p.33)
4. 例33の場合、処置文の"把"に置換えるのに結果補語に「—起來」が必要になる。
5. 本稿ではこのタイプの「で格」の名詞は、'予測できない出来事'を作る使役文の起因を示す名詞で、『連語論』での〈原因的な結びつき〉を作る原因、動作、状態を表す「で格」の名詞(例えば、「父親は戦争で死んでおります。」)とは名付け的な意味が違う。(pp.331–333)
6. 『連語論』ではこの類の動詞を"感情=評価的"としている。(p.116)
7. 张(1998)は'把'の意味機能を'致使'とし、木村(2000)は「執行使役」だとしている。英語学では他動性の直接対象を「致使的」と見るが、使役の広義的な見方であろう。

## 日本語主要参照文献

天野みどり(1991)「経験的間接関与表現」191–210 仁田義雄(編)『日本語のヴォイスと他動性』くろしお出版

言語学研究会(編)(1983)『日本語文法・連語論(資料編)』むぎ書房

佐藤里美(1986)「使役構造の文」言語学研究会(編)『ことばの科学 1』89–179 むぎ書房

鈴木重幸(1972)『日本語文法・形態論』284–289 むぎ書房

鈴木重幸(1996)「動詞の「たちば」をめぐって」『形態論・序説』159–172 むぎ書房

高橋太郎(2003)『動詞九章』ひつじ書房

村木新次郎(1991)「ヴォイスのカテゴリーと文構造のレベル」仁田義雄(編)『日本語のヴォイスと他動性』1–30 くろしお出版

村木新次郎(2002)「日本語の文のタイプ・節のタイプ」『現代日本語講座 第五巻 文法』79–100 明治書院

仁田義雄(1995)「ヴォイス的表現と自己制御性」『日本語のヴォイスと他動性』37–57 くろしお出版

仁田義雄(2002)「日本語の文法カテゴリー」『現代日本語講座 第五巻 文法』120–145 明治書院

野田尚史(1995)「文法的ヴォイスと語彙的ヴォイス」仁田義雄(編)『日本語のヴォイス

と他動性』211–232　くろしお出版
早津恵美子(2004)「使役表現」尾上圭介(編)『朝倉日本語講座6』朝倉書店
定延利之(1995)「SASEと間接性」『日本語のヴォイスと他動性』123–148　くろしお出版
方　美麗(1997)「物に対する働きかけを表わす連語〜日中文法対照研究〜」お茶の水女子大学博士論文
方　美麗(2002)「連語論」〈「移動動詞」と「空間名詞」との関係〜中国語からの視点〜〉『日本語科学』第11号 55–78　国立国語研究所
方　美麗(2004a)『物に対する働きかけを表わす連語〜日中文法対照研究〜』海山文化研究所
方　美麗(2004b)『「移動動詞」と空間表現〜統語論的な視点から見た日本語と中国語〜』白帝社
方　美麗(2008)「中国語から見た日本語文法—使役表現を中心に」『国文学　解釈と鑑賞』至文堂1月号 114–130
松本泰丈(2002)「文法用語をめぐって」『国文学　解釈と鑑賞』6–16　至文堂
宮島達夫(1994)「動詞の意味範囲の日中比較」『語彙論研究』むぎ書房
森田良行(1990)「使役文における助詞」『日本語学と日本語教育』161–138
楊　凱栄(1989)『日本語と中国語の使役表現に関する対照研究』くろしお出版

**中国語主要参照文献**

Charles N. Li and Sandra A. Thompson (1981) Mandarin Chinese: A Functional Reference Grammar: Berkley: University of California Press (『漢語語法』黄　萱範訳 1983 台北：文鶴出版)
C. E.　ヤーホントフ(1987)橋本萬太郎訳『中国語動詞の研究』白帝社
Ting-chi Tang(湯　廷池)(1992)《Studies on Chinese morphology and styntax: 4》"A Theta-Grid-Driven Approach to Contrastive Analysis and Machine Translation" 251–328
木村英樹(2000)「ヴォイス表現の構造化とカテゴリ化」『中國語學 247』19–39　日本中国語学会
輿　水優(1985)『中国語の語法の話』光生館
朱　徳熙(1982)『语法讲义』商务印书馆(『文法講義』杉村博文他訳 1995 白帝社)
沈　力(1996)「谈汉语的使役句和被动句的结构」『中國語學 243』75–84
趙　元任(1980)『中国語的文法』中文大学出版社
湯　廷池(1987)『漢語詞法句續集』台灣書局
藤堂明保・相原　茂(1985)『新訂中国語概論』大修館書店
劉　月華他(1988)相原　茂監訳『現代中国語文法総覧(上、下)』くろしお出版
李　临定(1990)『现代汉语动词』中国语社会科学出版社
呂　叔湘(1957)『中国语语法分析问题』光生館

松岡榮志他監訳(2004)北京大学中国語言文学系現代漢語研究室(編)『現代中国語法総説』三省堂
郭 翼(1984)「副詞　介詞　連詞」『漢語知識講話』上海教育出版社

　言語資料について、中国語は台湾で出版された文学作品からの実例と、Yahoo検索から用例を収集し、部分的な作例も使用した。日本語は日本語の文学作品から実例を引用し、また日中対照の分析については、国立国語研究所でコピーした日中文学作品対訳付き台帳から収集した用例を使用した。使用作品名は次の通りである。

**中国語の出典**
《駱駝祥子》老舎 1962、人民文学出版社(市川宏、杉本達夫訳「現代中国文学 4」河出書房新社 1970)
《憩園》巴金 1980、四川人民出版社(奥平卓訳「現代中国文学 4」河出書房新社 1970)
《我的麥片寶貝》柯志遠 1994、圓神出版
《那年十八歲》土旗 2005、新雨出版
《別有情懷》朱秀娟 1998、皇冠文化出版
《寒假》許宜珮 2005、紅色文化出版
《醫女大長今　上／下》金相漢 2004、傑克魔豆出版

**日本語の出典**
『天の瞳』灰谷健次郎 2001、角川書店
『黄金鳥』鈴木三重吉 1917、岩波書店
『ノルウェイの森』村上春樹 2003、講談社
『プラナリア』山本文緒 2005、文藝春秋
『リアル鬼ごっこ』山田悠介 2004、幻冬舎
『親ごころ』佐藤春夫 1990、　講談社

**日中文学作品対訳付き台帳の出典**
『菊の花』中野重治 1931、陶振孝訳「日本語学習与研究」1986-4
『窓ぎわのトットちゃん』黒柳徹子 1981、李朝煕訳「窗邊的小豆荳」1993
『伊豆の踊り子』川端康成 1926、林栄一訳「近代日本稿学選」II 鴻儒堂出版社 1983
『えんま大王の大しくじり』木下順二 1988、申非訳「日語学習研究」1979-I
『二人の王子さま』池田大作 2006、伊井健一郎等訳「現代日本文学対訳読物」1995-2

［付記］本稿をまとめるにあたっては、前別府大学教授松本泰丈さんにご助言を頂きました。御礼申し上げます。

# 逆条件節をつくる形式

――テモ・〜トシテモ・ニシテモ・ニセヨ［ニシロ］

松浦恵津子

## 1. はじめに

－テモ・〜トシテモ・ニシテモ・ニセヨ［ニシロ、以下ニセヨで代表させる］は、仮定的・既定的内容をもつ従属節をつくり、通常の想定とは異なる帰結を導く逆条件文をつくる。各形式とも逆条件以外の用法も持つが、本稿では逆条件用法をとりあげ、各節が現象・できごとを記述しているか判断を述べているかということを中心に、四形式の違いと関連について考察する。

## 2. 用例について

### 2.1. 用例数

収集した逆条件文の用例数を、表1の左半分に示す。また、一形式中での各用法の割合を、表1の右半分に示す。

表1 逆条件文の用例数

|  | 用例数 |  |  |  | % |  |  |  |
|---|---|---|---|---|---|---|---|---|
|  | －テモ | 〜トシテモ | ニシテモ | ニセヨ | －テモ | 〜トシテモ | ニシテモ | ニセヨ |
| 既定的用法 | 68 | 10 | 65 | 85 | 46.9 | 6.9 | 44.8 | 58.6 |
| 仮定的用法 | 26 | 107 | 66 | 41 | 17.9 | 73.8 | 45.5 | 28.3 |
| 一般的用法 | 51 | 19 | 10 | 16 | 35.2 | 13.1 | 6.9 | 11.0 |
| 反現実用法 | 0 | 9 | 4 | 3 | 0 | 6.2 | 2.8 | 2.1 |
| 計 | 145 | 145 | 145 | 145 | 100.0 | 100.0 | 100.0 | 100.0 |

## 2.2. 節のタイプ

　従属節と主節が、A現象やできごとを記述しているか、B判断を述べているか、のタイプによって、用例数を見たものが表2～表5である（表1であげた中の述べたて文のみ。反現実用法は用例が少ないので除いた）。

**表2　タイプ別用例数**

| 従属節―主節 | -テモ | ～トシテモ | ニシテモ | ニセヨ |
|---|---|---|---|---|
| A―A | 48 | 3 | 2 | 2 |
| A―B① | 46 | 37 | 3 | 3 |
| A―B② | 35 | 55 | 33 | 26 |
| B―A | 0 | 3 | 8 | 5 |
| B―B① | 2 | 2 | 2 | 1 |
| B―B② | 8 | 27 | 59 | 82 |

　表2ではA―B型、B―B型はそれぞれ二つに分けている。A―B①、B―B①は、主節の述語が動詞のもの中心で、現象やできごとに対する話し手の判断（推量・伝聞・確信度など）を述べるものである。A―B②、B―B②は、主節の述語が形容詞・名詞のもの中心で、特性や価値評価を述べるものである。B―B型では、ほとんどがB―B②型であったので、以下一括して扱う。

**表3　既定的用法**

| 従属節―主節 | -テモ | ～トシテモ | ニシテモ | ニセヨ |
|---|---|---|---|---|
| A―A | 41 | 0 | 2 | 0 |
| A―B① | 14 | 0 | 2 | 1 |
| A―B② | 5 | 4 | 8 | 6 |
| B―A | 0 | 0 | 3 | 1 |
| B―B | 4 | 5 | 29 | 57 |

　既定的用法では、-テモではA―Aが多く、ニシテモ・ニセヨではB―Bが多い。

表4 仮定的用法

| 従属節―主節 | ‒テモ | 〜トシテモ | ニシテモ | ニセヨ |
| --- | --- | --- | --- | --- |
| A―A | 0 | 3 | 0 | 2 |
| A―B① | 14 | 32 | 1 | 2 |
| A―B② | 9 | 40 | 21 | 13 |
| B―A | 0 | 3 | 5 | 3 |
| B―B | 1 | 21 | 27 | 17 |

　仮定的用法は、‒テモではほとんどがA―B①②である。〜トシテモでは、A―B①②とB―Bが多く、ニシテモ・ニセヨではA―B②とB―Bが多い。

表5 一般的用法

| 従属節―主節 | ‒テモ | 〜トシテモ | ニシテモ | ニセヨ |
| --- | --- | --- | --- | --- |
| A―A | 7 | 0 | 0 | 0 |
| A―B① | 18 | 5 | 0 | 0 |
| A―B② | 21 | 11 | 4 | 7 |
| B―A | 0 | 0 | 0 | 1 |
| B―B | 5 | 3 | 5 | 7 |

　一般的用法は‒テモに多く見られ、A―B①②に多かった。

## 3. 各形式の特徴

### 3.1. ‒テモ

#### 3.1.1. 活用語尾の‒テモ

　ここで‒テモと表すのは、動詞・形容詞・述語名詞の活用形の一つである譲歩形の活用語尾のことである。

#### 3.1.2. ‒テモの先行研究

　‒テモについての先行研究は、前田(1993、1995)等があげられる。しかし、2.2で述べたような節のタイプから‒テモ文を考察したものは、見当たらない。

### 3.1.3. –テモの用法

　テモは既定的・一般的用法が多かった(表1)。仮定的用法でもある程度使われている。また、節のタイプではA—Aのものが他の三形式より多く(表2)、A—Aは既定的用法で多く見られた(表3)(用例1～4)。(用例中の〔　〕内はこの論文の筆者による補足。出典の略称については章末を参照。)

(1)　急上昇急下降を繰り返す砂利道に車体は激しく揺れ、たすき掛けのシートベルトを左右に<u>締めていても</u>全身が跳ね上がる。　　　　(平)
(2)　真鍋のアルコールの強さには、全く、三枝も呆れるばかりだった。ぐいぐい<u>飲んでも</u>顔色一つ変わらない。　　　　(女)
(3)　通路側の彼は、足を伸ばして目を閉じている。乗務員が、「カートが通れませんので、足をひっこめてください」と3回、<u>声をかけても</u>、目を開けない。　　　　(ア1997)

　(1)～(3)は目の前の現象を記述する文、次の(4)は目の前の現象ではないができごとを記述する文である。

(4)　猛烈な向かい風が吹きつけてくるため、懸命にペダルを<u>こいでも</u>自転車はなかなか進んでくれなかった。　　　　(マ)

　–テモではA—B①も多く(表2)、次にこの型の用例をあげる。(5)は既定的、(6)は仮定的、(7)は一般的用法である。

(5)　いかん、とは<u>思っても</u>、またその内あの女の所へ行くかもしれない。　　　　(女)
(6)　「〔銀行が差し押さえた建物が〕競売で<u>落札されても</u>、抵当権の順位が高い銀行が優先的に金を持って行く。うち〔＝テナントとして払った保証金が返ってこない〕の取り分なんて期待できない」。　　　　(朝1996)
(7)　〔事業団を通した税金の吸い上げは、開示を〕<u>求めても</u>、開示されない。　　　　(ア1997)

(1)〜(7)の「PてもQ」は、通常の想定〈Pの事象が成立すれば、〜Qの事象が引き起こされる〉に反する帰結であることを述べている。
　次にA—B②であるが、–テモでは一般的用法で多い(用例8)。

(8)　暖冬の年は冬型気圧配置が<u>現れても</u>弱いことが多い。　　（日1998）

　(8)(A—B②型)の「PてもQ」は、通常の想定〈Pの事象が成立すれば、〜Qという特性・価値評価である〉に反する帰結であることを述べている。

3.1.4.　従属節の述語のテンス形式と–テモでは表しにくい時間関係
①　前件・後件の時間的順序
　〜トシテモ・ニシテモ・ニセヨは、非過去形・過去形の両方に接続するが、–テモにはこのような対立はない。–テモはテ中止形に取り立て助辞のモがついた形であるから、時間的順序はテ中止形と後続句節との関係と同様、前件→後件あるいは同時的である。したがって、次のように時間的順序が後件→前件になる場合には–テモは使いにくい。

(9)　多くの人たちは、「死はいずれ<u>訪れるとしても</u>、当分の間は大丈夫だろう」と考えて、毎日を送っている。　　（健）

②　従属節の動詞が継続相で、従属節と主節のテンスがちがう場合
　次のニシテモの用例では、前件は過去、後件は現在の事態を表す。

(10)　〔赤帽がいつのまにか姿を消していた。〕一体あいつは何だったろう。——そう今になって考えると、眼は確かに<u>明いていたにしても</u>、夢だか実際だか差別がつかない。　　（妙）

　(10)は従属節の動詞が継続相で、–テモを使うと前後件は同時的だと解釈されてしまう。従属節の動詞が継続相で従属節と主節のテンスがちがう場合は、その時間的関係を–テモでは表せない。なお、–テモの場合、従属節の

述語が動的な動詞で完成相、主節の述語も動的であるとき、前件と後件は継起的に解釈される。

## 3.2. 〜トシテモ

### 3.2.1. 〜トシテモの先行研究

北條(1989)は、「としても」は「……仮定の意味を強くもち、未完了のことについての逆接の仮定条件を成立させる」としている。

### 3.2.2. 〜トシテモの文法的性格と意味

〜トシテモは、仮定することを表す〜トスルの活用形の一つ(譲歩形)である[1]。〜トスルのトは〈内容を指示する格助辞ト〉、スルは〈思考活動の意味のスル〉で、〜トスルは「〜と考える」「仮定する」という意味をもつ。仮定することを表す〜トスルは、過去形・推量形、打ち消し形式などでは使われないが、「〜とする。」「〜としよう。」「〜とせよ。」「〜として」「〜とすると」などの活用形では使われ、発話時にまたはテンスなしで、話し手あるいは聞き手が仮定する意味を表す。活用表は不完全であるが、〜トシテモは〜トスルの譲歩形であると言えよう[2]。

### 3.2.3. 〜トシテモの用法

表1に見るとおり、〜トシテモには仮定的用法が多い。しかし、既定的な用法も少数ながらある。既定的でも仮定的な意味が影響し、「その内容は事実ではあるがすぐに変化する」あるいは、「たいして重要ではないことだ」などの意味を含みやすい(用例11)。

(11) 〔ソフトウエアの〕既成品と受託開発の割合は、アメリカで六対四、ヨーロッパで四対六、一方日本では一対九でしかない。〔中略。既製品を扱う会社の立場として〕今はまだ一対九であるとしても、見通しは明るい。既製品は今後、着実に伸びていく。　　　　　(青空)

ただし、〜トシテモは、(1)〜(3)のような目の前で確実に起こっている現

象を記述する従属節・主節をもつ文には使われない。

　節のタイプは、仮定的用法でA―B②、A―B①、次いでB―Bが多い(表4)。(12)はA―B②、(13)はA―B①、(14)はB―Bである。

(12)　竹中が首相になったとしても、政治力の面では小泉に頼りきりにならざるをえないから、竹中は小泉首相が最もコントロールしやすい首相ということになるだろう。　　　　　　　　　　　　　　　　(メ)
(13)　万が一盗まれたとしても、店の若旦那はまがりなりにも自警団団長、犯人はすぐに捕まるだろう。　　　　　　　　　　　　　　　(カ)
(14)　「そんな価値はないわ。たとえ本当にポルムベスクという作曲家の楽譜だとしても」　　　　　　　　　　　　　　　　　　　　(百)

　(14)は倒置になっている。(14)(B―B型)の「PてもQ」は、通常の想定〈Pという特性・価値評価であれば、～Qという特性・価値評価である〉に反する帰結であることを述べている。

### 3.2.4. 従属節の述語のテンス形式

　表6は、従属節(未来の仮定を表す用法・一般的用法)の述語のテンス形式を調べたものである。

表6　従属節(未来の仮定・一般的用法)の述語のテンス形式

|  | 非過去形 | 過去形 |
|---|---|---|
| ～トシテモ | 8例 | 69例 |
| ニシテモ | 39例 | 5例 |
| ニセヨ | 36例 | 4例 |

　～トシテモは、過去形に接続するものが多い。この過去形は「疑わしさ」を表すモーダルなもので、～トシテモが仮定を表すことと関係していると考えられる[3]。また、(13)のように、従属節の述語が動的で、前件→後件という時間的順序のものは相対的テンスになっているとも考えられる。ちなみに、反現実を表す用例では、～トシテモ・ニシテモ・ニセヨとも従属節の述

語はすべて過去形であった。

### 3.3. ニシテモ
#### 3.3.1. ニシテモの先行研究
　北條(1989)は、「にしても」は「『としても』のように仮定の意味は強くもたないようで」「〜に決めた場合」というニュアンスをもつとしている。また、砂川他(1998)では、「にしても」は「……ような事態であることをかりに認めた場合でも」としている。

#### 3.3.2. ニシテモの文法的性格と意味
　形から見れば、ニシテモはニシテをモで取り立てた形である。ニシテは〈ニ(格助辞)＋シテ(スルの中止形)〉あるいは〈ニ(断定のナリの連用形)＋シテ(接続助辞)〉であろうが、活用語につくときは、ニシテ＋モ／ハの形が使われる。ニシテモは語彙的意味をもたず、従属接続詞ほど単語として独立していないので、接続的にはたらく複合助辞とするのが適当であろう。
　ニシテモが「そう認めても」という認識的な意味をもつのは、〈結果や状態を表す格助辞ニ〉＋〈思考活動の意味をもつスル〉＋モであること、あるいはニが断定のナリであることと関係しているのであろう。

#### 3.3.3. ニシテモの用法
　ニシテモは、既定的用法・仮定的用法に同じように使われる(表1)。また、主節で特性や価値評価などの判断を述べるものが多い(表2)。
　既定的用法では、−テモとちがいB─B型が多い(表3)。既定的用法のB─B型の前件は、話者がそうであるとする既定的判断を表す(用例15〜17)。

(15)　違法行為ではないにしても、けっしていいことではありません。
　　　　　　　　　　　　　　　　　　　　　　　　　　　　　　(買)
(16)　勿論、梶井文学の基調たる、疲労、倦怠、絶望という精神の色調が、彼の病弱な肉体と不可分に結び合っていることは見逃しがたいところであるにしても、彼の病身を以て、直ちに彼の作品の頽廃的色彩の

原因とみる説は甚だしく誤っている。　　　　　　　　　　（「樽」解）

(17)　〔イランでは、対米対話を目指すハタミ大統領が国民の厚い支持を得ているが、軍事、外交の最終権限は保守的な宗教指導者ハメネイ氏にある。〕そうした事情はあるにしても、クリントン政権は慎重になるあまり、この機会を逃すべきではあるまい。　　　　　　　（朝1998）

　仮定的用法ではA—B②とB—Bが多い（表4）。(18)はA—B②、(19)はB—Bである。

(18)　同居するにしてもとにかく自分の娘ですから、気が楽でしょう。
　　　　　　　　　　　　　　　　　　　　　　　　　　　　　　（太）

(19)　これはエゴイズムか。しかしおれは他人の利益を侵害してはいない。従って、たとい是がエゴイズムであったにしても、非難される理由はないのだ。　　　　　　　　　　　　　　　　　　　　　　　（青春）

### 3.3.4. 従属節の述語のテンス形式

　ニシテモと次節のニセヨの場合、従属節の述語は、未来の仮定のとき非過去形が多く、過去の仮定のとき過去形が多いことから、絶対的テンスになりやすいと思われる。(19)のように仮定の意味が強いときは、現在・未来・一般の事態でも「疑わしさ」を表す過去形が使われるようである。次の過去形は、「疑わしさ」を表すことと、相対的テンスになっていることの両方が考えられる。

(20)　たとえ運良く〔出場の〕権利はとれたにしても、下手をすると出番が十五分などということにもなりかねない。　　　　　　　　　　　（セ）

## 3.4. ニセヨ

### 3.4.1. ニセヨの先行研究とニセヨの意味

　北條(1989)は、「にせよ」「にしろ」について「前件の事柄に左右されずに後件の事柄が行われるという意味である」としている。

ニセヨの場合は、前件の条件であってもそうでないときと帰結は変わらないということが比較的強く表される。結果として、通常の想定とは異なる帰結になるという逆条件文になる。

(21) 彼〔雪舟〕が模した原図というものが中国にあるのかどうかは知らないが、原図があるにせよ、雪舟の筆致は非常に違ったものを創り出しているに相違ないと思われた。　　　　　　　　　　　　　（雪）

(21)は、原図があったとしても独創的であることに変わりはない、と言っている。

(22) 日本の外交が、日米関係に基軸を置いていることは言うまでもない。国際情勢の変化はあるにせよ、当面日本がこの基本姿勢を変えるべき理由は見当たらないし、国益の面からも変えるべきでない。
　　　　　　　　　　　　　　　　　　　　　　　　　　　（読1997）

–テモ・〜トシテモ・ニシテモも「前件の条件であってもそうでないときと帰結は変わらない」という意味を含むが、こちらはモのはたらきによるものである[4]。
　ニセヨは、ニシテモと同様ニ・スルを構成要素として持ち「そう認めても」という認識的な意味を含む。

## 3.4.2. ニセヨの文法的性格
　ニセヨはニシテモと同様、接続的にはたらく複合助辞である。

## 3.4.3. ニセヨの用法
　ニセヨは既定的用法が多く、次いで仮定的用法でも使われる（表1）。節のタイプとしてはニシテモと同様、主節で特性や価値評価を表す判断を述べるものが多い（表2）。次は、(23)は既定的用法の「B—B」型、(24)は仮定的用法の「A—B②」型のものである。

(23) 農業就業人口は、九〇年の五百六十五万人から九五年には四百十三万人に減った。その一方で、農林水産予算は三兆三千億円から四兆六千億円に増えている。コメの輸入自由化対策（ウルグアイラウンド関連）があるにせよ、理解に苦しむ数字である。　　（読1997）

(24) 〔フットサルの話〕海外〔移籍〕組が、〔ブラジル代表として〕最終的に召集されるにせよ、サッカーのブラジル代表と同じくコンビネーション不足はブラジル代表にとって大きな足枷になるかもしれない。　　　　　　　　　　　　　　　　　　　　　　　　　　　（ワ）

### 3.4.4. 従属節の述語のテンス形式

ニセヨは、ニシテモと同様、絶対的テンスであると思われるものが多い。

## 4. 逆条件用法のまとめ

以上をまとめると、表7のようになる。

表7　各形式の特徴

|  | −テモ | 〜トシテモ | ニシテモ | ニセヨ |
|---|---|---|---|---|
| ①品詞的位置づけ | 活用語の譲歩形の活用語尾 | 〜トスルの譲歩形 | 複合助辞 | 複合助辞 |
| ②従属節の述語のテンス形式 | ・対立なし（先後：前件→後件、同時） | ・対立あり<br>・過去形が多い――「疑わしさ」を表す（相対的テンスも） | ・対立あり<br>・基本的に絶対的テンス | ・対立あり<br>・基本的に絶対的テンス |
| ③既定的用法<br>　仮定的用法<br>　一般的用法<br>　反現実用法 | ◎<br>△<br>○<br>− | △<br>◎＋<br>△<br>△ | ◎<br>◎<br>△<br>△ | ◎<br>○<br>△<br>△ |
| ④節のタイプ<br>　（多い順） | A―A<br>A―B①<br>A―B② | A―B②<br>A―B①<br>B―B | B―B<br>A―B② | B―B<br>A―B② |

一形式中　−：なし　△：〜19%　○：20〜39%　◎：40〜59%
　　　　◎＋：60%以上(各145例)

–テモは形態素としてはテとモのみで構成され、テ中止形をモで取り立てたことにより生じた逆条件接続の機能（前田1993）のみをもつ。このことは、–テモ文に、原初的な現象やできごと同士の逆条件関係を表すものが比較的多いことと関わりがあると考えられる。
　他の三形式は、ト／ニ・シ・テ・モあるいはニ・セ・ヨを形態素としてもち、「仮定する」「認める」というモーダルな意味をもつ。「仮定する」「認める」という知的活動の帰結として、主節は特性・価値評価などの判断を表すものが多い。
　–テモは、時間的順序が前件→後件または同時的で、事象間の逆条件関係が比較的多く見られるという点で、条件形をつくる–ト・–タラとの類似性が見出せるだろう。〜トシテモは仮定を表すという点で条件形をつくる–バとの類似性が、ニシテモ・ニセヨは「認める」という意味があるという点で条件形をつくる–ナラとの類似性が見出せるだろう。

## 5. 逆条件以外の用法

　各形式の逆条件以外の用法をあげておく。逆条件用法とそれ以外とでは、各形式とも前者のほうがやや少ないかほぼ同数であった。

① 条件節を複数並べ、帰結節で〈どの場合でも変わらない〉と述べる用法は、四形式すべてに見られたが、ニセヨで多かった。

(25) 守るにせよ 攻めるにせよ、人を見失ったほうが負ける。　　　（沙）

② 条件節に不定語（ドコ・イツ・ダレなど）を含み、帰結節で〈どの場合でも変わらない〉と述べる用法も、四形式すべてに見られたが、ニセヨで多かった。

(26) どんな未来が人類を待っているにせよ、子供たちはその運命を生きて行くだろう。　　　　　　　　　　　　　　　　　　　　　　　（ノ）

③　対比の用法も四形式すべてに見られた。

(27)　大人たちの世界に、さまざまな波瀾、葛藤、悩み事や怨み事が<u>絶えぬ</u>
　　　<u>にせよ</u>、子供たちには子供たちの世界があった。　　　　　　（楡）

④　前件に対する評価を後件で述べる用法は、–テモと〜トシテモに見られた。

(28)　会社側が株主総会の紛糾を<u>心配したとしても</u>不思議ではない。

（朝1997）

⑤　前件で仮定的状況を差し出し、その状況における制限などを後件で述べる用法は、四形式すべてに見られたが、ニシテモの用例が多かった。

(29)　ビデオで映画を<u>観るにしても</u>、ぶっ続けで十本がせいぜいだろう。

（ジ）

**注**
1　高橋他(2005)では、「すると　する」を仮定動詞としている。
2　あるいは、接続的なはたらきをする助辞に転成しつつあるといえるかもしれない。
3　文末に使われた仮定を表す〜トスルも、過去形に接続するものが少なくない。
4　–テモについては、前田(1993)参照。

**参考文献**
北條淳子(1989)「Ⅰ複文文型」『日本語教育指導参考書15 談話の研究と教育』国立国語研究所
言語学研究会・構文論グループ(1986)「条件づけを表現するつきそい・あわせ文（四）—その4・うらめ的なつきそい・あわせ文—」教育科学研究会・国語部会（編）『教育国語』84

小泉 保(1987)「譲歩文について」『言語研究』91 三省堂
砂川有里子他(1998)グループジャマシイ(編)『日本語文型辞典』くろしお出版
髙橋太郎他(2005)『日本語の文法』ひつじ書房
田中 寛(1989)「逆接の条件文〈ても〉をめぐって」『日本語教育』67 日本語教育学会
前田直子(1993)「逆接条件文『～テモ』をめぐって」益岡隆志(編)『日本語の条件表現』くろしお出版
前田直子(1995)「ケレドモ・ガとノニとテモ――逆接を表す接続形式――」宮島達夫・仁田義雄(編)『日本語類義表現の文法(下)』くろしお出版
Sweetser, Eve E.(1990) *From Etymology to Pragmatics: Metaphorical and Cultural Aspects of Semantic Structure*: Cambridge University Press(澤田治美訳 2000『認知意味論の展開 語源学から語用論まで』研究社)

**用例出典の略号**

ア:『AERA』／青空:『青空のリスタート』富田倫生 1992 ／朝:『朝日新聞』／女:「女社長に乾杯！」赤川次郎 1982 ／買:「買占め」清水一行 1998 ／カ:「～カミサマと私～」Linso Hiyoshi 2003-2004 ／健:「健康づくり」大原健士郎 1995 ／沙:「沙中の回廊」宮城谷昌光 2000 ／Sha:「Shadow Work」朝倉克彦 1999 ／ジ:「ジーンズをはいたカカシ」水番 1994 ／青春:「青春の蹉跌」石川達三 1968 ／雪:「雪舟」小林秀雄 1950 ／セ:「センチメンタル・デイズ」入谷芳彰 1994 ／太:『太郎物語 大学編』曽野綾子 1976 ／日:『日経新聞』／楡:「楡家の人びと」北杜夫 1964 ／ノ:「ノンちゃんの冒険」柴田翔 1975 ／百:「百年の預言」髙樹のぶ子 1999 ／平:「平成三十年」堺屋太一 1998 ／マ:「マセマティック放浪記」本田成親 2001 ／妙:「妙な話」芥川龍之介 1921 ／メ:「メディア ソシオ―ポリティクス」立花隆 2005 ／読:『読売新聞』／檸解:『檸檬』解説 新潮文庫 淀野隆三 1950 ／ワ:ワールドフットサル情報 2004

# 仮名日記の時間副詞の文法的意味と述語形式

山崎貞子

## 1. はじめに

　現代語の時間副詞は、川端(1965)の述語の層との共起に重点をおいた組織的な論考をはじめとして研究が進展してきた。工藤浩(1985)は時間副詞の分類を試み、新川(1979)は副詞と動詞の組み合わせに注目した。また仁田(2002)は、副詞の体系化を目指した著書の中で、時間関係の副詞、頻度の副詞について論じている。古代語については、テンス・アスペクト体系が鈴木(1992)、鈴木(2009)の研究によって確立されたが、これを基盤とした古代語の時間副詞と述語形式の共起関係も検討されるべき課題の一つである。文レベルのテンポラリティーは形態論的カテゴリーのテンスと、語彙的、構文的要素による総体として表されるが、時間副詞は語彙的手段としての役割を担う。この副詞には、発話時を基準にする「昨日」「今日」「明日」などのダイクティックな時間副詞と、暦日、一日の循環(昼、夜)、相対的な時間(その日、その夜)などの出来事時を基準にする非ダイクティックな時間副詞がある。

　本稿では、平安時代の仮名日記『土佐日記』『蜻蛉日記』『和泉式部日記』『紫式部日記』『更級日記』(本文は日本古典文学大系による)を研究対象として、ダイクティックな時間副詞と非ダイクティックな時間副詞の中の相対的な時間副詞に焦点を当てる。各日記における使用状況を調査した上で、述語との共起関係を明らかにし、時間副詞がどのような文法的意味を持つかを考察する。

考察に当たって、「今日の打ち合わせ」、「今日は誕生日だ。」は名詞、「実家には今日連絡する。」は時間副詞とし、同形異品詞の名詞は扱わない。

## 2. 仮名日記の時間副詞の使用状況

平安時代の代表的な仮名日記としては『土佐日記』『蜻蛉日記』『和泉式部日記』『紫式部日記』『更級日記』が挙げられる。これらの日記については、様々な検討がなされてきたが[1]、筆者が体験したり目撃したりした出来事が、時間の進行に従って記されている点では同質である。ここで問題にしたいことは、筆者の表現態度によって、「筆者が日記を書いている時間」と「日記の出来事が生起している時間」が、時間副詞とどのような関係にあるかということである。日記のテクストとしての性質を見ると、『伊勢物語』は在五中将の日記、『和泉式部日記』は和泉式部物語と呼ばれたことから、平安時代には日記と物語の間には、大きな隔たりはなかったと考えられる。語りの文について、糸井(1987)は視点論の立場から「発話時」(述べたての行為が行われている時)と「素材時」(述べたてられるできごとが生起した時)に区別した上で、文末形式に着目して『蜻蛉日記』『和泉式部日記』『紫式部日記』の特徴を挙げている[2]。物語はその到達点が基準時であるのに対して、日記は事態の生起する時点が基準時となるが、出来事を語る点で両者の違いはない。ここでは、ダイクティックな時間副詞と非ダイクティックな時間副詞の使用状況について考察する。各日記の「昨日」「今日」「明日」と対立する相対的な時間副詞について会話文、地の文に分けて調査した結果を表1に示した。名詞の用法はのぞき、会話文には心中詞・手紙・和歌も含めてある。

表1　仮名日記の時間副詞の使用状況

| 作品名 | | ダイクティック<br>（明日・今日・昨日） | 非ダイクティック<br>（相対的な時間） |
|---|---|---|---|
| 土佐日記 | 会話文 | 今日(3) | |
| | 地の文 | 今日(18)　昨日(1) | |
| 蜻蛉日記 | 会話文 | 明日(4)　今日(28)<br>昨日(6) | |
| | 地の文 | 今日(17) | 又の日(28)　あくる日(2)<br>その日(4) |
| 和泉式部日記 | 会話文 | 今日(7)　昨日(1) | |
| | 地の文 | 今日(1) | 又の日(3)　その日(1) |
| 紫式部日記 | 会話文 | | |
| | 地の文 | 今日(1)　昨日(2) | 又の日(2)　その日(1) |
| 更級日記 | 会話文 | 今日(3) | |
| | 地の文 | | 又の日(5)　その日(2) |

　表1について、ダイクティックな時間副詞は、『土佐日記』『蜻蛉日記』に使用数が多く、『和泉式部日記』『紫式部日記』は減少し、『更級日記』は地の文に1例もない。『土佐日記』の地の文に「今日」が18例あるが、「今日」は筆者の発話時を基準とする時間副詞であって、日記の出来事時を基準にする地の文には本来用いられない時間副詞である。筆者が日記を書いている現在から、日記の出来事時に視点を移して、日記の場面内の時間で述べたてる場合に用いられると思われる[3]。『蜻蛉日記』について、糸井(1987)では「ケリ形」の文末形式を特徴として「発話の場面の語り手が素材の場面の素材にかかわっていく」(p.116)としているが、地の文に「今日」が多く認められることは、筆者が発話時から日記の場面内に視点を移しているからではなかろうか。『和泉式部日記』『紫式部日記』の地の文では、ダイクティックな時間副詞が数例に留まり、『紫式部日記』の3例は、いずれも若宮誕生の前後に限られる。この部分は、明らかに筆者の発話時からの回想的過去の表現とは異なり、筆者が若宮誕生の出来事を当日の視点で描いている。
　相対的な時間副詞は会話文には1例も見られず、地の文のみに現れる。「又の日」について見ると、『蜻蛉日記』の11例と『和泉式部日記』の3例が

和歌・手紙のやりとりの場面に使用され、日記の出来事時を基準とした「翌日」に「手紙をやる」「手紙をもらう」という行為があったことを示している。また『蜻蛉日記』や『紫式部日記』では、前段の場面から次の場面に変わるところに「又の日」が用いられているものが多い。「その日」について、『蜻蛉日記』では「賭弓の当日」や「院の小弓の当日」を示し、それに続いて新しい場面の出来事が展開していく。『更級日記』の地の文には、相対的な時間副詞のみが用いられているが、「又の日」にやはり場面を転換しているものがあり、同じ用法が見られる。これらに対して『土佐日記』では相対的な時間副詞が1例も使用されておらず、時間副詞の使用状況が大きく異なる。以上の『土佐日記』から『更級日記』までのダイクティックな時間副詞と相対的な時間副詞の使用状況の違いは、各日記の筆者の表現態度の違いが時間副詞に反映していると見ることができる。そして時間副詞によって仮名日記の作品の特徴を捉えることが可能であることを示している。

## 3.「昨日」「今日」「明日」の時間的意味と述語の共起

　前節では各日記の使用状況を示したが、ここでは、仮名日記の時間副詞「昨日」「今日」「明日」と述語との共起について考察する。文レベルのテンポラリティーはテンス形式と、構文的要素や時間副詞によって表されるが、本稿では、鈴木(2009)によって示された古代語の形態論的体系に基づいて、構文的観点から述語形式との関係を考察し、時間副詞がどのような時間的意味を持つかを明らかにする。

　まず発話時を含む時間帯を表す「今日」について、会話文と地の文の例を挙げる。(例文の所在は、出典名の日記は省略し、頁・行を示した。)

(1)　「けふやものへは参り給。さていつか返給べからん。いかにましておぼつかなからん」とあれば……　　　　　　　　　(和泉式部 404-10)
(2)　「さらばおなじくは、今日いでさせ給へ。やがて御ともつかうまつらん。……」　　　　　　　　　　　　　　　　　(蜻蛉 236-9)
(3)　「……はやなを物しね。けふも日ならば、もろともに物しね。今日も

あすも、むかへにまいらん」 (蜻蛉 237-8)
（４）　五日。けふからくして、いづみのなだよりをづのとまりをおふ。
(土左 50-8)
（５）　またのあしたに、うちの御使、朝霧もはれぬにまゐれり。うちやすみ過して見ずなりにけり。けふぞはじめてそい奉らせ給ふ。ことさらに行幸の後とて。 (紫式部 467-9)
（６）　十日。けふは、このなはのとまりにとまりぬ。 (土左 36-16)
（７）　今日かゝる雨にもさはらで、同じところなる人、ものへまうでつ。
(蜻蛉 311-15)

　(1)〜(3)は、会話文である。(1)は、「今日お寺詣でに行かれるのですか」という二人称のたずねで、これからの予定を表しており、「今日」は運動の実現の時点を示す。(2)は、二人称の命令で、(3)は一人称の意志であり、両者とも移動動詞で、働きかけや意志を表す。この他に文末を省略したものが3例あるが、いずれも命令か意志で、移動動詞が省略されている。仮名日記の会話文では、「今日」は移動動詞との共起が多く、運動の実現の時点を表す。省略形が現れるのも、この用法が定着していることを示している。
　(4)〜(7)は地の文の用例で、「今日」は「はだか形」「ツ形」「ヌ形」の非過去形に共起している[4]。(4)は、前日まで悪天候のために和泉の灘から出航できなかったが、「今日、やっとのことで、小津の湊に向かう」という意味で、出航するという運動が喜びをもって迎えられており、はだか形「おふ」は、運動のあり方は問題ではなくその運動が存在することを表している。「今日」は直前の「五日」と同じ時点であることを指し示す。(5)は、「今日初めて若宮の御髪を剃り申し上げなさる。とくに行幸の後にしようということで」という意味で、はだか形「そる」は運動の存在を表し、「今日」はその運動が「行幸の翌日」と同日に生起したことを示している。また(4)(5)は「からくして」「はじめて」などの評価の表現を伴っており、須田(2007)が指摘するように[5]、筆者の視点が存在していることが伺える。(6)は、行為動詞「とまる」に「ヌ形」がついた例である。この日の記述はこの一文のみで、「十一日。あかつきにふねをいだして……」が続く。(6)は、「今日この奈半の泊ま

りに泊まった」という意味で、事実をそのまま差し出している。これに対して行為動詞「とまる」が「今日」を伴わない場合は、「廿九日。おほみなとにとまれり」(土佐31-5)のように「リ形」となるものがほとんどである。各例ともその日の出来事がさらに続き、(6)のみが独立している。『土佐日記』には、(4)(6)のように暦日の後に、「今日」を用いる例が多く見られ、動詞の「はだか形」「ヌ形」と共起するが、これらは運動の実現のしかたは問題ではなく、「今日」という時点に存在する運動そのものを差し出している。(7)は、「ツ形」と共起する例である。「今日このような雨にもかかわらず、同じ所に住んでいる人が参詣した」という意味で、同居人の動作を一括して捉えている。「四日に」が前部にあり、「今日」は、四日の場面内にある行動であることを示している。

　この他「ヌ形」と共起するものに「今日みないでたつ日になりぬ」(蜻蛉143-11)などがあるが、この変化動詞「なる」は「いでたつ日」という名詞を述語化するコピュラと考えられる[6]。

　次に、発話時以前を表す「昨日」、発話時以後を表す「明日」について見る。表1の『蜻蛉日記』の「昨日」6例はすべて手紙文である。『和泉式部日記』の1例は心中詞、『土佐日記』『紫式部日記』は地の文である。

（8）　御文あるかへりごとの端に、「昨日は、いとまばゆくてわたりたまひにきとかたるは、などかは。さはせでぞありけん。わかわかしう」とかきたりけり。　　　　　　　　　　　　　　　　　　　(蜻蛉288-11)

（9）　「昨日は、人のものいみ侍りしに日暮れてなん、心あるとやといふらんやうに、おきたまへし。……」　　　　　　　　　　　(蜻蛉316-16)

　『蜻蛉日記』の手紙の多くは、(8)(9)のように、過去の時点を示す「ニキ形」「キ形」と共起し、筆者が翌日受け取った手紙の中に「昨日」が見られる。『土佐日記』『紫式部日記』の地の文の例は、動詞の連体形であり、「かぢとりのきのふつりたりしたひに」(土佐38-16)「きのふかかせたまひし御願書に」(紫式部448-11)で、「キ形」「タリキ形」が用いられている。「昨日」が過去形と共起する場合は、一回的な動作のものが多い。この他「このごろ、こゝに

わづらはるゝことありて、えまいらぬを、昨日なん、たひらかにものせらるめる。けがらひもやいむとてなん」(蜻蛉124-5)の例は、町の小路の女のところで出産があったことを、兼家が道綱母に知らせる手紙であるが、テンスの区別ができないので、「き」が現れないのだと考えられる。

次に発話時以降を表す「明日」は、『蜻蛉日記』の会話文にのみ4例ある。

(10) 「……明日は、これが衣きかへさせて、いてん」　　　(蜻蛉208-1)

(10)は、「明日はこの子の着物を着替えさせて連れて行こう」という意味で、意志を表す。また「さらば、なをあす」(蜻蛉237-10)のように省略形で、話し手の意志を表す表現が定着していると考えられるものもある。この他に「明日はあなたふたがる。明後日よりはものいみなり」(蜻蛉252-9)があり、明日の状態を表している。

以上のことから、会話文の「今日」「明日」は、移動動詞との共起が多く、働きかけや意志を表す文に用いられている。「昨日」は、一回的な動作のものが多く「キ形」と共起して、過去の時点を表す。地の文の「今日」は運動の存在や運動を一括して示す動詞述語で、「はだか形」「ツ形」「ヌ形」の非過去形に共起する。

## 4. 相対的な時間副詞とテクスト

ここでは、非ダイクティックな時間副詞の中の相対的な時間を表す副詞が日記のテクストの中で、どのような文法的意味を持つかについて考察する。現代語では、文法的テンスに対して、語彙的な時間副詞は、「明日」「今日」「昨日」などのダイクティックなものと、「翌日」「その日」「前日」などの非ダイクティックなものが形式上分化している。工藤真由美(1995)は、テクストのタイプ〈はなしあい〉では、「今日—スル」「その日—シタ」がテンスと時間副詞の基本的な用法となっているが、〈かたり〉や〈ノンフィクション〉では、「今日—シタ」のようにダイクティックな時間副詞が出来事時を基準として相対的に有効に使用されているとする。古代語について見ると、仮名

日記の会話文には、表1に示したように相対的な時間副詞は認められない。地の文では、ダイクティックな時間副詞と述語の共起関係は、前節で見たように「今日—非過去形」となる。ここでは、相対的な時間副詞と述語形式の関係はどのようであるかについて検討する。まず「その日」「又の日」について見ると、次の例のように「はだか形」の動詞述語に共起する。

(11) その日、あたらしく造られたる船ども、さし寄せさせて御覽ず。
　　　龍頭鷁首の生けるかたち思ひやられて、あざやかにうるはし。行幸は
　　　辰の時と、まだ曉より人々けさうじ心づかひす。　　（紫式部 462-8）
(12) 又の日、山の端に日のかゝるほど、住吉の浦を過ぐ。（更級 529-14）

　(11)の「その日」は、若宮誕生後の一条天皇の土御門邸への行幸当日を指している。動詞述語の「御覽ず」は、道長が新しく造った船を「見る」という動作で、知覚動詞の「はだか形」が述語となっている。(12)は『更級日記』の例で、和泉に下った時に高浜に泊まった「翌日」の出来事で、動詞述語は「はだか形」で、「過ぐ」は具体的過程の意味である。(11)の「その日」は、行幸の当日における場面の切り替えの機能があり、「今日」には見られなかったものである。この前部では、「九日夜」「十月十余日」の暦日によって場面転換をしている。鈴木(1992)でも、「ケリ形」と共起するカレンダー的な時点にこのような機能を指摘しているが、「その日」にも暦日と同様の機能が見られる。また(12)の「又の日」にも前述したように場面を切り替えるはたらきがあり、述語形式は「はだか形」が多い。
　さらに相対的な時間副詞について詳しく見ていくために、各日記について調査した結果が表2である。

表2　相対的な時間副詞の使用状況（地の文）

| 作品 | 相対的な時間副詞 |
|---|---|
| 土佐日記 | |
| 蜻蛉日記 | その日(4)・その夜(1)・そのころ(6) |
| 和泉式部日記 | その日(1)・その夜(1)・そのころ(1) |
| 紫式部日記 | その日(1)・その夜(1)・その夜さり(2)・そのころ(2)・そのをり(1) |
| 更級日記 | その日(2)・その夜(7)・その夜さり(1)・そのをり(1)・そのほど(2) |

　表2の中の「その夜」「そのころ」を取り上げ、述語形式との関係を考察する。

(13) a.　その夜は、くろとの浜といふ所に泊まる。　　　（更級 481-2）
　　 b.　こよひうらどにとまる。　　　　　　　　　　　（土佐 30-14）
(14)　　初瀬河などうち過ぎて、その夜御寺に詣で着きぬ。（更級 524-15）

　(13)のaとbの例文は、いずれも動詞述語のはだか形「とまる」に共起している。『更級日記』には、aの例の他に6例の「その夜」があるが、「今宵」は1例も見られない。一方bは『土佐日記』の例で、他に5例の「今宵」があるが、「その夜」はない。前述したように『土佐日記』は、筆者が発話時から日記の出来事時に視点を移して描いており、ダイクティックな時間副詞が数多く使用されている。『更級日記』は、表2に見るように相対的な時間副詞が多数認められる。(14)は、「ヌ形」に共起した例であるである。「初瀬河を通り過ぎて、その夜長谷寺に行き着いた。」という意味で、場所の移動が完成したことを表している。以上のように仮名日記の「その夜」は「はだか形」「ヌ形」などの非過去形と共起する。

　次に「そのころ」の例を挙げる。

(15)　かへりて、さなんとかたれば、いかできき給ひけん、なに心もなく、
　　　おもひかくべきほどしあられねば、やみぬ。
　　　そのころ、院ののりゆみあべしとてさわぐ。　　　（蜻蛉 297-2）

(16)　扇どものをかしきを、その頃は人々持たり。　　　（紫式部 445-10）
(17)　年ごろ里居したる人々の、中絶えを思ひおこしつつ、まゐりつどふけはひ、さわがしうて、その頃はしめやかなることなし。
（紫式部 446-1）

　(15)は、「助が帰ってきて、このようでしたと話すので、どうして娘のことをお聞きになったのであろう。あの子はまだ無邪気で、懸想の相手になれるような子ではないからと思ってそのままにしていた。そのころ、院の賭弓があることになっているということで、人々が騒いでいる」という意味である。「そのころ」は次の段落の初めにあって場面を切り替えている。そして、「さわぐ」は大規模な運動の継続中であることを表わしている。『蜻蛉日記』には、6例の「そのころ」があるが、いずれも場面転換に関わり、「はだか形」「ヌ形」と共起する。(16)は、『紫式部日記』の例で、播磨守が負碁の饗応をした日の出来事の終わりの部分にある。「こんなときにはつきものの扇なども、風流なのをそのころは女房達が持っていた」という意味で、「そのころ」は筆者の発話時現在の時間を基準にしている。述語形式は、「はだか形」の「もたり」である。(17)は形容詞述語であるが、「何年か里に下がっていた女房達が、久しい間のご無沙汰を思い起こしては集まってくる様子も騒がしくて、そのころは落ち着いてしんみりすることもない」という意味であり、「そのころ」はやはり筆者の発話時に基準がある。この他「そのをり」にも同様の機能が認められる。「そのをりはをかしきことの過ぎぬれば忘るるもあるはいかなるぞ」(紫式部 445-5)は、「その時はおもしろいと思ったことで時が経つと忘れてしまっているものがあるのはいったいどういうわけだろうか」という意味である。この例と(16)(17)の例は、すべて『紫式部日記』の中の段落の終わりに用いられている。過去筆者が補足内容を付け加えているが、「そのころ」「そのをり」は筆者の発話時現在を基準としている。鈴木(1992)では、『源氏物語』の巻の冒頭部分にある「そのころ」と「ケリ形」との共起について取り上げているが[7]、「ケリ形」は表現者の視点から素材をあつかう立場を表し、「そのころ」も作者の表現時を基準としているため、語りの文では一貫して表現時となっている。これに対して、日記では「その

ころ」に共起する述語形式は「はだか形」が多く現れており、素材の次元での表現になっている。「そのころ」の前の部分の述語形式も、「はだか形」であるので、相対的な時間副詞が使用されたところだけが、筆者の表現時になっていると考えられる。そのような意味で、相対的な時間副詞にはテンス的に過去を表す機能はなく、「場面の切り替えの機能」としてのみはたらいていると見ることができる。つまり、時間を指定する時間状況語ではなく、接続詞としてはたらいていると言えるのではないだろうか。

## 5. おわりに

本稿は、平安時代の仮名日記を資料として、発話時を基準にするダイクティックな時間副詞と、出来事時を基準にする非ダイクティックな時間副詞に焦点を当てて考察した。日記については、「発話時」(筆者が日記を書いている時間)と「出来事時」(日記の出来事が生起している時間)に区別できる。各日記の時間副詞の使用状況について見ると、『土佐日記』と『更級日記』では対照的な違いを示した。『土佐日記』の地の文では、ダイクティックな時間副詞「今日」が多数使用され、筆者が発話時から日記の出来事時に視点を移して描いていると考えられる。『更級日記』の地の文では、相対的な時間副詞の使用が顕著で、「その日」「又の日」「その夜」などが認められた。

次に、ダイクティックな時間副詞と述語形式との共起を検討した。その結果、会話文の「今日」「明日」は、移動動詞と共起して、働きかけや意志を表す文に用いられており、「昨日」は、述語に一回的な動作のものが多く、「キ形」と共起して過去の時点を表すことがわかった。また地の文の「今日」は、暦日などで示された時点を、筆者の視点によって場面の内側から指し示し、運動の存在や運動を一括して示す非過去形の述語に共起している。

相対的な時間副詞については、会話文には用いられておらず、地の文では、「はだか形」の述語に共起するものが多く認められた。仮名日記では、筆者の発話時現在の時間を基準とする相対的な時間副詞が現れる前の部分も「はだか形」で、出来事時を基準として描かれていることから、それが使用されたところだけに表現時が現れていると考えられる。要するに、相対的な

時間副詞はテンス的に過去を表すことはなく、場面転換の機能のみが認められ、接続詞としてはたらいていると言うことができる。

**注**

1　近藤(1965)は『和泉式部日記』、中野(1972)は『紫式部日記』の時間副詞を語彙として取り上げているが、述語との共起関係に踏み込んでいない。文末形式について論じたものには、堀川(1979)による『和泉式部日記』の調査、『土佐日記』については、竹内(1993)、加藤(1997)の論考がある。

2　糸井(1987)は、『蜻蛉日記』は「けり」文末の多いことが冒頭部のそれをも含めて、素材の場面の素材(できごと)に対して、発話の場面から主情的にかかわろうとする語り手の姿勢を常時感じさせるとする。また発話時を基点とする「き」と素材時を基点とする「き」について取り上げている。『和泉式部日記』は素材時に立つ視点からなされているとし、『紫式部日記』について、当日記を特色づけているのは、過去の「き」であり、明らかに発話時の語り手の現在を基点として、素材(できごと)が過去のこととして認識されていることを示しているとしている。

3　加藤(1997)は、「けふ」「きのふ」といった時の名詞を多用することによって、『土佐日記』の表現主体は、当該の日と同じ日に記述時点の意識を据えているとしている。竹内(1993)では、動詞述語形式の「現在形・ツ形・ヌ形」が多いことから、「その日その日の出来事の次第を記録文的現在の立場で叙述していく文が主流をなしている」と述べている。

4　鈴木(2009)では、古代語のテンス体系は過去と非過去形の対立を持つシステムであり、キ形、テキ・ニキ形、タリキ・リキ形を過去とし、はだか形、ツ・ヌ形、タリ・リ形を非過去形とするのに従う。(p.166)

5　須田(2007)では、発話主体(話し手)の視点を示すものの一つとして「やはり」「たしかに」などの副詞も認識・評価として挙げている。

6　鈴木(2009)では、この種の「なる」は変化を表す動詞ではなく、コピュラであるとする。「明日になりぬ」は「明日だ」という判断がすでに成立したことを表しているとする。(p.260)

7　鈴木(1992)では、『源氏物語』の「ケリ形」と共起する「その頃」について、「それぞれ巻の冒頭部分で、いずれも「その頃」という時間状況表現によって導かれている。「その頃」は、本来は話題になっている出来事を基準にしてそれと同時であることを表す非ダイクティックな時間表現であるが、ここでは語り手の現在を基準に過去であることを表すダイクティックな表現であるように思われる。」(p288)としている。西田(1999)では、『源氏物語』の「そのころ」に「段落区画

の徴標としての重要な働き」を認めているが、述語形式との共起については取り上げていない。(p.288)

## 参考文献

近藤一一(1965)「和泉式部日記の時間の構造」『国語国文学報』(19): pp.1–10　愛知教育大学国語国文学研究室

川端善明(1965)「時の副詞(上)—述語の層について　その1」『国語国文』33(11): pp.1–23　京都大学文学部国語国文学研究室

中野幸一(1972)「「紫式部日記」の時間的構造——その回想と執筆時期について」『日本文学』21(10): pp.28–44　日本文学協会

新川　忠(1979)「「副詞と動詞とのくみあわせ」試論」言語学研究会(編)『言語の研究』: pp.173–202　むぎ書房

堀川　昇(1979)「和泉式部日記の時間(下)」『実践国文学』(16): pp.6–16　実践国文学会

工藤　浩(1985)「日本語の文の時間表現」『言語生活』(403): pp.48–56　筑摩書房

糸井通浩(1987)「王朝女流日記の表現機構—その視点と過去・完了の助動詞」『国語と国文学』64(11): pp.113–126　東京大学国語国文学会

鈴木　泰(1992)『古代日本語動詞のテンス・アスペクト—源氏物語の分析』ひつじ書房

竹内美智子(1993)「土佐日記のテンス・アスペクト」『国文学　解釈と鑑賞』58(7): pp.62–68　至文堂

工藤真由美(1995)『アスペクト・テンス体系とテクスト—現代日本語の時間の表現』ひつじ書房

加藤浩司(1997)「キとケリが示す事象の生起と認識と発話時との時間的距離について—土佐日記を資料として」『帝塚山学院大学研究論集』(32): pp.24–41　帝塚山学院大学研究論集編集委員会

西田隆政(1999)「源氏物語の段落構成と「そ」系の指示語—「そのころ」「その年」「その日」「その夜」をめぐって」大阪市立大学文学部創立五十周年記念国語国文学論集委員会(編)『大阪市立大学文学部創立五十周年記念国語国文学論集』: pp.85–101　和泉書院

仁田義雄(2002)『副詞的表現の諸相』くろしお出版

須田義治(2004)「小説の地の文のテンス・アスペクトについて」04記念行事委員会(編)『21世紀言語学研究　鈴木康之教授古希記念論集』: pp.105–120　白帝社

須田義治(2006)「小説の地の文の時間表現　テンポラリティーを中心にして」『国文学　解釈と鑑賞』71(1): pp.95–105　至文堂

須田義治(2007)「言語学的なナラトロジーのために　視点の問題を中心として」『国文学　解釈と鑑賞』72(1): pp.28–34　至文堂

鈴木　泰(2009)『古代日本語時間表現の形態論的研究』ひつじ書房

# 助動詞「ぬ」の消失的意味についての一考察

山本博子

## 1. はじめに

　本稿は、中古語における、助動詞「ぬ」と「き」の複合形式ニキ形及び助動詞「ぬ」の命令形ネ形に、消失的意味が見られるかどうか検討を試みるものである。中古語における助動詞を、時間的意味からだけでなく空間的意味からも調査することによって、それらの意味用法をより詳らかにすることができ、文学作品の解釈等にも役立てていけるのではないかと考えている。

　中古語における助動詞の消失的意味について論じたものとして、鈴木(1999)があげられる。鈴木(1999)では、以下のような例を示し、「移動動詞の〜タリ・リ形が観察の行われる場面に主体が出現していることを表すのに対して、移動動詞の〜ヌ形は、移動動作の完成とともに観察の行われる場面からの主体の消失を表すといえよう。」(p.122–123)と指摘している。

・「けさ大将のものしつるはいづかたにぞ。いとさうざうしきを、例の小弓射させて見るべかりけり。好める若人どもも見えつるを、ねたう出でやしぬる」と問はせ給ふ。〔源氏が、小弓を射させて見ようと思って、息子の夕霧を探しているが、見つからないので、残念だが帰ったのかと尋ねているところ〕(若菜上・六・一〇〇) (p.121)

　この指摘を踏まえ、本稿では、ヌ形の複合形式や命令形にも消失的意味が認められるのかどうかを検証していきたい。

なお、調査対象は、消失的意味について検討するという目的上、移動動詞に限定する。

## 2. ニキ形の消失的意味

本節では、過去を表す主要な語形であるキ形と、山本(2009等)にてメノマエ性を表す例が多いと指摘したタリキ形と比較しながら、ニキ形の消失的意味について考察していきたい。

メノマエ性とは、松本(1996)が以下のように定義している文法概念である。

> さまざまなすがたで、ココに、イマ、アクチュアルにあらわれているデキゴトと、それをハナシテが目撃していることを、ある文法的なかたちに表現してつたえているとき、そこにいいあらわされている意味的な内容をメノマエ性といっておく。　　　　　　　　　　　　(p.77)

メノマエ性は、消失的意味と対照的な意味用法だと言える。

### 1.1. 人称の分布状況

用例を検討する前に、ニキ形・タリキ形・キ形の人称の分布状況を示す。

表1　ニキ形・タリキ形・キ形の人称の分布状況

|  | 一人称 | 二人称 | 三人称 | 合計 |
| --- | --- | --- | --- | --- |
| ニキ形 | 10(38%) | 1( 4%) | 15(58%) | 26(100%) |
| タリキ形 | 3(23%) | 0( 0%) | 10(77%) | 13(100%) |
| キ形 | 6(50%) | 3(25%) | 3(25%) | 12(100%) |

上の表により、タリキ形は三人称が多いことがわかる。ニキ形とキ形は、タリキ形ほど一人称と三人称の差異が大きくないが、ニキ形は三人称の例が、キ形は一人称の例が多いという傾向が認められる。

以下、人称ごとに用例を検討していく。

## 1.2. 三人称

ニキ形は、15例中すべての例が、以下のように過去において移動動作の主体が話し手の前からいなくなったという消失的意味を表している。

（1）「ここにおはしまししし人は、はやものへおはしにき」とて、
　　　　　　　　　　　　　　　　　　　　　　　（『平中物語』p.523）

（2）……見つけ給ひて、「昨日は、など、いととくは、まかでにし。いつ参りつるぞ」など宣ふ。　　　　　　　　（『源氏物語』紅梅 p.46）

（1）は、宿守が「ここにいらっしゃった方はよそへ行かれました。」と使者に伝えている場面である。（2）は、匂宮が若君（大納言と真木柱の息子）に、「昨日はどうして早く帰ったのか。今日はいつ参ったのか。」などと言っている場面である。

一方、タリキ形は、10例中8例が、以下のように過去において移動動作の主体が話し手の前に現れたこと、つまりメノマエ性を表している。

（3）宰相、「まだ小野に侍りし時、宰相の中将ものし給ひたりき。……」などて、御返り書き給ふ。　　　　（『宇津保物語』国譲・上 p.645）

これは、宰相（実忠）が、小野に隠遁していた時に、宰相の中将（祐澄）が自分を尋ねに来たことを話している場面である。

三人称タリキ形でメノマエ性を表さないのは、同じ場面に出てくる以下の2例である。

（4）上、問はせ給ふ、「院の御方へは、いつか渡らせ給へりし。いく度ばかりか参上り給ひぬる」。蔵人、「ついたち、上になむ渡らせ給へりし。……」と聞こゆ。　　　　（『宇津保物語』国譲・上 p.656）

これは、藤壺が春宮に仕えている蔵人に「春宮は小宮の所へいつ行ったのですか。小宮は幾度春宮のもとに参上したのですか。」と尋ねているのに対し、蔵人が「春宮は先日小宮の所へ渡られました。」などと答えている場面である。二つの「渡らせ給へりし」は、小宮のいる場所への春宮の移動動作を問題にしている。尋ねられている蔵人が春宮の到着を見たとは考えにくいため、メノマエ性を表しているとは言えない。

キ形については、空間的意味における傾向を見出すことはできなかった。

（5）　おとど、「いづこにてかせられし。公卿たちは、誰々かものせられし」。　　　　　　　　　　　　　　　（『宇津保物語』祭の使 p.223）

これは、三春高基が、正頼が催した祓や夏の御神楽について「どこでなさったのですか。公卿たちは誰がいらっしゃったのですか。」などと宮内に尋ねている場面である。神楽などに出席していた宮内に対する質問であるため、メノマエ性があるとも捉えられるかもしれないが、複数の人の移動動作を問題にしているため、(3)のような具体性に欠けており、メノマエ性を表しているとは言い難い。

三人称キ形の3例のうち2例は、以下のような動詞「往ぬ」の例である。

（6）　「こは何わざしたるぞ。いとよく縫ひし人は、いづち往にしぞ」と腹立てば、三の君、「男につきて往にしぞ」といらへたまへば、
　　　　　　　　　　　　　　　　　　　　（『落窪物語』巻2 p.227）

この2例の「往にし」は消失的意味を表しているが、これらは純粋なキ形の例としては扱いにくい。なぜなら、「往ぬ」は完了の助動詞「ぬ」が語源だとされており、語源である「ぬ」の複合形式ニキ形になることを避けキ形になっているとも考えられるからである。

## 1.3. 一人称

自らの移動動作を表す一人称においては、三人称のような空間的意味の違

いを見出すことは難しく、形式が異なっても、ほぼ同じような意味に捉えられるものもあった。しかし、移動動作の方向性の違いをわずかながら認めることができた。

　ニキ形は、ある場所から退出したことや離れたことを表す際に用いられるのに対し、キ形は、現在いる場所にどのような経緯で帰って来たか、やって来たかを表す際に用いられる傾向があるように捉えられた。

（7）　松方、「はなはだかしこし。『候はむ』と思う給へしを、手番のことなど侍りしかば、それに障りてなむ、急ぎ参上りにし。……」。
　　　　　　　　　　　　　　　　　　　　（『宇津保物語』吹上・上 p.249）

　このニキ形の例は、松方が「先日はもっとお邪魔していたかったのですが、手番のことなどがありましたので、急いで上京したのです。」などと涼に言っている場面である。「参上りにし」は、直接的には京に行ったことを表している。しかし、ここでは、京に行くという移動動作は、すなわち吹上の宮からの退出を意味している。

（8）　少将、「はなはだかしこし。『粉河に、いささか願果たさむ』と思う給へて、紀伊国の方にまかりたりしを、あやしき人に見給へつきて、え参上り来ざりつるを、からうしてなむ、昨夜参上り来し」。
　　　　　　　　　　　　　　　　　　　　（『宇津保物語』吹上・上 p.274）

　このキ形の例は、仲頼が「紀伊国に行っていたためしばらく参上できませんでしたが、昨夜ようやくこちらに戻って来ました。」などと正頼に説明している場面である。

　一方、タリキ形には、ニキ形にもキ形にも見られない、ある場所から別の場所へ「行った」という移動を表す例が見られた。

（9）　宮、「……嵯峨の院へは参り給ふや。『上、悩み給ふ』と承りしを、いかにおはしますらむ。……」など聞こえ給へば、親王、「一日も参り

たりき。殊なる御ことにもあらざりけり。……」。

(『宇津保物語』嵯峨の院 p.181)

　この例は、兵部卿の親王が大宮に「先日嵯峨の院へ行きました。」などと報告している場面である。
　以上、一人称移動動詞の例を見てみると、キ形が、ある場所から発話地点・または発話地点寄りの場所へ「来た」という、客観的に捉えにくい自らの移動動作を表しているのに対し、ニキ形・タリキ形は、ある地点から「退出した」・ある地点へ「行った」という、自らの動作でありながらも比較的客観的に捉えやすい移動動作を表しているという傾向の違いを見ることができた。

## 1.4. 二人称

　二人称は用例数が極めて少ないため形式ごとの比較検討はできないが、ニキ形の1例は、三人称のニキ形の例と同じように、過去において移動動作の主体が話し手の前に現れなかったという消失的意味を表している。

(10) 「などか年ごろのことも申さむとてまうでたりしに、隠れたまひにし」
　　　とありければ、　　　　　　　　　　　　　(『大和物語』p.270)

　この例は、皇子が女のもとに「どうして今までのことを申し上げようと思って参ったのに、隠れてしまったのですか。」と手紙で尋ねている場面である。
　一方、キ形の3例は、「退出した」(用例(11))、「行った」(用例(12))、「来た」(用例(13))と、それぞれ方向性の違いがあり、三人称のキ形の例と同様に、空間的意味における特徴を見出すことはできなかった。

(11) あて宮出でさせ給へるつとめて、大進を御使にて、「夜の間も、『いかに』と、おぼつかなく。急ぎまかで給ひしかな」とて、
　　　　　　　　　　　　　　　　　　　(『宇津保物語』あて宮 p.369)

(12) 又の日、殿の御前にて、昨日の所々など、語り給ついでに、「かの洞院には物し給きや。……」との給へば、　　（『狭衣物語』巻1 p.89）

(13) 「いづこより来し。きてうよりや」。　　（『宇津保物語』菊の宴 p.322）

## 3. 命令形ネ形の消失的意味

### 1.1. 先行研究

　ネ形については、今まで、助動詞のつかない命令形にはない特有の意味を持つという指摘がなされてきた。

　川上(1975)は、「完了の助動詞「つ」「ぬ」の命令形による命令表現は、相手に向ってひたすらその遂行・実現を求めるものであり、相手に対する働きかけの度合いの最も強いものである。」(p.15)と指摘している。

　柴田(1991)は、「尊敬語＋ネ」の例を検討し、以下のように述べている。

> この形式で話し手は相手に対して、要求内容が即刻実現されることを求めているようだ。今すぐに自身の要求のとおりにしてほしいという気持ちが読み取られる。ともに完了の助動詞の命令形だけに、やはり尊敬語＋テヨと通いあう表現効果を持っているように見える。それは、要求の実現を求める強い意思の表明といえるものだろう。そのような尊敬語＋ネの形式は、やはり日常軽々に使えるものではなかったと考えられる。
> 　　　　　　　　　　　　　　　　　　　　　　　　　　　(p.58)

　一方、田村(1980)は、ネ形についてのみ以下のように説明している。

> 「ね」においては、対者の行為の実現が話者にとって当然のこととして捉えられる。それは対者の意志や意向にかかわりなく、あたかも日が沈むように自然に成立するものと意識される。したがって、一般の命令表現が対者に行為の実現を要求することに重点があるのとは異って、話者の意識は行為の成立にのみ向けられることになる。　　(p.143)

そして、以下のような例をあげている。

㉛女御の君も渡り給ひて、もろともに見奉りあつかひ給ふ。（紫上→女御）「ただにもおはしまさで、物怪などと怖ろしきを、早く<u>参り給ひね</u>」と、苦しき御心地にも聞え給ふ。　　　　　　　（④・五八頁）

において、紫上は、懐妊中の明石女御が物怪に害されることを心配したがゆえに、女御の意向にかかわりなく、彼女が自分の傍から去るのが当然の行為であると判断したのである。　　　　　　　　　　　（p.143）

これらの先行研究は、説明の仕方がやや異なるものの、ネ形には要求の実現に対する強い意思があると捉えている点において、共通していると理解できる。

## 1.2. 助動詞のつかない命令形との比較

以下、ネ形に、先行研究で指摘された特徴に加え、消失的意味という空間的意味が認められるのかどうかを、助動詞のつかない命令形との比較を通して検討していきたい。「つ」の命令形テヨ形や「たり」の命令形タレ形は用例数が極めて少ないため、本稿では比較の対象としない。

### 1.2.1. 用例の分布状況

まず、ネ形と助動詞のつかない命令形を、消失的意味を表す例と表さない例とに分類した。

表2　ネ形と助動詞のつかない命令形の消失的意味の分布状況

|  | 消失的意味を表す例 | 消失的意味を表さない例 | 合計 |
| --- | --- | --- | --- |
| ネ形 | 25例(58%) | 18例(42%) | 43(100%) |
| 助動詞のつかない命令形 | 16例( 8%) | 197例(92%) | 213(100%) |

助動詞のつかない命令形は、9割以上が消失的意味を表さないという、用

例の分布状況における明らかな偏りが見られる。それに対し、ネ形は、消失的意味を表す例が多いものの、大きな偏りではない。

以下、形式ごとに用例を見ていく。

### 1.2.2. ネ形

消失的意味を表すと分類したネ形は、以下のような例である。

(14) 「いでや、よしよし、立ちたまひね。……」とのたまふに、
(『落窪物語』巻2 p.200)

(15) 「……明けぬ前に、早くおはしね。宮の君・若君、いかに恋しうおぼえ給ふらむ。……」。 (『宇津保物語』楼の上・上 p.878)

(16) いみじく調ぜられて、「人は皆さりね。院ひとところの御耳に聞こえむ。……」とて、髪をふりかけて泣くけはひ、
(『源氏物語』若菜下 p.167)

(14)は、北の方が情けなく滑稽な典薬助に対して、「あっちへ行きなさい。」と退出を命じている場面である。(15)は、いぬ宮への秘琴伝授をはじめる内侍が、夫である兼雅に「夜が明けないうちに、早く行ってください(帰ってください)。」と言っている場面である。(16)は、物の怪が「他の人は皆出て行け。院(源氏)にだけ申し上げよう。」などと言っている場面である。どの例も、理由はそれぞれであるものの、相手に現在いる地点から立ち去ることを命じていることがわかる。

消失的意味を表すとは捉えられないネ形は、以下のような例である。

(17) おい人どもなど、「いまは入らせ給ひね。月見るは忌み侍るものを、あさましく、はかなき御くだものをだに御覧じ入れねば、いかにならせ給はむ。……」とうち嘆きて、 (『源氏物語』宿木 p.60)

(18) 返し遣はしたれば、仲忠、「いと心憂し」と思ひて、「かう聞こえて、御返り言も賜はらで来ね」とて奉る、(『宇津保物語』吹上・上 p.276)

(19) 帥の言ふ、「……かしこに人もなし、わたりたまひね。……」とのた

まへば、 　　　　　　　　　　　　　　　（『落窪物語』巻4 p.373）

　(17)は、物思いに耽りながら月を眺めている中の宮に、老女達が「中に入ってください。」などと言っている場面である。(18)は、仲忠が、あて宮から一度戻ってきた黄金の船を再度あて宮に送る際、使いの者に「お返事もいただかずに帰って来い。」と命じている場面である。(19)は、四の君を自分の邸に迎え入れる際に、権帥が「私の邸には女の人もいないから、いらしてください。」などと伝えている場面である。どの例も、(14)～(16)の例とは逆で、相手が自分の側に戻って来ること、やって来ることを望んでいる発言である。

### 1.2.3. 助動詞のつかない命令形

　消失的意味を表すと分類した助動詞のつかない命令形は、以下のような例である。これらの例からは、ネ形の例(14)～(16)との空間的意味の違いを見出すことは難しい。

(20)　上、「……今は、これより、返らむ声に調べて、いまたひの節会に遊ばさむ声を調べて、まかで給へかし」とのたまへば、なほ、迎への声に調べて候ひ給ふ。　　　　　　　　　（『宇津保物語』内侍のかみ p.432）
(21)　「いとゆゝしう。なき御為にも罪深きわざなり。今は去らせ給へ」と、引き動かい奉れど、　　　　　　　　　　　　（『源氏物語』夕霧 p.119）

　(20)は、朱雀帝が兼雅の妻に、彼女の演奏をもっと聞いていたいという思いを抑えて、「今度の節会で演奏する曲を弾いて退出してください。」と伝える場面である。(21)は、亡くなった御息所にすがりつく宮（御息所の娘）に、女房が「もうお離れください。」と言っている場面である。

　消失的意味を表すと分類した助動詞のつかない命令形のうち3例は、以下のような動詞「往ぬ」の例である。これは、2章の1.2.であげた三人称キ形の「往ぬ」の例と同じように、語源である「ぬ」に接続することを避けるためにネ形にならなかったとも考えられ、純粋な助動詞のつかない命令形とし

ては扱いにくい例である。

(22) 宮、「あな見苦しや。狭き所に。いぬのもとに往ね」とのたまへば、
（『宇津保物語』国譲・上 p.668）

　一方、消失的意味を表すとは捉えられない助動詞のつかない命令形は、以下のような例である。これらの例からも、ネ形の例(17)〜(19)との空間的意味の違いを見出すことは難しい。

(23) その中に、王とおぼしき人、家に、「みやつこまろ、まうで来」といふに、　　　　　　　　　　　　　　　　　　（『竹取物語』p.71）
(24) 「さば、つとめて、とく来よ」など、　　　（『狭衣物語』巻3 p.318）
(25) 「……今日のやうならむいとまのひま待ちつけて、花の折り、過ぐさず参れ、と宣ひつるを、春惜しみがてら、月のうちに、小弓持たせて参り給へ」と語らひ契る。　　　　　　（『源氏物語』若菜上 p.106）

　(23)は、天人がかぐや姫を迎えに来た際、王と思われる人が家に向かって「造麿、出て来い。」と言った場面である。(24)は、若宮が狭衣に「朝にいらっしゃい。」などと言っている場面である。(25)には2例見られる。夕霧が柏木に「今日のような暇な日があったら、花の盛りを過ぎずにいらっしゃいと（源氏が）おっしゃったので、花を惜しみがてら、今月中に小弓を持たせて参上なさい。」と言っている場面である。

　以上、ネ形と助動詞のつかない命令形における空間的意味における傾向の違いについて検討した。実際の用例からは、その傾向の違いを明確に見出すことは難しかった。
　しかし、用例数の分布状況から、助動詞のつかない命令形は、消失的意味を表すことが少ないと言うことはできるだろう。ネ形については、消失的意味を表すことが多いが、要求の実現に対する強い意思がある場合は消失的意味でなくてもネ形が用いられることがあるということなのであろう。ただ、

命令形だという時点で、ある程度の強い意思が表れることに変わりないため、消失的意味を表さないネ形と助動詞のつかない命令形との意味合いの違いを掴むことは難しい。

## 4. おわりに

　以上、移動動詞のニキ形及びネ形について検討してきた。
　三人称・二人称のニキ形をみることにより、過去において移動動作の主体が話し手の前からいなくなったという消失的意味を表すという特徴があることが確認できた。また、一人称では、ある地点から「退出した」という客観的に捉えやすい自らの移動動作を表しているという特徴が見られた。
　ネ形は、消失的意味を表すことが比較的多いことがわかった。しかし、先行研究で言及されてきたように、要求の強さを表すために用いられている場合もあると考えられ、ニキ形ほど明確な空間的意味の特徴を掴むことはできなかった。
　本稿では、非常に限られた用例を対象としており、明確な結論を示すことはできていない。しかし、中古語における助動詞を、時間的意味からだけでなく空間的意味からも調査することにより、新たな側面から助動詞を見直せるということを示唆することができたのではないかと考えている。


**調査対象**
ニキ形については発話主体を基準にした空間的意味について考えたいため、ネ形については命令表現という特質上、会話文に限った。

**調査資料**
『竹取物語』『伊勢物語』『大和物語』『平中物語』『宇津保物語』『落窪物語』『源氏物語』『狭衣物語』：テキストは、『竹取物語』『伊勢物語』『大和物語』『平中物語』が新編日本古典文学全集(小学館)、『宇津保物語』が『うつほ物語　全』(おうふう)、『落窪物語』が日本古典文学全集(小学館)、『源氏物語』が『源氏物語』全十巻(角川書店)、『狭衣物語』が日本古典文学大系(岩波書店)である。解釈については、テキスト以外の注釈

書も随時参照している。掲出する用例には、作品の巻名や巻数、テキストのページ数を付した。

**主要参考文献**

川上徳明(1975)「中古仮名文における命令・勧誘表現体系」『国語国文』44–3：pp.14–28

柴田 敏(1991)「女性を話し手とする要求表現について―源氏物語における命令文の用法―」『紀要』23：pp.55–63　静岡英和女学院短期大学

鈴木 泰(1995)「メノマエ性と視点（Ⅰ）―移動動詞の～タリ・リ形と～ツ形、～ヌ形のちがい―」『築島裕博士古稀記念　国語学論集』pp.198–219　汲古書院

鈴木 泰(1996a)「メノマエ性と視点（Ⅱ）―移動動詞の基本形を中心に―」『山口明穂教授還暦記念　国語学論集』pp.133–154　明治書院

鈴木 泰(1996b)「メノマエ性と視点（Ⅲ）―古代日本語の通達動詞の evidentiality（証拠性）―」『日本語文法の諸問題―高橋太郎先生古希記念論文集―』pp.107–138　ひつじ書房

鈴木 泰(1999)『改訂版　古代日本語動詞のテンス・アスペクト―源氏物語の分析―』ひつじ書房

田村忠士(1980)「中古仮名文学に現われた完了の助動詞「つ・ぬ」の命令表現―源氏物語の用例を中心に―」『平安文学研究』64：pp.136–145

松本泰丈(1993a)「〈メノマエ性〉をめぐって―しるしづけのうつりかわり―」『国文学解釈と鑑賞』58–7：pp.118–130

松本泰丈(1993b)「〈シテアル〉形おぼえがき―奄美喜界島（大朝戸）方言から―」松村明先生喜寿記念会（編）『国語研究』pp.893–911　明治書院

松本泰丈(1996)「奄美大島方言のメノマエ性―龍郷町瀬留―」『日本語文法の諸問題―高橋太郎先生古希記念論文集―』pp.77–105　ひつじ書房

山本博子(2000)「中古語におけるキ形とニキ形・テキ形の違い」『国文』93：pp.42–51　お茶の水女子大学国語国文学会

山本博子(2002)「中古語におけるキ形とニキ形・テキ形のアスペクト的意味の違い」『人間文化研究年報』25 pp.2-25–2-31　お茶の水女子大学大学院人間文化研究科

山本博子(2003)「中古語におけるキ形とタリキ形の違い」『人間文化研究年報』26 pp.2-46–2-53　お茶の水女子大学大学院人間文化研究科

山本博子(2004)「中古語におけるタリキ形の意味―キ形との比較を通して―」東京大学国語国文学会『国語と国文学』81–4：pp.54–68

山本博子(2009)「中古語におけるハベリキ形とテハベリキ形」『日本語文法』9–1：pp.3–19

# 「私」の第一人称代名詞化の歴史的考察

楊　金萍

　上代中国語には"我""吾""余""予""台""朕""卬""<u>魚</u>"が第一人称代名詞として使われている（王力 1980；黃盛璋 1963）。そのうち、"我"はすでに現代中国語の第一人称代名詞として固定されている。一方、現代日本語の第一人称代名詞「わたし」「わたくし」の漢字表記「私」は古代中国語としても現代中国語としてもよく使われているにもかかわらず、第一人称代名詞ではなく、名詞、形容詞、副詞、動詞としてである。

　本論では中日の漢字「私」の使い方を比較しながら、「私」が日本語として使われ、次第に第一人称代名詞の漢字表記になっていく過程を考察する。

## 1.　中国語の"私"

　日本語の「私」の代名詞化のルートを明らかにするために、まず、中国語の"私"の語彙的意味と文法的役割を明らかにしておく。

　《現代汉语大辞典》により、"私"は主に「ひそかに」「勝手に」「個人」「家族」「家臣」「個人の」「自分の」「寵愛する」「自分のものにする」という語彙的意味を表している。

（1）　十五年春，天王使家父来求车，非礼也。诸侯不贡车，服，天子不<u>私</u>求财。　　　　　　　　　　　　　　　　　　　　《左传・桓公十五年》

十五年、春、天王、家父をして来りて車を求めしむるは、礼に非ざるなり。諸侯は車服を貢せず、天子は私に財を求めざるなり。

『全釈漢文大系 4』

上記の"私"は後続の動詞"求"を限定している副詞である。"私"に限定されることによって、動作"求"は堂々ではなく、ひそかにするものであるという意味を表している。

（2） 是以圣人后其身而身先，外其身而身存。非以其无私邪！故能成其私。
《老子七》
是を以て聖人は、其の身を後にして身先んじ、其の身を外にして身存す。其の私無きを以てならずや。故に能く其の私を成す。

『全釈漢文大系 15』

上記の"私"は「公」と対応している名詞であり、個人或いは個人に属するものを表している。

（3） 夫子礼于贾季，我以其宠报私怨，无乃不可乎？ 《左传・文公六年》
夫子、賈季に礼あり。我、其の寵を以て私怨を報いば、乃ち不可なること無らんや。

『全釈漢文大系 4』

上記の"私"は"怨"を修飾している形容詞である。"私"に修飾されることによって、ここの"怨"は国のもの、公のものではなく、個人のものであるという意味を表している。

（4） 暮，寝而思之，曰："吾妻之美我者，私我也；妾之美我者，畏我也；客之美我者，欲有求于我也。" 《战国策・齐策一》
暮れに寝ねて之を思うて曰く、「吾が妻の我を美とするは、我に私して也。妾の我を美とするは、我を畏れて也。客の我を美とするは、我に求むる有らんと欲して也」と。

『全釈漢文大系 23』

上記の"私"は動詞である。「寵愛する」「愛する」「えこひいきする」という意味を表している。
　後代になって、"私"は副詞、名詞、形容詞として使われているが、復古表現でない限り、動詞としては使われなくなった。
　一方、第一人称代名詞として主に使われるものは"我""吾""余""予"などであり、そのうち、"我"は現代でも第一人称代名詞として使われている。
　以上考察したように、中国語の"私"は上代には動詞としての使い方があったが、現代には名詞、副詞、形容詞はその主な文法的な役割であり、個人のもの、堂々ではないという意味を表している。

## 2.　日本語の「私」

　『大辞林』には「わたくし」「わたし」「わたくしする」という単独に漢字「私」を使う単語がある。それぞれ次のように解釈されている。
　「わたくし」は名詞としては①自分自身に関すること、個人的なこと。②自分だけの利益や都合を考えること、自分勝手、私利私欲。③内密にすること。を表す。また、代名詞としては④一人称。を表す。
　「わたし」は代名詞として一人称で、「わたくし」の近世以降の転語として、よりうちとけた場で用いる。
　「わたくしする」は動詞として①公のものを自分のものにする、公のものを個人の目的のために使う。②勝手な振る舞いをする。という意味を表す。
　そのうち、「わたくしする」は動詞で、上代中国語の動詞"私"と意味的には多少の差が見られるが、文法的な役割がほぼ一致しているので、ここでは考察しないことにする。残りは名詞と代名詞としての「わたし」と「わたくし」である。なお、「わたし」は「わたくし」の口語的な言い方なので、本稿では両者を一つにする。
　以下、各時代の使用例を通して「私」の代名詞化問題、つまり、漢字「私」を第一人称代名詞の漢字表記にする問題を考察する。

## 2.1. 上代の「私」

　上代文献『古事記』『日本書紀』『万葉集』『風土記』『懐風藻』に見られる「私」の使用数は表1の示すとおりである。

表1　上代漢文文献の「私」

| 文献名 | 古事記 | 日本書紀 | 万葉集 | 風土記 | 懐風藻 | 合計 |
|---|---|---|---|---|---|---|
| 私の出現数 | 1 | 43 | 0 | 4 | 3 | 51 |

　上代文献には「私」が51例見られるが、『万葉集』には1例もなく、また、『風土記』に見られる4例がすべて万葉仮名なので、ここでは考察から除外する。そこで、下記の各例のように、『古事記』の1例、『懐風藻』の3例、『日本書紀』の43例の漢字「私」は副詞、名詞、形容詞として使われている。

（5）　時斬蛇尾而刃缺。即擘而視之、尾中有一神劍。素戔嗚尊曰、此不可以吾私用也、乃遣五世孫天之葺根神、上奉於天。　　『日本書紀　卷第一』
　　　時に、蛇の尾を斬りて刃缺けぬ。即ち擘きて視せば、尾の中に一の神しき劒有り。素戔嗚尊の曰はく、「此は以て吾が私に用ゐるべからず」とのたまひて、乃ち五世の孫天之葺根神を遣して、天に上奉ぐ。

　上例の「私」は動詞「用」を限定する副詞であり、「ひそかに」「だれにも知らせずに」「自分勝手に」という意味を表している。

（6）　十五日、背私向公、是臣之道矣。凡人有私必有恨。有恨必非同。非同則以私妨公。憾起則違制害法。　　　　　『日本書紀　卷第廿二』
　　　十五に曰はく、私を背きて公に向くは、是臣が道なり。凡て人私有るときは、必ず恨有り。憾有るときは必ず同らず。同らざるときは私を以て公を妨ぐ。憾起るときは制に違ひ法を害る。

　上例に見られる三つの「私」はいずれも名詞であり、「公」と相違って、個人の利益、個人の「私心」「私情」「私事」を指している。

（7）　貪名徇利。未適冲襟。對酒當歌。是諧私願。
　　　『懷風藻・從三位兵部卿兼左右京大夫藤原朝臣萬里による暮春於弟園池置酒』
　　　名を貪り利を徇むることは、未だ冲襟に適はず。酒に對かひて當に歌ふべきことは、是れ私願に諧ふ。

　上例の「私」は後の名詞「願」を修飾する形容詞である。つまり、「私」に修飾された「願」は公のものではなく、個人のものであるということを表す。
　(5)–(7)の「私」は文法的には名詞、副詞、形容詞であるが、意味的には『大辞林』の名詞としての「わたくし」に相当する。
　佐藤亨(2001)は『古事記』『万葉集』を調査し、上代文献には第一人称代名詞として「吾」「我」「仆」「妾」「和」が使われると言っている。それは今の調査結果と一致している。つまり、漢字「私」は上代には副詞、名詞、形容詞として使われるが、代名詞としてはまだ使われていなかった。言い換えれば、この時の漢字「私」はまだ第一人称代名詞の漢字表記として使われていないのである。

## 2.2. 中古[1]の「私」

　まず、中古の漢文文献『霊異記』『本朝文粋』『文華秀麗集』を調べた結果、『霊異記』には4例、『本朝文粋』と『文華秀麗集』にはそれぞれ1例、合計6例の「私」が見られるが、品詞の面では上代漢文文献との違いが見られず、副詞(8)、名詞(9)、形容詞(10)として使われている。

（8）　景戒之室、毎夜々狐鳴、並景戒之私造堂、狐堀入内、佛坐上屎失穢、或晝向於屋戸而鳴。　　　　　　　　『霊異記　第卅八』
　　　景戒が室に、毎夜々狐鳴く。並せて景戒が私に造れる堂を、狐堀りて内に入り、佛坐の上に屎矢マリ穢し、或るは晝屋戸に向かひて鳴く。
（9）　鐘鳴漏盡夜行息。月照無私幽顕明。　『文華秀麗集・和滋内史秋月歌』

鐘鳴り漏盡きて夜行息み、月照らすこと私無く幽顯明らかなり。
(10) 食国内物、皆国皇之物、指針許未、私物都無也、国皇随自在之儀也。

『霊異記　第卅九』

食す国の内の物は、皆国皇の物にして、針を指す許の末だに、私の物都て無し。国皇の自在の随の儀なり。

一方、中古の和文文献『今昔物語集』『栄華物語』『枕草子』『狭衣物語』[2]にも数多くの「私」が見られる。それぞれの出現数を調べた結果は表2の示すとおりである。

表2　中古和文文献の「私」

| 文献名 | 今昔物語集 | 栄華物語 | 枕草子 | 狭衣物語 | 合計 |
| --- | --- | --- | --- | --- | --- |
| 私の出現数 | 57 | 21 | 4 | 8 | 90 |

表2から明らかになったように、同時代の漢文文献と比べ、中古の和文文献には数多くの「私」が見られる。しかし、品詞から分類すれば、上代及び中古の漢文文献と大きな変わりがなく、90例のうち、人名「阿私仙」2回の「私」を除き、86例の「私」は副詞的な用法、名詞、形容詞的な用法[3]として使われている。

(11) 而ル間、其ノ妻、相構テ、手作ノ布一段ヲ私ニ織得テ持ケルヲ、夫ニ語テ云ク、「我等、年来、家ヘ貧クシテ、憑ム方无シ。而ルニ、此ノ布一段ヲ私ニ織リ得テ持タリ。近来聞ケバ、『箭橋ノ津ニ海人多ク有テ、魚ヲ捕テ商フ』ト。　　　『今昔物語集　巻第十七　語第卅六』

上例に見られる「私」は副詞として動詞を限定している。つまり、「織る」は「ひそかに」するもので、公に或いはみんなに知らせて行われる動作ではない。

(12) かくて今は御禊・大嘗會など、公私の大きなる事におぼし騒ぐに、折

しもあれ、この頃冷泉院悩ませ給ふといふ事こそ出で來たれば、世にいみじきことなり。　　　　　　　　　　　　『榮華物語　卷第四』

　上例に見られる「私」は名詞であり、「公」と対応している。「個人」「私人」と言う意味を表している。

(13)　瓜ノ下衆共ノ云ク、「此ノ瓜ハ皆己等ガ私物ニハ非ズ。糸惜サニ一ツヲモ可進ケレドモ、人ノ京ニ遣ス物ナレバ、否不食マジキ也」ト。
　　　　　　　　　　　　『今昔物語集　卷第二十八　語第四十』

　上例に見られる「私」は後接の名詞「物」を修飾している。これによって「物」は「個人のもの」「私人のもの」になるのである。ここの「私」はつまり、形容詞的な用法である。
　しかし、残りの2例、つまり『狹衣物語』には人称代名詞と解釈できると思われる使用例が見られる。

(14)　何事も、いひ知らすること侍らず。おほやけに仕うまつり、私の爲にも、男のむげに無才に侍るは、口惜しき事なれば、…
　　　　　　　　　　　　　　　　　　　　　　　　　『狹衣物語　卷一』
(15)　うち笑み給て、「あな嬉しや、宮の、あまりかたじけなく思え給に、私の子設けつべかめり」と、かひかひしくよろこび申給もおかし。
　　　　　　　　　　　　　　　　　　　　　　　　　『狹衣物語　卷四』

　「私の爲」「私の子」は「個人のため」「個人の子」より「自分の爲」「自分の子」と解釈されたほうが文脈上通じると思われる。つまり「私」は反照代名詞「自分」と一致している。
　上記の分析から明らかになったように、中古の漢文文献には上代と同じく、「私」は副詞、名詞、形容詞として使われている。しかし、中古の和文文献になると、反照代名詞としても使われている。反照代名詞「自分」は意味的には「私個人」と解釈できるので、これによって、「私」は普通名詞か

ら離れ、第一人称代名詞になりつつあると思われる。

## 2.3. 中世の「私」

中世になると、「私」は上代と同じように副詞的な用法(16)、名詞(17)、形容詞的な用法(18)として使われている。

(16) 各存の旨有ば、子細を奏聞して聖断を仰べき處に、<u>私に諍論をいたさむ</u>と擬し、武士巷に充滿する由、天聽を驚し、叡聞に及ぶ。
『保元物語　中』

(17) <u>公・私の大事</u>を缺きて、患ひとなる。人をしてかゝる目を見する事、慈悲もなく、礼義にも背けり。　　『徒然草　百七十五段』

(18) 「大事とは天下の大事をこそいへ。<u>かやうの私ごと</u>を大事と云様やある」との給へば、兵杖を帯したる者共も、皆そゞろいてぞみえける。
『平家物語　巻第二』

一方、下記のように、反照代名詞としてもよく使われている。

(19) 清盛、此事全く<u>私の所行</u>にあらず、勅命として罷向由返答しけれども、「勅定たりといふ共、いかでか先例をば背べき、いはれなし。」とて、郎等二人搦とる。　　　　　　　　　『保元物語　中』

(20) 「汝にあづけをきし姫はいづくにぞ。」と宣へば、「<u>私の女</u>によきやうに申をきて候へば、別の御事は候はじ。」と申。　『平治物語　中』

(21) 佐殿この由聞給ひ、「今は何をかかくすべき。我は義朝の子也。汝情あるものとこそみれ、頼朝を助よ。」との給へば、「<u>私きはめてみぐるしく候へ</u>共、かゝるときはくるしからず候。いらせ給へ。」と申、…
『平治物語　中』

(22) 兵衞佐も、「平家を別して<u>私のかたき</u>とおもひたてまつる事、ゆめゆめ候はず。たゞ帝王の仰こそおもう候へ」とぞの給ひける。
『平家物語　巻第十』

以上考察したように、中世には「私」は名詞、副詞、形容詞の役割をしていると同時に、反照代名詞、つまり代名詞としても多く使われるようになった。

もちろん、同時に仮名「わたくし」だけで反照代名詞として使われることもある。

(23) 「これはまたく頼朝が<u>わたくしの高名</u>にあらず。八幡大菩薩の御ぱからひなり」とぞの給ひける。　　　　　『平家物語　巻第五』
(24) かやうに戰ひまに、義朝は正清を召て、「汝にあづけをきし姫はいづくにぞ。」と宣へば、「<u>わたくしの女</u>に申をきまいらせて候。」と申せば、…　　　　　　　　　　　　　　　　　『平治物語　下』

仮名と漢字で示された反照代名詞は次第に統一化され、代名詞の漢字表記として「私」を使うようになったのであると思われる。

## 2.4.　近世以後の「私」

江戸初期に、第一人称代名詞として「我」と「私」が同時に使われている。しかし、江戸後期の文献には「我」は少なくなり、現代になると慣用表現以外に使わなくなってしまったが、第一人称代名詞として「私」が多く見られる。

(25) 「上さまは金覆輪のくらをき馬、<u>私は小荷駄馬</u>にて、つねにせなかにをひ物たえず」と申されければ、…　　　　　　　　　　　『戴恩記』
(26) イヤ又あなたのおふくろさまなぞは<u>私よくぞんじて</u>おりますが、いつぞや淺草の門跡さまの前で、おめにかかりましたとき、何か包をさげて杖にすがつてござるよふす、大きにおとしがよりました。

『東海道中膝栗毛』
(27) 幸「<u>私はいや</u>。夫じやア<u>私が男之助</u>よりは鼠の方が強くなるものを…

『浮世風呂』
(28) おまはんマアそれよりか、今じやア<u>私のこと</u>なんざア思ひ出しもして

はお呉なさるまいネ。 『春色梅児誉美』

　近代になってから「私」はもう第一人称代名詞の漢字表記として固定化されている。

(29) 〈女として、私の人生はムナシカッタノデハナイカ〉などということを考えるヒマの出来始める頃である。 『女社長に乾杯』
(30) 私は、その男の写真を三葉、見たことがある。 『人間失格』

　以上、考察したように、上代には名詞、副詞、形容詞として使われる漢字「私」は中古になると、漢文文献は上代と変わりがないが、和文文献には反照代名詞の使用例が見られる。このような反照代名詞の例は中世になると多く見られる。近世になると、第一人称代名詞の使用例が多くなった。

## 3. 日本語「私」の第一人称代名詞化の再検討

　佐藤(2001)で示されたように、上代には第一人称代名詞として「吾」「我」「仆」「妾」「和」が使われている。中古の和文文献には「吾」「我」「僕」などの第一人称代名詞が見られる。それにもかかわらず、「私」を第一人称代名詞にするのはなぜか。本節ではその原因を検討する。

　すでに明らかになったように、中国語の"私"は上代から現代まで主に名詞、形容詞、副詞として使われているが、日本の漢文文献は中国語の文法規則を厳守しているので、「私」の用法は中国語と一致している。一方、和文文献になると、複合名詞の中の連体修飾成分つまり形容詞的な用法として、あるいは用言を限定する連用修飾成分つまり副詞的な用法として使われる。これは中国語の"私"とほぼ一致している。しかし、名詞としての「私」からまず反照代名詞、次に第一人称代名詞という新しい文法的な役割が生まれた。名詞から代名詞になる原因は「公」との対立関係にあるのではなかろうかと思われる。

(31) 「我、公・私ニ仕ヘテ年来ヲ経ルニ、聊ニ恙无シ。異様ノ田舎法師ノ論議ヲセムニ、不吉ヌ事也。況ヤ、我レヲ罵ル事、極テ不安ヌ事也。」ト云テ、怒々出ヌ。　　　　　　『今昔物語集　巻第十一　語第二』

(32) 公のまつりごと・私の御いとなみを除きて篭り在しまして、やがて御修法行はせ給。　　　　　　　　　　　　『栄華物語　巻第十五』

(33) 公・私の大事を缺きて、患ひとなる。　　　　『徒然草　第百七十五段』

　上記のように古代日本語には名詞としての「私」はよく「公」と対応しながら使われている。個人のこと、つまり自分のことであり、公家、朝廷、政府のことではない。
　また、『狹衣物語』に見られる反照代名詞の「私」は2例とも「おおやけ」、つまり公家と対応しながら使われている。

(34) おほやけに仕うまつり、私の爲にも、男のむげに無才に侍るは、口惜しき事なれば、…　　　　　　　　　　　　　　　『狹衣物語　巻一』

　上記の例に見られる「私」は前の「おおやけ」と対応している。「おおやけ」はつまり国、乃至は国の代表である天皇、公家を表している。天下帰一の時代に、個人のことはつまり私のことで、自分のことである。

(35) 大將殿は見給て、「まろを、まづ集りて打て。さらばこそをのれらも子は設けん。まことにしるしあることならば、痛うとも念じてあらむ」などの給へば、…うち笑み給て、「あな嬉しや、宮の、あまりかたじけなく思え給に、私の子設けつべかめり」と、かひかひしくよろこび申給もおかし。　　　　　　　　　　　　　　『狹衣物語　巻四』

　上記の場合、大將殿は「さらばこそをのれらも子は設けん」と言ったので、若宮は「私の子設けつべかめり」と言ったのである。文脈上から「私の子」は「自分の子」と解釈したほうが意味が通じる。
　地の文に見られる反照代名詞の「私」も「公」との対応として使われてい

(36) 清盛、此事全く私の所行にあらず、勅命として罷向由返答しけれども、「勅定たりといふ共、いかでか先例をば背べき、いはれなし。」とて、郎等二人搦とる。　　　　　　　　　　　『保元物語　中』

また、漢字を使わずに「わたくし」で「自分」ということを表す例も多く見られる。

(37) 「むかしより帝王の御領にてのみさぶらふところの、いまさらにわたくしの領になり侍らんは、便なきことなり。おほやけものにて候べきなり」とて、…　　　　　　　　　　　『大鏡・六十七代三條院』
(38) あゐこたへなどして、すこし人心ちすれど、わたくしのこゝろは、なをおなじごとあれど、ひきかへたるやうに、さはがしくなどあり。
　　　　　　　　　　　　　　　　　　　　　　　『蜻蛉日記・村上のみささぎ』

　上記の「わたくしの領」は「帝王の御領」と対応している。しかし、「わたくしのこゝろ」は公などとの対応がない。これによって、「わたくし」に自分という意味を持っていると思われる。したがって、公と対応して使われる漢字「私」は次第に反照代名詞、第一人称代名詞の漢字表記になったのである。
　以上のように、上代及び中古の漢文文献に副詞、名詞、形容詞として使われた「私」は中古の和文文献になると、反照代名詞「自分」になってしまう。これは長い間「公」と対応し、「個人」「私人」「堂々ではなくひそかに」という意味を表していくうちに、また「わたくし」は代名詞として使われているので、「わたくし」と訓読される「私」は代名詞化したのである。
　なお、中国語の第一人称代名詞"我"は遠い昔から現代中国語に至るまで第一人称代名詞として使われている。一方、日本語の「我」「吾」は長い間第一人称代名詞として使われており、また「私」と同時に使われる時もあったにもかかわらず、現代になると、もう慣用句や特別な場合にしか使われな

くなった。これは漢文から切り離し、日本語独特な第一人称代名詞の漢字表記「私」の出現と関係があると思われる。

## 4. おわり

本稿では現代日本語の第一人称代名詞としてよく使われる漢字「私」を対象にして、その代名詞化のルートと原因を考察した。

日本の上代文献と中古文献に見られる「私」は中国語とよく似ており、主に副詞、名詞、形容詞として使われている。しかし、「わたくし」が代名詞として使われ、また「私」はよく「公」と対応して使われているので、中古から次第に反照代名詞化され、中世になってから、第一人称代名詞として使われるようになり、現代に至る。これによって「私」は中国語の"私"との間に相違が生じ、日本語第一人称代名詞として役立っている。

### 注

1 ここでいう「中古」は平安時代のみを指している。
2 ほかに『竹取物語』『更級日記』『和泉式部日記』『落窪物語』『平中物語』『土左日記』『伊勢物語』なども調べたが、漢字「私」の使用例がなかった。
3 本稿では「私ニ」のように用言を修飾する「私」を副詞的な用法と、「私物」のように「物」を修飾している「私」を形容詞的な用法と見ている。

### 参考文献

黄 盛璋(1963)《古汉语的人身代词研究》、《中国语文》(6)
洪 波 (1996)《上古汉语第一人称代词"余(予)""朕"的分别》、《语言研究》(1)
杉田泰史(1993)《〈论语〉的第一人称代词"吾"与"我"的区别》、《古汉语研究》(4)
孙 锡信(1992)《汉语历史语法要略》上海：复旦大学出版社
王 力 (1980)《汉语史稿》北京：中华书局
张 玉金(2004)《论西周汉语第一人称代词句法功能问题》、《古汉语研究》(3)
周 法高(1990)《中国古代语法——称代编》北京：中华书局
陈 复华等(2002)《古代汉语词典》北京：商务印书馆
罗 竹风(1997)《汉语大词典》汉语大词典出版社(2002年版)

佐藤 亨（2001）「『古事記』における第一人称代名詞――用字法（借訓）にみる待遇表現――」『日本語日本文学』(11)創価大学日本語日本文学会
佐藤 亨（2002）「人称の交替と待遇――その歴史的変容――」『日本語日本文学』(12)創価大学日本語日本文学会
松村 明（1988）『大辞林』(1990年版)三省堂

# シタコトガアルについて
――シタ経験ガアル、シタ経験ヲモツとの対照から

新居田純野

## 1. はじめに

　過去形式の連体形シタが形式名詞「こと」をかざるシタコトが存在動詞「ある」と組み合わさった文末形式シタコトガアルは経験を表す表現形式とされている。本稿では、この文末形式シタコトガアルについて、その意味的内容の分類および考察をおこなった。そして、シタコトガアル形式が、人が過去において見たり、聞いたり、おこなったりしたことを当事者が自分の経験としてとらえる〈経験〉以外に、以前におこなった動作や以前に起こった出来事が後まで残った〈経歴・記録〉、経験にはつながらない過去における〈出来事〉の実現を表し、いくつかの制約のもとにその意味的内容がより明確に分類されることを明らかにする。また、同じ経験を表す他の表現形式シテイル、シタ経験ガアル、シタ経験ヲモツとの比較対照もおこない、それぞれの使い分けの違いについても明らかにする。

## 2. 従来の研究

　アスペクト形式シテイルに関しては、動作・結果の継続といった用法から派生して、経験を表す場合があることが明らかにされてきているが、この経験を表すシテイルとシタコトガアルの両形式の比較対照が、これまでに工藤(1989)および池田(1995)で試みられている。
　工藤(1989：113)では、シタコトガアルは「ある時点までの期間に少なく

とも一度、その出来事がおこっていること」を表し、「ある時点があって、その時点に先行しておこった出来事をとらえている」点がパーフェクトと共通するとしている。また、シタコトガアルについて次の三点の特徴をあげている。
（ⅰ）　基本的に、個別的＝具体的な出来事としてではなく、一般的な出来事としてさしだし（用例(1)）、この場合はシテイルは使えない。

（1）　きみはたしか去年のいま頃に流感にかかったことがあるな。
（立原正秋・冬の旅）

（ⅱ）　ある時点とかなり隔たった出来事しか表せない。(2a)はいえても、(2b)はいいにくい。(1、2a、2b とも（工藤 1989：113))

(2a)　「君は昔（ずっと前に）流感にかかったことがあるな」
(2b)　「君はたしか先週流感にかかったことがあるな」

（ⅲ）　ある時点において直接的結果が現存している場合（用例(3a)）にはつかえない。また効力の現存も基本的にとらえない。ただある時点までに出来事がおこったかどうかを問題とする。（用例(3b)）

(3a)　「彼は既に2年前に日本に来ている。今京都にいるよ。」
(3b)　「彼は既に2年前に日本に来たことがある。

　(3a)は「今もなお日本に滞在している」「日本に来るということが経歴、あるいは、記録になっている」のであり、(3b)は「今どこにいるかは問題にしていない」が、「2年前に日本にきた経験があることのみを表している」ということである。
　さらに、工藤はシタコトガアルとシテイルの共通点として、「2つの時間段階をとらえる、あるいはある出来事＝事態にべつの出来事＝事態を時間的に先行するものとして関係づけていくという側面を持っている。」と述べて

いる。しかし、シタコトガアルに関していえば、その出来事が一般的であろうと個別的であろうと、遠い過去のことであろうと近い過去のことであろうと、出来事の結果が現存していようとしていまいと、話し手が経験として認識するかどうかでシタコトガアルが使用されると筆者は考える。

　また、須田(2003 : 92)でも、「シタコトガアルは基本的には、基準時点から切り離された、不特定時の、普通は少ない回数起こった、多くは意外な、珍しい事実を表すとして、主語の表すヒトの経験を表す場合が多い」としているが、これはシタコトガアルという表現形式の特徴というよりも、経験とは何かということに関わることであると思われる。さらに、「不特定時の出来事を、全体としてまとまりを持つものとして、差し出す場合もある。(中略)シタコトガアルは全体として、まとまった出来事しか表さないといえそうである。」ということは、シタコトガアルという一つのまとまった表現形式をとることで、一つの出来事をまるごと表しているということになるのだろう。

　池田(1995 : 145)は、シテイルが経験を表すためには、時の表現、頻度の副詞、全体量を規定する表現と共起することが多いとしている。このことは、シタコトガアルの場合にもあてはまる。シタコトガアルが経験を表す場合にも、同様に時の表現、頻度の副詞が共起する場合が多い。

（４）　私は幾度もマッチをすって提燈の火をつけようとしたことがある。あれはまだ私が十四五の時であつた。　　　　（北条民雄・外に出た友）
（５）　小学生のときに、ずるをした友達を、"どん百姓"って罵ったことがあります。　　　　　　　　　　　　　　　　　　（向田邦子対談）

　ただし、(6)のように出来事を表す場合もある。

（６）　保は三月の下旬に一度死のうとしたことがあって、さいわいそのときは未然に発見されたと泰造は書いているのだった。
　　　　　　　　　　　　　　　　　　　　　　　　　　　（宮本百合子・道標）

池田(1995：145)には、シタコトガアルについて「動詞述語文・名詞述語文・形容詞述語文、また否定文・肯定文の別を問わない。」とあり、確かにそうであるのだが、しかし、筆者が集めた一万を超える用例の中で名詞述語文は32例、形容詞述語文は16例、否定文は64例とどれも1%未満で、非常に用例が少ないことをつけくわえておく。

藤井(1966：105、112)では、「あの人はたくさんの小説を書いている」の表す意味を〈経験〉とよび、「経験とは過去の動作・作用を現在から眺めた場合に用いられるもの」としている。また、「あの人は現在結婚している」が、動作・作用のもたらした結果であるところの現在の状態を表しているのに対し、「彼は昭和十五年に結婚している」は、動作・作用のみに注目して、それが現在にもたらす結果には関心がもたれていないので、この場合は経験を表すとしている。

それに対して、工藤(1982)は「過去に実現した運動が現在の状態になんらかの関わりをもっていることを表わしている」ことが経験にあたるものとする。

また、高橋他(2005：90)では、「彼は学生時代にこの論文を書いている」を〈以前の動作やできごとを経歴・記録としてあらわすすがた〉として、パーフェクトの延長にある用法としている。

仁田(1987：107)は、〈経験・完了〉とは動きが終ったことを現在(基準時)から眺めてとらえたものとしている。そして、近似的にシタコトガアルに置き換えられるところの、ある動きを以前おこなったことが現在(基準時)に何等かの影響を与えている、といったニュアンスを帯びているものが〈経験・経歴〉としている。

以上、先行研究においては、「彼は論文を書いている」の意味的内容の名づけを、〈経験〉(藤井1966)、〈経歴・記録〉(高橋他2005)、〈経験・完了〉(仁田1987)としている。つまり、過去におけるデキゴトが、今という時間から見た時に連続してつながっていないと考えられるものに、それぞれ〈経験〉、〈経歴・記録〉、〈経験・完了〉などの名づけが与えられていて、経験と経歴は特に区別されてはいない。

しかし、本稿では、経験と経歴をひとくくりにせずに、わけて考えていく

ことにする。それは、シタコトガアルにおいて経歴を表す場合には、経験とは違いシタの部分に使われる動詞に制限があると考えるからである。この点については 3.2. で詳しくみていくことにする。

## 3. シタコトガアル形式の表す意味的内容

本稿では、シタコトガアルが表す意味的内容を〈経験〉〈経歴・記録〉〈出来事〉の三つに分類した。

〈経験〉
（7） だから坊主になろうと思って、お寺へ行ったことがある。
（向田邦子対談）
〈経歴・記録〉
（8） 私はもっと壮健の頃、新聞記者をしたことがあった。
（国枝史郎・銀三十枚）
〈出来事〉
（9） 「キャップ・サン・ジャックにて」という歌をつくって発表したことがあったが、流行らなかった。　（古山高麗男・プレオー8の夜明け）

シタコトガアルが表す意味的内容の〈経験〉は本稿で採集したシタコトガアルの全用例の半数以上を占めており、〈出来事〉は30％前後、〈経歴・記録〉は1％に満たなかった。

### 3.1. 経験を表すシタコトガアル

経験とは、「実際に見たり、聞いたり、ためしたりすること。」（『日本語大辞典』第二版講談社）、「実際に見たり、聞いたり、おこなったりすること。また、それによって得た知識や技能。」（『国語大辞典』小学館）とあるように、本稿でも「発話時において、過去におこなわれた出来事が主語となるヒトにとって経験としての意味を持ち、経験があるということが主語となる人の属性となっていること」を〈経験〉とする。

シタコトガアルが経験を表す場合、その経験者である人称の多くはハをとる。

(10) たとえば、ぼくはサルトルの『一指導者の幼年時代』という本をごく面白く読んだことがあるのだけれども、…
(庄司薫・赤頭巾ちゃんに気をつけて)
(11) 僕は中学生の頃、友達とけんかしたことがあるのだけれど、無限大ということがわからない。
(向田邦子対談)

### 3.2. 経歴・記録を表すシタコトガアル

　シタコトガアルでは、過去の行為が経歴・記録となる場合のその行為には制限がある。講演などのように経歴や記録として後まで残るような内容を表す場合(用例(12))、殺人などのように一度その行為を犯すと永遠に「殺人者」というようなレッテルが貼られるような場合(用例(13))、その行為が職業としての経歴に認められる内容である場合(用例(14)(15))を経歴・記録と考えた。

(12) これについては私が前にも或時に講演したことがあります。
(内藤湖南・大阪の町人學者富永仲基)
(13) 「…雪森さん、人を殺したことがあるの。」　(加賀乙彦・湿原)
(14) 射撃の名手であると同時に、拳闘の重体量選手となったことがあります。
(夢野久作・暗黒大使)
(15) それに、私は此校で教師をしていたことがあります。
(夏目漱石・模倣と独立)

### 3.3. 出来事を表すシタコトガアル

　シタコトガアルは経験を表す用例が中心だが、経験ではなく過去の出来事を表す場合もある。その出来事は、個別的・具体的な出来事としてさしだされる。ここでいう個別的・具体的な出来事とは、(16)(17)のように、多くはその出来事時と出来事の内容が指定されていて、ある特定の時にある特定

のことが起こり、それが特に経験として取り上げられるものではない、一回性の出来事と考えられる場合である。(17)の用例では、「そうしたテントに坐っていたとき」という時の限定と、「気は優しくて力持ちといった感じのソ連の下士官」という動作主の限定と、その「下士官がやってきた」という事実が、一般的な出来事ではなく、個別的・具体的な出来事とみなされるのである。出来事を表す場合、動作動詞の動作主はガ格で表される。つまり、そのデキゴトを経験と認識する当事者の多くは「一人称」でハとなることが多いが、出来事を表す場合は、その出来事の当事者はガをとる三人称となることが多い。また、その動作の主体が「大飢饉」のように非情物である場合(用例(16))などは経験とはとらえにくいので、出来事となる。

(16) 丁度ロシアにマルクス主義が入った一八九〇年代の初めに、ロシアの二十県に大饑饉が起ったことがあった。　(宮本百合子・冬を越す蕾)
(17) 彼がそうしたテントに坐っていたとき、気は優しくて力持ちといった感じのソ連の下士官がやってきたことがあった。
　　　　　　　　　　　　　　　　　　　　　　(清岡卓行・アカシアの大連)

　これらの時を表す表現「一八九〇年代初めに」などを時間的に現在と非常に近い、たとえば「昨日」にはできない。このことから、シタコトガアルがたとえ出来事をあらわしているとしても、発話時とはある程度の時間的隔たりをもたなければ使えない表現形式であることがわかる。
　国などの組織や団体がハとなる場合(用例(18)(19))も経験ではなく出来事を表す。

(18) 日本は韓国を統治していたことがあるが、植民地支配という言葉はサンフランシスコ講和条約など公の文書には、どこにも書いていない。
　　　　　(毎日新聞94年6月(以下「毎日94・6」のように示す))
(19) 東京佐川急便は一時、同カントリーの経営母体である岩間開発の株式を保有していたことがあり…　　　　　　　　(毎日91・7)

また、池田(1995：147)では、「「おととい」といった、期間ではなく出来事時そのものを表す表現とシタコトガアルは共起しにくい。」としているが、(20)のような用例では「半月ほど前に」と出来事時が共起している。このように出来事時が共起している場合は、経験ではなく、出来事を表すことが多い。

(20) 半月ほど前、少し纏まった金を借りる話で或人を訪ねたことがあった。　　　　　　　　　　　　　　　　　　　　　　　(尾崎一雄・五年)

## 4. 経験を表す他の表現形式とシタコトガアル

シテイルとシタコトガアルの両形式の比較対照、および、その互換性について工藤(1989)および池田(1995)が試みている。ここでは、シタコトガアルの表す意味的内容の〈経験〉〈経歴・記録〉について、他の表現形式との互換性および使用の違いについて考察をおこなう。

### 4.1. 経験

シタコトガアルにおいても、その出来事を経験と認識する当事者の多くはハとなることが多いと3.1.で述べたが、経験を表すその他の表現形式シタ経験ガアル、シタ経験ヲモツも、その経験者の多くはハをとる。(用例(21)(22))

(21) アートディレクターの結城昌子さんは、かつて某国立バレエ団の来日公演で、裏方のアルバイトをした経験がある。　　(毎日97・11)
(22) 第一期生の浅見典子さん(35)は、貿易関係の会社に勤務した経験をもつが、結婚して専業主婦に。　　　　　　　　　(毎日93・3)

表1、表2は、シタコトガアル、シタ経験ガアル、シタ経験ヲモツの用例における主語の人称および、その人称がガをとるかハをとるかを示したものである。

表1　経験者の人称について

| 表現形式(全用例数)[3] \ 経験者の人称 | 一人称 | 三人称 | ＋三人称[2] |
|---|---|---|---|
| シタコトガアル　（591例） | 47例（＋約400例[1]） | 124例 | 1例 |
| シタ経験ガアル　（541例） | 72例 | 236例 | 0例 |
| シタ経験ヲモツ　（456例） | 14例 | 157例 | 221例 |

[1] シタコトガアルでは、主語が省略される場合が多く、その省略されている主語のほとんどは一人称である。
[2] ＋三人称はシタコトガアル、シタ経験ガアル、シタ経験ヲモツが経験者をかざる形で用いられている用例である。例：富士山に登った経験をもつ彼
[3] 人称における用例数は、人称が明示されている用例を集計したものである。

　表1より、シタ経験ガアル、シタ経験ヲモツは第三者の経験を客観的に叙述する場合が多いことがわかる。シタコトガアルでは経験者が省略される場合が多いが、その人称は文脈からほとんどが一人称と判断されるものである。また、シタ経験ヲモツにおける経験者はほとんどが三人称であるが、特に経験者をかざる形で用いられる用例が多い。したがって、経験という語彙を伴うシタ経験ガアル、シタ経験ヲモツは客観的に第三者の経験を叙述するのに用いられ、文章的であるのに対し、主観性の高い話し手の経験に関して述べる場合は、シタコトガアルが使用されるといえるだろう。
　表2より、人称の明示されているシタコトガアルでは半数以上がハとなって経験を表しており、ガとなると出来事を表すようになる。

表2　経験者のとるハとガ

| 表現形式 \ 経験者のとる助辞 | ハ | ガ | モ | ニ(ハ) |
|---|---|---|---|---|
| シタコトガアル　197例 | 101例 | 74例 | 16例 | 6例 |
| シタ経験ガアル　283例 | 171例 | 51例 | 48例 | 13例 |

＊　シタ経験ヲモツは、ほぼ半数が経験者をかざる連体形式で用いられ、そうでない用例の多くは主語はハとなるので、ここでは取りあげていない。

　シタ経験ガアル形式では、用例(23)(24)のように、統計の結果についての説明に使われることが多く、この場合はガ格をとっている。

(23) また、消費者アンケートの結果、約八割がカタログショッピングを利用し、七割弱が高松や岡山など県外へ買い物に出掛けた経験があることも判明した。　　　　　　　　　　　　　　　　（毎日97・8）
(24) 難病の場合、九割近くが医療関係者から「配慮に欠けた扱い」を受けた経験があると答えている。　　　　　　　　　　　　（毎日97・12）

　(25)のように経験を表すシタコトガアルをシテイルに置き換えると、その表す意味的内容は〈経歴・記録〉となる。

(25a) ぼくはいつだったか、うまくできた恋愛小説は、政治学のよい教科書になるという話を読んだことがある。　　　　　　（赤頭巾ちゃん）
(25b) ぼくはいつだったか、うまくできた恋愛小説は、政治学のよい教科書になるという話を読んでいる。

　また(26)(27)のように、動作動詞のシタコトガアルをシテイルに置き換えてその表す意味的内容が出来事の継続を述べることになる場合、シタコトガアルの表す意味的内容は経験であると同時に過去の事実としての出来事にも近いものとなる。この場合、過去形式のシテイタに置き換えたほうが自然である。

(26a) 私も中学生の頃、かぶれて、沢蟹を潰した汁をつけたことがあります。　　　　　　　　　　　　　　　（吉田知子・無明長夜）
(26b) 私も中学生の頃、かぶれて、沢蟹を潰した汁をつけています。／つけていました。
(27a) 言っていると案の定「リュウさん」で、大笑いしたことがある。
　　　　　　　　　　　　　　　　　　　　（田畑修一郎・石ころ路）
(27b) 言っていると案の定「リュウさん」で、大笑いしている。／していた。

## 4.2.　経歴・記録

　池田(1995:146)は「シテイルはなんらかの形で出来事時が発話時よりも

過去にあることを保障してやらねば経験の意味を持つことができない。」として、「彼女は、去年結婚している」では、経験としての解釈が生まれやすいとしている。しかし、経験を表すシタコトガアルに置き換えて「彼女は去年結婚したことがある」とはできない。つまり、このことから「彼女は結婚している」は経験というよりも経歴・記録と考えるのが妥当なのではないだろうか。

　経験と経歴・記録に関して、高橋他（2005：90、119）では、「むかしからいままでというひとつの時間帯のなかで、そのことがおこったことをあらわすだけで、その結果が、いまというもうひとつの時間位置で、経歴・記録になっているかどうかはとわない。」とし、経歴・記録を表す「シテイル」は、「以前にそういう事実があったこと、その後そのことが特徴になっていることの、二つの時間のことが述べられている。そして、以前の事実はまるごとの姿でさしだされ、その結果が特徴になっていることは持続の姿でさしだされている。」として、経歴・記録にならないものは「シテイル」にならないし、経歴・記録にしかならないものは「シタコトガアル」にならないとしている。

　しかし、本稿では、シタコトガアルも制限はあるが、経歴・記録となる場合があると考えた。それは、「シタコトガアル」で表す過去の経験が経歴・記録となる場合である。そして、シタコトガアルとシテイルが(28)(29)のように意味的内容に変化を起こさずに互換性があるのは経歴・記録を表す場合である。

(28a)『女性美の諸段階について』というエッセイを書いたことがあった。
　　　　　　　　　　　　　　　　　　　（倉田百三・女性の諸問題）
(28b)『女性美の諸段階について』というエッセイを書いている。
(29a) まだ木造建築だった頃、その講堂で彼は帰郷した折に乞われて何度か村人たちを前にして講演をしたことがあったのである。
　　　　　　　　　　　　　　　　（柏原兵三・徳山道助の帰郷）
(29b) まだ木造建築だった頃、その講堂で彼は帰郷した折に乞われて何度か村人たちを前にして講演をしているのである。

## 4.3. 出来事

　シタコトガアル、シタ経験ガアル、シタ経験ヲモツは、ダブルテンス（テンス形式が二重になる）（高瀬2004）の述語形式である。たとえば、シタコトガアル形式では、第一テンス形はシタ、第二テンス形はアルである。表3はそれぞれの表現形式の第二テンス形式が非過去形か過去形か、肯定形か否定形かのおおよその比率を出したものである。

表3　第二動詞のテンス形式

| 表現形式 \ テンス形式 | 非過去 肯定形 | 非過去 否定形 | 過去 肯定形 | 過去 否定形 | 連体修飾形 |
|---|---|---|---|---|---|
| シタコトガアル | 50% | 11% | 14% | 19% | 0% |
|  | 61% || 33% || |
| シタ経験ガアル | 64% | 11% | 5% | 2% | 7% |
|  | 75% || 7% || |
| シタ経験ヲモツ | 26% | 1% | 2% | 0.4% | 48% |
|  | 27% || 2.4% || |

　第二テンス形が過去形のシタコトガアッタは出来事を表すが、シタ経験ガアッタ、シタ経験ヲモッタは第二テンス形が過去形であっても経験を表す。
　シタコトガアルは経験や経歴・記録のほかに、出来事を表す場合は現象文となるが、第二テンス形が過去形となる現象文は、表3より、全体の約3割を占めていることがわかる。しかし、シタ経験ガアルの第二テンス形が過去形になるものは少ない。また、過去の否定形が2割弱と多いこともシタコトガアルの特徴である。
　第一テンス形が過去否定形であるシナカッタコトガアルの多くは非実現の出来事（用例(30)）となっている場合が多く、実現していないことを個人の経験とするためには、シナカッタ経験ガアル（用例(31)）、シナカッタ経験ヲモツ（用例(32)）が使われる。

(30)　この種の協議会が野党からの追及に対して「努力している」というア

リバイ証明のように使われて、実効性のある結論を出さなかったことがある。 （毎日97・10）
(31) 田嶋はかつて、すぐ横の手話通訳者が気にかかり、話ができなかった経験がある。 （毎日96・12）
(32) 安原さんは筆者をそろえたり、斬新(ざんしん)な企画を立てたり、あらゆる工夫をこらしてもなお売れなかった経験を持つ。（毎日92・4）

## 5. おわりに

　以上、シタコトガアルのシタが動作動詞の場合、その表す意味的内容は〈経験〉〈経歴・記録〉〈出来事〉となり、最も用例の多い〈経験〉ではコトを経験に置き換えることができる。特に一人称(話し手、書き手)の〈経験〉では、その一人称が省略される場合が多いが、人称が明示されれば、その人称の多くはハによって表される。シタコトガアルが〈経歴・記録〉となる場合は、職業となる内容のものや講演や殺人などの記録として残る行為が示されている場合で、シテイルに置き換えてもその意味的内容は変わらない。〈出来事〉を表すシタコトガアルはその出来事の主体は非情物や組織・団体であることが多く、ある特定の時に特定の出来事が起こった場合となる。
　また、それぞれの表現形式が誰の経験を表すために使用されるかという点からみると、シタコトガアルは一人称の経験を表す場合が多く、シタ経験ガアルは三人称の経験を表す場合に使用されることが多い。一方、シタ経験ヲモツは　三人称の経験者をかざる形で使用されることが多い。つまり、経験という具体的な語彙を伴うシタ経験ガアル、シタ経験ヲモツは客観的に第三者の経験を叙述するのに用いられ、主観性の高い話し手の経験に関して述べる場合は、シタコトガアルが選択される場合が多いということが明らかになった。
　以上のように、本稿では、シタコトガアル、シタ経験ガアル、シタ経験ヲモツのそれぞれの表現形式が人の経験を表す場合、その使用に違いがあることを示した。

**参考文献**

池田英喜(1995)「シタコトガアルとシテイル―経験を表す二つの形式―」『日本語類義表現の文法(上)』(pp.143–148)くろしお出版

工藤真由美(1982)「シテイル形式の意味記述」『人文学会雑誌』13-4(pp.51–88)武蔵大学

工藤真由美(1989)「現代日本語のパーフェクトをめぐって」『ことばの科学』3(pp.53–118)言語学研究会

工藤真由美(1995)『アスペクト・テンス体系テクスト―現代日本語の時間の表現』ひつじ書房

須田義治(2003)『現代日本語のアスペクト論』(pp.92–95)海山文化研究所

高瀬匡雄(2004)「ダブルテンスの述語形式―その全体像をめぐって」『語学文学』北海道教育大学

高橋太郎他(2005)『日本語の文法』(pp.119–122)ひつじ書房

仁田義雄(1987)「テンス・アスペクトの文法」『ソフトウェア文書のための日本語処理の研究―8』(pp.51–135)情報処理振興事業協会

藤井 正(1966)「「動詞＋ている」の意味」『国語研究室』5 東京大学(金田一春彦編(1976)『日本語動詞のアスペクト』むぎ書房所収)

# 上代語「を」の格性疑義

須田淳一

## 1. 問題のありか：すでに格形だったのか

　上代語「を」の用法の多くが体言に膠着するということ、そして、その多くが、文成分の観点で、補語、特に直接補語(cf. 高橋他 2005)となることは、あらためて指摘するまでもない。この事実は、対格形(accusative)として概ね完成期にあると思われる現代語「を」の振る舞いにも通じる。しかしながら、補語を標示することは、対格形であることのあくまで必要条件であって、十分条件ではない。ましてや、上代語「を」は三者のホモニム(格形、接続助辞、間投助辞)であるというのが通説であり、その出自は不明でもある。であるとすれば、補語標示を専らとする点が現代語「を」と共通するということをもって、現代語「を」と同様に対格形であると前提する根拠は、本来無い。これまで、上代語「を」は論じられつくしているものの、格形であることは所与のこととされ、格形である根拠を検証することはタブーとなってきた感がある。

## 2. 分析(1)：格形と競合する「を」

　直接補語と「を」との強い関わりは、上代語「を」項を含む節の述語が、比較的他動性の高い単語が立ちやすいということを示唆している。他方で、「を」項を含む節にも他動性の低い述語が立つ場合があるのも、よく知られた事実である。例えば、感情動詞、移動動詞、ミ語法など、他動性の低い用

言が述語となる場合である。これら後者の場合の「を」項がどのような文成分になっているか、ということについては、細部のアプローチにいくつかの立場がある。

「妹を(乎)憎くあらば」(万・二一)などの感情動詞の「を」項は、文の中での役割意味(semantic rolls)の観点で、〈感情の対象〉をあらわしており、直接補語の範囲にとどまる用法である。だが、「大坂を(乎)わが越え来れば」(万・二一八五)、「うぐひすは植木の樹間を(乎)鳴き渡らなむ」(万・四四九五)、「家を(乎)離れて」(万・三六九一)、「母を(乎)別れて」(万・四三四八)等々の「を」項は、岩井(1970)等でつとに指摘されているとおり、いずれも〈移動のかかわる場所〉をあらわしている。より正確には、前の二例は、〈とおりゆく場所〉あるいは〈とおりすぎる場所〉、後ろ二例は、〈移動の起点〉をあらわしている。これら「を」項体言は、一定の広がりを持った場や点、即ち空間として文の中にさしだされている。空間をあらわすということにおいて、これらの項は状況語(arguments of a spacio-temporal setting for the principal event, cf. 高橋他 2005)とも一面で近似している。しかし、状況語とは違って、述語が文のなかであらわす意味を補完するのに不可欠な成分となっている点で、補語のうち間接補語と呼ぶほかない項ではある。松本(2006)では、現代語のこの種の項を「空間補語」と呼んで、直接補語とはもちろんのこと、一般的な間接補語とも区別している。その趣旨は、状況語とのこうした連続性があることをとらえたものだろう。つまり、「を」項には、間接補語のうちでも状況語に近似する、より周辺的な間接補語(「空間補語」)をあらわす用法があるということを確認しておきたい。

ミ語法の「を」項になると、状況語への近似は一層強まる。このことについては、別稿(須田 2006、須田近刊)で説明したことがあり、小稿では概略になるが以下のとおりである。ミ語法節では体言項は、唯一か、または稀にであるが体言項が皆無となる。体言項が無い用例では、そこに補い得る名詞を想定できないことから、体言項の省略用法とは異なる。この事実は、ミ語法用言が結合価1の一価述語であり、他動性が極めて低い用言であることを示唆している。[1] 即ち、ミ語法は、山・瀬・風・波などの名詞からなる項を持つか、または、体言項を一切持たずに、「待たば苦しみ」(万・三九九八)・

「言はばゆゆしみ」(万・四〇〇八)のような連用項のみを持つ。主たる事例である前者(体言項)では、その名詞はほとんどの場合、モノではなく自然空間や自然現象など、外的なコトガラをしめす単語である。同様に後者では、その連用項(条件節・連用節)は、ミ語法節があらわす内容にとって外的なコトガラそのものである。一般的に言って、外的なコトガラという意味範疇は、低い他動性のデキゴトをあらわす実際の文においては、〈とりまく状況〉という役割意味をあらわしやすい。直接的な対象体などになる可能性が、著しく低減しているため、背景的なものごととしてとらえやすくなるためであろう。このように、ミ語法の項はいずれの場合とも、〈とりまく状況〉をあらわすことにおいて、文成分の観点では、状況語相当なのである。つまり、「を」項の文成分は、「を」項を支配する用言の他動性の強弱、及び項体言の意味範疇とに応じて、直接補語から間接補語、「空間補語」、さらには状況語へと、連続性をともなって拡散している。

　しかしながら、文成分上のこの多様な分布能力は、「を」にとって本質的なものではない。というのは、このようにいくつかの異なる文成分となり得るということは、例えばハダカの名詞項についても、同様に言えることだからである。ミ語法の体言項にとって、「を」の膠着は義務的ではない。その他にゼロ接尾辞(直格形)の体言項も可能である。[2] 即ち、「山を高み」ではなく「山-φ高み」の場合も、「山」という体言項の文成分には変更が無いのである。このことから、ミ語法では「を」と直格形とが対立的であると考えることができる。この対立とは、例えばスル・シタのような、パラダイム上での対立ということではなく、体言の膠着接尾辞という単位上での対立を指す。

　このミ語法の「を」・直格形間の対立と同じ事情は、例えば本節冒頭の補語用法の典型例においても確認できる。即ち、「憎し」の事例では、「海の玉藻の(之)憎くあらずて」(万・一三九七)のように、ノ格項が直接補語を標示するものがあることが確認できるのである。とすると、「憎し」の直接補語項として、「を」はノ格形と対立していることになる。

　以下同様に、岩井(1970)等で挙げられる「を」の間接補語の典型事例用言と同一の用言において、同じく間接補語用法でありながら、「を」以外の

格形事例が確認できる。

　「越ゆ」の事例で間接補語になっている体言項には、「を」以外に、直格形とヘ格形の場合とがある。

　　「山路φ越えむと」(万・三七二三)
　　「大和へ(部)越ゆる雁し」(万・九五四)

「渡る」の事例で間接補語になっている体言項には、「を」以外に直格形と与格形の場合とがある。

　　「朝川φ渡り〜夕川φ渡る」(万・三六)
　　「韓国に(尓)渡りゆかむと」(万・三六二七)

「離る(ハナル)」の事例で間接補語になっている体言項には、「を」以外に直格形の場合がある。

　　「手枕φ離れ」(万・三四八〇)

「別る」の事例で間接補語になっている体言項には、「を」以外にト格形と与格形の場合とがある。

　　「天地と(跡)別れし時ゆ」(万・二〇九二)
　　「白波の寄そる浜辺に(尓)別れなば」(万・四三七九)

　このように、「を」項が個々の動詞における間接補語用法として、ヘ格形・ト格形・与格形及び直格形の項と対立している事実が確認できる。直格形が各種の文成分に偏在することはその定義上首肯できる。だが、単一の接尾辞に関して、間接補語という同一の用法が、斜格形支配の同一の動詞において併存しているというこの事実は、「を」が格カテゴリーとは別の文法的カテゴリーにおいて関与している、ということを示唆していると考えられる。

「を」と様々な斜格形とのこのような雑多な対立ぶりは、もはや対立であるとは考えにくい。ある文法的カテゴリー内での対立という観点では、間接補語なら間接補語という単一の文成分の用法において、同じく格カテゴリーという土俵にあって複数の斜格形同士が対立的である、ということはあり得る。個々の斜格形があらわし分ける役割意味は微妙に異なり得るからである。例えば、「彼女に届ける。」と「彼女へ届ける。」のように。また、格形と文成分との対応関係は本来任意的であるから、異なる文成分の用法において同じ格形が用いられる、ということもままあることである。即ち、「みかんがなっている。」(主語)・「父はみかんが嫌いだ。」(直接補語)のように。しかしながら、ある動詞Aの間接補語としては与格形と「対立」し、別の動詞Bの間接補語としては直格形やへ格形と「対立」し、さらに別の動詞Cの間接補語としては直格形やト格形とも「対立」するような単一の格形、というものは格理論上あり得まい。なぜなら間接補語が、文中の他の単語と取り結ぶ関係的意味としては広汎に過ぎ、同一格形の負担機能としては過重だと考えられるからである。そのことから、「を」が担う意味・機能は、これら格形と同じ文法的カテゴリー(即ち格カテゴリー)には無い、と考えざるを得ないのである。

## 3. 分析(2)：とりたて接尾辞を膠着させる「を」

　「を」項には、「を」以外の接尾辞を「を」に後続して膠着させる事例がある。上代の確例では、「Nをぞ」、「Nをしなも」(「し」は副助辞・「なも」はナムの古形)、「Nをや」、「Nをも」、「Nをこそ」、「Nをば」などが挙げられる。これらの事例は『續紀』宣命などでも確認できる。

　「忌み忍ぶる事に似る事をしなも(乎志奈母)、常勢しみ重みみ念ほし坐さくと宣りたまふ。」(二詔)
　「こきだしきおほき天下の事をや(乎夜)たやすく行はむと念し坐して、」(七詔)
　「皇太后の朝をも(乎母)人の子の理にえつかへまつらねば、」(二三詔)

「朝庭を護り奉侍る人等をこそ［は］（乎己曾［方／校異］）、治め賜ひ哀み賜ふべき物に在れとなも念す。」(三二詔)

　文成分の観点で一定の傾向があるか否か、例えばこれら「を」項が直接補語としてのみとりたてられているのか、などについて、事例が比較的豊富な「Nをば」の場合を『續紀』宣命から観てみたい。尚、「をば」の「ば」は訓法上濁音化するが、実体はとりたて接尾辞の「は」(仮名も同じく「者・波」などが多い)であるとされる。「をば」項はほとんどの場合、主節あるいは重文において直接補語となっている。しかし、稀に間接補語となっている場合もある。

『「卿等の問ひ來む政をば(乎者)、かくや荅へ賜はむ、かくや荅へ賜はむ」と白し賜ひ、』(六詔)

　注目すべきは、やはり主節か重文にありながら、主語となっている場合が確認できることである。

「また難波大宮に御宇しし掛けまくも畏き天皇命の汝の父藤原大臣の仕へ奉りける状をば(乎婆)、建内宿祢命の仕へ奉りける事と同じ事ぞと勅りたまひて、」(二詔)
「また此の家じくも藤原の卿等をば(乎波)、掛けまくも畏き聖の天皇が御世重ねて、おもしき人の門よりは慈び賜ひ上げ賜ひ來る家なり。」(二五詔)

　これら二例は、いずれも名詞述語文(他動性最小の文)において、主語としてはたらいている。役割意味の観点では、前の事例の主語「仕へ奉りける状をば」は、述語「同じ事ぞ」の〈判断・評価構造の対象〉、後の事例の主語「藤原の卿等をば」は、述語「上げ賜ひ來る家なり」の〈属性の持ち主〉である。前者は、補語への接近が認められる周辺的な主語と言えそうだが、後者は、名詞述語文に典型的な主語である。

この事実は、「を」と格カテゴリーとの関わりについて重大なことを示唆している。仮に「を」が何らかの格形であると措定すると、直接補語に対してだけではなく主語(非他動詞文の主語)に対しても用いられるということは、絶対格能格型言語などでない限りは、あり得ない振る舞いだからである。その場合の「を」は、絶対格相当の格形と呼び得るものである。しかしながら上代語の当時、すでに主格対格型言語としての格組織化が一定程度進んでいると考えるならば、直接補語と主語とをともに標示するというこの事実は、「を」が格カテゴリーとの関わりを直接には持っていない、ということを示唆している。役割意味的に主体・客体の関係明示を軸とする主格対格型言語では、文成分上で主語と直接補語との対立が骨格となるが、一般にその対立は、直格形を除けば形態的にも弁別されるのが普通であろう。つまり、対立基軸となる二項に同一の接尾辞が膠着しているとしたら、その接尾辞は、少なくとも主語と直接補語との弁別には関与していない、ということになるのである。従来、上代語「を」項の主語性の問題は、時枝の「対象語」をはじめとして感情形容詞やミ語法との関わりで指摘されることはあったが(cf. 佐佐木1999)、直接補語についての成分規定の不明瞭さに起因して、上述のことは見落とされてきたように思われる。

　さらに、「を」以外の接尾辞を「を」に後続して膠着させるこの種の事例で、形態論上の特徴として指摘できることは、第一に、「を」に後続して膠着する接尾辞が、ほとんどすべてとりたてカテゴリーの接尾辞だという点である。このようなとりたて接尾辞が膠着することは、名詞の曲用としてごく自然な振る舞いである。「名詞語幹 N – とりたて接尾辞 – を」という順の曲用のしかた(「Nぞを」など)は無く、「を」がとりたて接尾辞に必ず先行する形態素分布になる。この事実から直ちに想像されることは、「を」が何らかの格形なのではないか、というものであろう。というのも、ほとんどの格形が曲用において、とりたて接尾辞に対して先行する用法を持つからである。しかしながら、それは可能性の一つにすぎない。なぜなら、曲用においてとりたて接尾辞に先行する形態素は、格形以外にもあるからである。即ち、並立カテゴリーのほか、同じくとりたてカテゴリーの接尾辞などの可能性を排除できないのである。

加えて、形態論上の第二の特徴として指摘したいのは、これらのとりたて接尾辞のほとんどが、「副助辞」系のものではなく、「係助辞」系だという点である。[3] この事実は、重要である。というのは、二系列あるとりたて接尾辞のうち、係助辞系のとりたて接尾辞は、曲用においてしばしば副助辞系のとりたて接尾辞と複合的に膠着するが、その際、形態素分布において先行するのは副助辞の方だからである。つまり、この点で、「を」が副助辞系のとりたて接尾辞である可能性が、認められることになる。

## 4. 分析(3)：与格形体言に膠着する「を」と述語用言に膠着する「を」

　以上の第2節及び第3節の「を」と形態論上の異なりが認められる「を」には、次ぎの三つのタイプがあると考えられる。即ち、与格形体言に膠着する「を」、述語を構成する「を」のほか、連体形用言に膠着する「を」[4]、の三種である。

　第一の、与格形体言に膠着する「を」は、いわゆる「間投助詞」の典型例である。

　　「ぬばたまの夜の夢にを(仁越)継ぎて見えこそ」(万・八〇七)
　　「三枝の中にを(尓乎)寝むと」(万・九〇四)
　　「吾が衣　下にを(尓乎)着ませ」(万・三五八四)
　　「八重咲く如くやつ代にを(尓乎)いませわが背子」(万・四四四八)

　上代語にはト格形と結びつく確例(「不知とを」・「人とを」)があることから、「を」の遊離性は相対的に強く、単独の膠着接尾辞としての性質が伺える。したがって、当該の「−にを」は複合的な単一の接尾辞ではなく、二つの異なる接尾辞が体言に順次膠着している用法と認められる。

　この互いの独立性が意味することは、「に」と「を」とが、それぞれ異なる文法的カテゴリーに由来した接尾辞であるということである。「に」は格形であると考えられるので、したがって「を」は、格カテゴリー以外の文法

カテゴリーに由来するものだと考えざるを得ない。格カテゴリー以外で、体言が持ち得る文法カテゴリーとして想定できるものの一つに、並立カテゴリーがある。しかし、並立の接尾辞(現代語で言えば「や」・「か」など)が、直格形以外の格形に膠着することは考えにくい。よって、これら「を」の由来は、とりたてカテゴリーにある、という可能性が残ることになる。

第二の、述語を構成する「を」とは、次のようなものである。

「生ける者つひにも死ぬるものにあればこの世なる間は楽しくをあらな(楽乎有名)」(万・三四九)
「心をし君に奉ると思へばよしこのころは恋ひつつをあらむ(恋乍乎将有)」(万・二六〇三)

これらの事例の述語部は、仮に「を」が介在しない場合、用言の非定形語形「楽しく」・「恋ひつつ」に、補助単語である広義コピュラが組み合わせ的に結びついて、「楽しくあり」・「恋ひつつあり」というかたちで、一単語相当である。つまり、コピュラ的な用言(「あり」)による組み合わせ述語の用法と言えよう。「漁する人とを見ませ(人跡乎見座)草枕旅行く人にわが名は告らじ」(万・一七二七)などに見られる述語部も、同様に動詞由来のコピュラ「見る」({〜だと思う・〜だと考える}義)などによる類例である。[5]

従来、「連用のヲ」などとして一括されてきた周知の事例だが、形態論的な振る舞いを見る限り、これらの「を」項は述語に対して独立した連用的な成分を構成しているというより、述語の内部に介在して自らも述語の一部となっている。ここで注目すべき事実は、文のなかのどのような文の部分に対しても — 述語成分に対してさえ — 膠着できるということである。この振る舞いは、とりたてカテゴリーの特徴的な振る舞いであるが、上代語の「を」は、これと矛盾していないことになる。

## 5. まとめ：副助辞的とりたてカテゴリー

接尾辞として何某かの格形だと言える積極的な根拠は、現代語対格形から

の類推以上のものは見いだせなかった。むしろ上代語「を」は、対格形はおろか、格カテゴリーとの関わりすら間接的だとする、文成分上及び形態論上の事実があらたに浮き彫りとなった（2節、3節前半）。

　また一方で、「を」の振る舞いは、とりたて助辞のうち、特に副助辞系とりたて接尾辞の振る舞いと矛盾しないものであることも明らかとなった。その根拠として指摘できたのは、曲用において、補語や状況語（2節）のほか主語（3節）も構成する、係助辞系とりたて接尾辞に先行膠着する（3節後半）、体言与格形に膠着する（4節）、活用において、述語の部分に膠着する（4節）、という事実である。

　これらのことから、「を」は上代の時点では、未だ格形になってはおらず、とりたてカテゴリーにおいて副助辞的な一定の意味・機能を示す接尾辞であった可能性が高い、と結論される。

　この場合、上代語の体言Nにおいて「Nを」という曲用語形は、したがって、Nが単体の語幹そのままではなく、直格形（ハダカ格形）の「N–φ」に接尾辞「を」が膠着したものだととらえるのが穏当となる。

**注**

1　ミ語法用言が一価であることは、「を」が格形（例えば直格形）であることを意味するものではない。用言の格支配と結合価とは、互いに別な範疇のことだからである。

2　形態論的に無標な格形として、単純にモノの記名（nomination）機能を持つことから、一応これをラテン語学などで言われるところの斜格形（casus obliquus）に対立するものとしての直格形（casus rectus）ととらえておくことができる。対格形との対立がより鮮明である主格形（agentive）とは異なるものである。

3　高橋他（2005）では、とりたて接尾辞に二系列あることが指摘され、現代語の例で両者の振る舞いの違いなどが指摘されている（第18章、及び第3章1.3.2節など）。副助辞系列として、「だけ」・「ばかり」・「くらい」などが挙げられている。これらは係助辞系列の「は」「も」「こそ」などに後続膠着しにくい。

4　準体言となった節に膠着する「を」のうち、接続的意味を含意する事例について、ことさら接続助辞などの括りを立てる根拠は、形態論的には認めにくい。もちろんそのことで、その「を」が格形であることを主張するものではない。（cf. 須田

1996、Suda 1998 など）
5 　高橋他（2005）（第 16 章 2.2 節及び第 19 章）によれば、コピュラの定義はより広義には四段階に規定される。第三段階のコピュラは、現代語の「(降るので)ある」・「(降る)ようだ」などのように体言だけでなく用言が述語となることを補助するために、その用言に組み合わさる補助単語である。

**参考文献**
岩井良雄（1970）『日本語法史　奈良・平安時代編』笠間書院
佐佐木隆（1999）『萬葉集と上代語』ひつじ書房
須田淳一（1996）「対格標識の曖昧性—上代「を」・「ものを」形式と韓国語の対格標識」『国文学　解釈と鑑賞』第 61 巻 7 号　至文堂
Suda, Junichi (1998) A Note on the Cline Between Complementation and Subordination in Old Japanese Constructions Involving the Particle-WO.『日本学研究 7』北京日本学研究中心
須田淳一（2006）「ミ語法とヴォイス」『日本語学』第 25 巻 5 号　明治書院
須田淳一（近刊）項目「ミ語法」、同「ク語法」『日本語文法事典』大修館書店
高橋太郎他（2005）『日本語の文法』ひつじ書房
松本泰丈（2006）『連語論と統語論』至文堂

# 索引

## い
意志　125, 132–136
意志形　124
移動動詞　284
意味的な結びつき　244, 248, 251
意味の内容面　241
飲食動詞　141, 145

## え
江戸蘭学　39, 47

## か
が　83–96
格助詞　218, 224–226
かざし　27
かた　28
形つくり　63
活用　7
仮定条件　170–175, 184–187
カテゴリカルな意味　33
仮名日記　269–279
から　224
関係的意味　203–206, 214
漢語学　38, 39
韓国語　83–96
漢字表記　297, 299, 306
間接補語　326–330
間投助辞　325, 332, 333
勧誘　128, 132–136

勧誘形　124
慣用的ないいまわし　53–55
慣用的な組み合わせ　53–55, 59, 61

## き
逆順語　98, 103, 107
逆条件　255, 265, 266
教会ローマ字　140
共通の意味　236–238
記録　71, 75, 78

## く
空間的意味　283
クリモフ，ゲ．ア　23, 26

## け
経験　315, 318–320
形式　28
継続　69–71, 76
形態論　1
形容詞　203, 204
経歴・記録　316, 320, 321
言語　28
原貌消失動詞　141

## こ
語彙化　63
語彙項目　56, 62
後置詞　217, 229
膠着　7
効力　73, 78
国学　38, 47
語構成　106
こと　28
事柄な関係　174, 182, 186
コピュラ　120, 333, 335
個別的・具体的な出来事 316
根拠　78
痕跡　71, 75, 78–80

## さ
〜サ（形容詞語幹＋接尾辞サ）　203–215
西国立志編　97, 103, 107
さそいかけ　124

## し
使役介詞（讓、叫、使）　231
使役構造　231
次元　217, 223, 227–229
指示的意味　197, 199, 200
実・虚・助　38, 47
時間副詞　269–280
終助辞　113
自由な組み合わせ　56, 62
主格—対格タイプ　20
主格対格型言語　331
主格タイプ　19
述語形式　269, 272, 276
述語名詞　203, 204, 210
状況語　326, 327
消失的意味　283
状態変化的　232, 235
助動詞の分類　2
人名詞　193–200

## す
推量　124
推論　71, 75, 78–80
数字声調符号　140, 148
図形声調符号　139, 148

## せ
セルビア語　169–187

## そ

相対的な時間副詞　270–272, 275–279
徂徠学　38, 47

## た

第一人称代名詞　297, 299, 306–309
対格形　325–334
対格タイプ　19
ダイクティックな時間副詞　270–275, 279
代名詞化　306, 309
体・用　37, 47
台湾ローマ字　140
他動詞文主語　192, 193, 195
単語つくり　63
段落の構造　34

## ち

中立的用法　204–206, 208, 214
直接補語　325–331
直格形　327, 328, 334

## て

で　224–226
提議的　232, 240, 249
出来事時　270–272, 279
デ中止形　203–215
デハナイカ　113–122
テモ　255–260, 265, 266
テンス　14

## と

動作の意志性　241, 242
動詞テ形　217, 229
動・静　38

透明性　63
唐話学　38
特定性　195, 199, 200
トシテモ　255–257, 260–262, 265, 266
とりたてカテゴリー　329–334

## な

内部變(変)化動詞　141, 143, 144, 146
長崎通詞　39
中村正直　97, 101, 102

## に

に　224
ニキ形　284–288
ニシテモ　255–257, 262, 263, 265, 266
ニセヨ　255–257, 263–266
日本語　169–187
によって　218, 223, 227–229

## ね

ネ形　289–294

## の

能格タイプ　18, 20

## は

は　83–96
パーフェクト　71–80
幕末以後の上方　114–121
白話字　140, 148
派生　7, 217, 227–229
働きかけ性　234, 235, 250
発話時　270, 271, 279
場面転換　276, 280

パラダイム　1
パラメータ　170–174, 184–187
反実仮想　72, 73, 76–80
反転現象　106

## ひ

被動的(受身的)　232, 244, 249
評価的用法　204
表面變(変)化動詞　141–145
非レアルな条件　180, 181, 184–187

## ふ

副詞　27, 33
副助辞　329, 332
文法化　184–187
文法的意味　195–200
文法的概念　30
文法的手順　30
文法的派生動詞　15
文法用語　38, 39

## ほ

ポテンシャルな条件　179, 180, 184–187

## み

三上章　18, 19
みとめ方　9

## む

ムード　123
むすび　8

## め

命令形　289, 290
メノマエ性　284

## も

モダリティ　172, 173, 183
モノ名詞　84–95

## や

ヤナイカ　113–120

## ら

蘭語学　38, 39, 47

## り

琉球方言　23–25
両語形　97, 99, 107

## れ

レアルな条件　176–179, 184–187

連語　33
連体形従属節　192, 195
連体部　203–214

## わ

私　297, 299–308

# 鈴木泰先生の経歴と業績

氏名　　鈴木 泰　（すずき　たい）

昭和 20 年 7 月 17 日生(64 才)
　日本語教育の草分け的な存在として知られる父君鈴木忍氏の赴任先タイ国バンコク市に生まれる。1 年の抑留生活の後、父君の故郷の静岡県湖西市入出にご帰国。4 歳の時横浜市に移り、12 歳の時東京都世田谷区に移られる。以後、山形市に 6 年、東京都北区に 7 年、埼玉県桶川市に 15 年、現在さいたま市ご在住。東京大学名誉教授。

## 【1】学歴
1965 年 4 月　　東京大学教養学部文科Ⅲ類入学
1971 年 6 月　　東京大学文学部国語国文学科卒業
1971 年 7 月　　東京大学大学院人文科学研究科国語国文学専門修士課程進学
1974 年 3 月　　　　　　　同　　　　修士課程修了
1974 年 4 月　　　　　　　同　　　　博士課程進学
1975 年 3 月　　　　　　　同　　　　博士課程退学

## 【2】職歴
〈国内〉
1975 年 4 月　　山形大学人文学部国語国文学科専任講師
1979 年 2 月　　山形大学人文学部国語国文学科助教授
1981 年 10 月　　武蔵大学人文学部日本文化学科助教授
1993 年 4 月　　お茶の水女子大学文教育学部言語文化学科教授
2003 年 4 月　　東京大学大学院人文社会系研究科・文学部教授
2009 年 3 月　　東京大学大学院人文社会系研究科・文学部　定年退職

2009 年 4 月　　京都橘大学・文学部教授
2009 年 6 月　　東京大学名誉教授
〈海外〉
1987 年 3 月　　サンパウロ大学文学部日本語課程客員教授(〜 1988 年 3 月)
2003 年 10 月　アンカラ大学(トルコ)集中講義
2009 年 3 月　　北京日本学研究センター派遣教授(〜 2009 年 7 月)


【3】社会的活動
国語学会編集委員(2001 〜 2003)
日本語学会評議員(2003 〜)
国語学会評議員選挙管理委員長(2002 〜 2003)
日本語文法学会評議員(2000 〜 2009)
大学設置・学校法人審議会専門委員(2003 〜 2009)
大学評価・学位授与機構学位審査臨時専門委員(2003 〜 2005)
日本語文法事典編集委員(2003 〜)
日本語文法学会会長(2004 〜 2007)
日本語学会会長(2009 〜)
科学技術・学術審議会学術分科会学術研究推進部会「国語に関する学術研究の推進に関する委員会」委員(2008)


【4】業績目録(2009 年 11 月 10 日現在)
Ⅰ　著書
（1）　1987 年 4 月　共編(寺村秀夫・野田尚史・矢沢真人と)『ケーススタディ日本文法』桜楓社(「8　テンス」pp.44–49 も執筆)
（2）　1989 年 9 月　共著(宮島達夫・中野洋・石井久雄と)『フロッピー版古典対照語い表および使用法』笠間書院
（3）　1992 年 5 月　単著『古代日本語動詞のテンス・アスペクト――源氏物語の分析――』ひつじ書房
（4）　1993 年 5 月　共著(仁田義雄他 9 名と)『日本語要説』ひつじ書房(「第 2 章　古代語の文法・文法史」pp.41–76 を執筆)

（5） 1996 年 11 月　共編（角田太作と）『日本語文法の諸問題―高橋太郎先生古希記念論文集』ひつじ書房（「メノマエ性と視点（Ⅲ）――古代日本語の通達動詞の evidentiality（証拠性）」pp.107–138 を執筆）
（6） 1999 年 7 月　単著『改訂版　古代日本語動詞のテンス・アスペクト――源氏物語の分析――』ひつじ書房
（7） 2002 年 3 月　白藤禮幸・杉浦克巳編『国語学概論』放送大学教育振興会（「7 章　国語の文法の構造」pp.75–90、「8 章　文語と口語」pp.91–105 を執筆）
（8） 2005 年 4 月　共著（高橋太郎他と）『日本語の文法』ひつじ書房
（9） 2009 年 2 月　『古代日本語時間表現の形態論的研究』ひつじ書房

Ⅱ　論文集論文
（1） 1977 年 9 月　「指定辞トシテ・ニシテの句格」pp.347–365（松村明教授還暦記念会編『松村明教授還暦記念　国語学と国語史』明治書院）
（2） 1983 年 10 月　「漢語ナリ活用形容動詞の史的性格について」pp.279–403（渡辺実編『副用語の研究』明治書院）
（3） 1986 年 3 月　「石行寺蔵大般若経の字音について」pp.194–219（築島裕博士還暦記念会編『築島裕博士還暦記念　国語学論集』明治書院）
（4） 1986 年 10 月　「古代日本語の過去形式の意味」pp.106–131（松村明教授古稀記念会編『松村明教授古稀記念国語研究論集』明治書院）
（5） 1987 年 4 月　「古文における六つの時の助動詞」pp.273–309（『国文法講座 2』明治書院）
（6） 1988 年 10 月　「ウェイランド『修身論』の漢字」pp.128–164（佐藤喜代治編『漢字講座 8』明治書院）
（7） 1988 年 10 月　「ウェイランド修身論の漢語訳語」pp.208–226（此島正年博士喜寿記念会編『此島正年博士喜寿記念国語語彙語法論叢』桜楓社）
（8） 1989 年 3 月　「文の構成単位と品詞」pp.53–72（北原保雄編『講座日本語と日本語教育 4』明治書院）
（9） 1990 年 2 月　「自動詞と他動詞」pp.46–54（『別冊　国文学 NO. 38

古典文法必携』学燈社）

(10) 1993年10月 「中古における畳語形式の情態副詞の機能と意味」pp.105–127（松村明先生喜寿記念会編『国語研究』明治書院）

(11) 1994年11月 「擬声語・擬態語」pp.200–212（古橋信孝・三浦祐之・森朝男編『古代文学講座7　ことばの神話学』勉誠社）

(12) 1995年10月 「メノマエ性と視点（Ⅰ）――移動動詞の〜タリ・リ形と〜ツ形、〜ヌ形のちがい――」pp.198–219（築島裕博士古稀記念会編『築島裕博士古稀記念国語学論集』汲古書院）

(13) 1996年6月 「メノマエ性と視点（Ⅱ）――移動動詞の基本形を中心に――」pp.113–154（山口明穂先生還暦念会編『山口明穂先生還暦記念国語学論集』明治書院）

(14) 1997年10月 「上代語「けり」の意味」pp.171–190（川端善明・仁田義雄編『日本語文法　体系と方法』ひつじ書房）

(15) 1998年2月 「助動詞からのぞかれるべき「けり」について」pp.176–194『東京大学国語研究室創設百周年記念　国語研究論集』（汲古書院）

(16) 2004年6月 「テンス・アスペクトを文法史的にみる」pp.114–134（『朝倉日本語講座6　文法Ⅱ』朝倉書店）

(17) 2004年9月 「古代日本語におけるテンス・アスペクト体系とケリ形の役割」pp.427–441（『飛田良文先生退任記念論集』東京堂）

(18) 2005年10月 「訓点資料における「いへり」と「いふ」」（『築島裕博士傘寿記念国語学論集』汲古書院）

(19) 2006年3月 「古代日本語の心理表現における恒常性・客観性と過程性」pp.183–206（『ことばの科学11』むぎ書房）

(20) 2007年9月 「橋本進吉の文法論と学校文法への採用、影響」（『日本語論究13』明治書院）

Ⅲ　雑誌論文

(1) 1975年2月 「中古に於ける動詞「ナル」の用法と助詞「ニ・ト」の相関」pp.56–71（『国語と国文学』612号）

（2） 1978年2月 「指定辞「ニテ」の句格」pp.145–191（『山形大学紀要（人文科学）』9巻1号）
（3） 1980年1月 「情態副詞の性質についての小見」pp.287–322（『山形大学紀要（人文科学）』9巻3号）
（4） 1982年3月 「タリ活用形容動詞の通時的変化傾向とその要因」pp.89–121（『武蔵大学人文学会雑誌』13巻4号）
（5） 1983年3月 「中古に於ける評価性の連用修飾について」pp.58–67（『日本語学』2巻3号）
（6） 1984年12月 「「き」「けり」の意味とその学説史」pp.84–149（『武蔵大学人文学会雑誌』16巻3号）
（7） 1985年10月 「〈ナリ述語〉と〈タリ述語〉」pp.53–68（『日本語学』4巻10号）
（8） 1986年1月 「動詞の形態論――テンス――」pp.29–38（『国文学　解釈と鑑賞』51巻1号）
（9） 1986年8月 「古典文法研究の歴史から――完了の助動詞ツ・ヌの場合――」pp.83–88（『国文学　解釈と鑑賞』51巻8号）
（10） 1988年3月 "O sistema temporal da Lingua Japonesa nas narrativas classicas" pp.77–92 *Estudos Japoneses* 8
（11） 1990年1月 「現代日本語と古代日本語のテンス」pp.11–116（『国文学　解釈と鑑賞』55巻1号）
（12） 1990年3月 「ウェイランド『修身論』の語彙」pp.295–316（『武蔵大学人文学会雑誌』21巻1・2号）
（13） 1991年1月 「古代語文法研究のために」pp.80–83（『国文学　解釈と鑑賞』56巻1号）
（14） 1991年6月 「助動詞「けり」論の今後」pp.84–89（『三省堂ぶっくれっと』93号）
（15） 1991年6月 「完了の助動詞のアスペクト的意味――源氏物語の移動・移し替え動詞の場合――」pp.67–80（『国語学』165集）
（16） 1993年1月 「古代語の文法現象」pp.145–155（『国文学　解釈と鑑賞』58巻1号）

(17) 1993年2月　「時間表現の変遷」pp.60–67(『言語』22巻2号)

(18) 1993年2月　「源氏物語会話文における動詞基本形のアスペクト的意味」pp.35–64(『武蔵大学人文学会雑誌』24巻2・3号)

(19) 1993年10月　「時の助動詞からみた古典のテキスト」pp.14–17(『月刊国語教育』13巻9号)

(20) 1995年7月　「古典語と日本語教育」pp.139–144(『国文学　解釈と鑑賞』60巻7号)

(21) 1996年7月　「アスペクト——チベット語と古代日本語のevidentialityに関連して——」pp.12–18(『国文学　解釈と鑑賞』61巻7号)

(22) 1997年4月　「古典文法をどう見なおすか」pp.46–54(『日本語学』16巻4号)

(23) 1998年10月　「「たり」と「り」＝継続と完成の表現」pp.70–77(『国文学　解釈と教材の研究』43巻1号)

(24) 1998年12月　「源氏物語における「けり」」pp.15–26(『むらさき』35号　紫式部学会)

(25) 1999年3月　「宇津保物語における基本形のテンス——古代語のテンスにおけるアクチュアリティーの問題」pp.50–62(『国語学』196集)

(26) 1999年12月　「古代日本語のアスペクト——現代日本語と比較して」pp.1–23(『台湾日本語文学報』14集)

(27) 2000年12月　「「き」「けり」論の論点」pp.28–35(『国文学　解釈と教材の研究』45巻14号)

(28) 2001年1月　「古代日本語研究の新時代——動詞の形態論」pp.87–95(『国文学　解釈と鑑賞』66巻1号)

(29) 2001年9月　「時間的局在性とテンス・アスペクト——古代日本語の事例から——」pp.24–40(『日本語文法』1号　日本語文法学会)

(30) 2002年8月　「古代日本語における完成相非過去形(ツ・ヌ形)の意味」pp.49–62『国語と国文学』945号)

(31) 2003年5月　「対照研究の可能性」(『日中言語対照研究論集』5号)

(32) 2000年4月　「メノマエ性」pp.212–214(『日本語学』19巻5号)

(33) 2004 年 8 月 「日本語の時間表現」pp.19–28(『日語日文学研究』50 韓国日語日文学会)
(34) 2004 年 12 月 「「見ゆ」と「見えたり」のちがいについて」pp.68–72 『むらさき』41 集　紫式部学会
(35) 2005 年 7 月 「テンス・アスペクト研究と連語——古代日本語の「思ふ」」pp.166–180(『国文学　解釈と鑑賞』70 巻 7 号)
(36) 2006 年 12 月 「古代日本語の「思ふ」の条件形における主語の交代現象」pp.3–21(『日語研究』北京大学)
(37) 2007 年 1 月 「古典文学研究にとっての語彙研究—特徴語彙からみた枕草子と徒然草」(『国文学　解釈と鑑賞』72 巻 1 号)
(38) 2008 年 12 月 「古代日本語の形態論」pp.1–5(『日語学習与研究』139 号　雑誌社)
(39) 2009 年 10 月 「過去・現在・未来は何が表すのか——近代文語文典の時制認識——」pp.1–16(『国語と国文学』1031 号)

IV　修士論文
1974 年 3 月 「結果表現の使用助詞ニとトによる相違」(未公刊)

V　その他
〈辞書〉
(1) 1981 年 12 月 「指示詞」「疑問詞」(北原保雄他編『日本文法事典』有精堂)

〈展望など〉
(2) 1983 年 9 月 「昭和 57 年国語国文学界の展望　国語学(現代語・理論)」(『文学語学』99 号)
(3) 1986 年 6 月 「昭和 59・60 年における国語学界の展望　文法(理論・現代)」(『国語学』145 集)

〈書評・紹介〉

（4） 1992 年 9 月　川端善明著『活用の研究 II』大修館書店（『国語学』170 集 pp.60–68）

（5） 2002 年 4 月　近藤泰弘著『日本語記述文法の理論』ひつじ書房（『国語学』53 巻 2 号 pp.52–59）

（6） 2003 年 1 月　渡辺実著『国語意味論』塙書房（『国文学　解釈と鑑賞』68 巻 1 号）

（7） 2004 年 3 月　沼田善子・野田尚史編『日本語のとりたて—現代語と歴史的変化・地理的変異』くろしお出版（『言語』33 巻 3 号）

（8） 2009 年 6 月　松本泰丈著『連語論と統語論』至文堂（『日本語学』28 巻 7 号　私が勧めるこの一冊）

〈誌上座談会〉

（9） 1983 年 1 月　座談会（石井久雄・工藤浩・松本泰丈と）「古代語研究の出発点」（『国文学　解釈と鑑賞』48 巻 6 号）

（10） 1993 年 7 月　座談会（佐伯梅友・鈴木康之・松本泰丈と）「新しく語る源氏物語の文法」（『国文学　解釈と鑑賞』58 巻 7 号）

## VI　口頭発表

（1） 1976 年 5 月　国語学会昭和 51 年春期大会・研究発表「辞の対応——トシテをめぐって——」（上智大学）

（2） 1997 年 12 月　紫式部学会講演会「源氏物語における『けり』」（学習院大学）

（3） 2000 年 5 月　国語学会 2000 年度春季大会シンポジウム基調報告「日本語研究の新世紀　日本語史研究の視点」（専修大学）

（4） 2000 年 12 月　日本語文法学会第 1 回大会・設立記念フォーラム「テンス・アスペクト・時間的局在性——古代日本語の事例から」（京都教育大学）

（5） 2002 年 6 月　日中言語対照研究会第 5 回大会報告「日中言語対照の可能性」（大東文化会館）

（6） 2003年3月　「特徴語彙から見た古典作品」(ブラジル・サンパウロ日本語普及センター、リオデジャネイロ連邦大学、ポルトアレグレ・リオグランデドスル連邦大学)
（7） 2004年6月　韓国日語日文学会主催　国際学術大会「21世紀における日本研究の争点と課題」講演「日本語の時間表現」(韓国・釜山)
（8） 2004年6月　韓国高麗大学学術講演会「特徴語彙から見た古典作品」
（9） 2005年2月　連語論研究大会シンポジウム司会(大東文化大学)
（10） 2005年4月　東京大学国語国文学会講演「古代日本語における心理活動の表現」
（11） 2005年4月　外国語学院語言学与応用語言学論壇：日本語研究の方法と動向「特徴語彙から見た日本古典文学作品」(中国・中山大学)
（12） 2005年6月　日本語学国際学術研究会講演「現代日本語の時間表現について」(台湾・大葉大学)
（13） 2006年5月　日本語学会2006年度春季大会シンポジウム分科会B：文法研究と文法教育「文法研究における学校文法的思考の問題について」(東京学芸大学)
（14） 2008年4、6月　「古代日本語の形態論」(北京日本学研究センター、北京大学)
（15） 2008年5、6月　「現代日本語のテンス・アスペクト—中国語との対照も視野にいれて—」(北京師範大学、広州・中山大学、洛陽外国語学院)
（16） 2008年6月　「日本語文法研究の現状と課題」(北京語言大学、大連理工大学、上海海事大学、杭州師範大学)
（17） 2009年5月　「日本語のアスペクト」東アジア日本学会(韓国・柳韓大学)
（18） 2009年10月　国際学術フォーラム：日本語研究の将来展望「古代日本語の形態論」(国立国語研究所)
（19） 2009年10月　表現学会講演「古代日本語のパラダイムについて」(同志社大学)

## 編集後記

「後進の方たちのお役にたてるのでしたら。」ということで、この論集を編むことにご了解いただいた。その折、「ありがたいことですね。」ともぽつりとおっしゃったが、ご同僚や研究会仲間(二十数年来続く白馬日本語研究会など)の先生方にはご迷惑をかけられないことを念押しされた。一方で、出版社サイドの深慮には、私ども後進の者ばかりではいささか心もとない気配が伺え、かくして、お仲間ばかりでなくご本人にまで執筆いただくこととなった。このことで公刊書物としての体裁は保てていると思う。また、私どもの投稿論文には鈴木先生に朱を入れていただくことも、出版社から出された条件の一つであったが、これもいつものようにそれぞれの玉稿に対して懇切になされたはずである。ご記念論集とは申せ、かえってご本人に一番のご負担を強いてしまったかもしれず、反省している。もっとも、ご負担をお願いする際も、端から「覚悟しています。」と、何もかもお見通しなのであった。

諸条件のもと、出版社契約の後に、はたと当惑したことには、さてどのぐらいの方々にご執筆依頼をお送りしたらいいものか、ということであった。ご要職にいらしたことだけでなく、お人柄からもご想像つくと思うが、鈴木先生のご薫陶に浴された方々は国内外にあまりに大勢いらっしゃることに、今更ながら気付いたためである。しかし、紙幅(一人あたり一万字)の不足はもちろん、企画からひと月後には執筆者数を確定させる必要があり、執筆依頼にあたって、間違いなく多くの遺漏を生じてしまっているであろうことは、只管ご海容を請うばかりである。

また編集作業にあたっても、刊行賛同者の皆さまには、さまざま不都合をおかけしたかもしれない。この間に、言いだしっぺの須田とそれにふりまわされっぱなしの新居田も、周りを見回してみれば鈴木一門の鬼っ子の類であったことに思い当たったところである。不出来に免じ、僭越さと合わせこれもご容赦いただきたい。

私たち後進の寄稿者一同は研究者へと導かれる中で、ただただ香り芳しい桃李の巨木のもとに集っていた。この幸いを心から感謝して、ささやかな論纂を鈴木泰先生に贈る。狭くともさらに多くの小径を成し、巨木に報いたい。

　本書のかがみには、学生時からの「良友」と自他ともに認められる工藤浩先生からのご巻頭言を預かった。また、鈴木先生ご業績に対する海外の泰斗からの賛辞を耳にするにつけ、アジアからの賛辞は総量を斟酌して断念せざるを得なかったが、欧米に限って Tabula Gratulatoria としてご祝辞を承ることにした。正題の命名には、故高橋太郎先生の還暦記念論集『日本語文法の諸問題』との双璧をなすべくもないのだが、双方の流布促進を企図した題名を選んだ。はれてご退官翌年度内に刊行を迎えられそうであり、松本泰丈先生ほかご寄稿くださったお仲間の皆さまをはじめ、ご祝辞ご祝儀を頂戴した皆さまや出版社の皆さまには、編集担当の両名より、この場を借りて感謝を申し上げたい。記念論集の後記にはそのご学風について紹介するのが常であろうが、編者両名には鈴木泰先生のご学説全容を詳悉するすべもなく、先生の益々のご活躍とご指導とを願うばかりである。

2009 年 12 月 1 日

編集責任者　須田淳一
編集補助　　新居田純野

# 執筆者一覧

鈴木泰（すずき　たい）　　　　　　東京大学名誉教授
まつもとひろたけ　　　　　　　　　前別府大学教授
工藤浩（くどう　ひろし）　　　　　東京外国語大学教授
岡田袈裟男（おかだ　けさお）　　　立正大学教授
早津恵美子（はやつ　えみこ）　　　東京外国語大学教授
金田章宏（かねだ　あきひろ）　　　千葉大学教授
印省熙（いん　そんひ）　　　　　　神田外語大学専任講師
黄美静（ふぁん　みじょん）　　　　高麗大学研究教授
近藤雅恵（こんどう　まさえ）
施淑恵（し　しゅふい）　　　　　　大葉大学助理教授
須田義治（すだ　よしはる）　　　　沖縄大学准教授
スネジャナ・ヤンコヴィッチ　　　　在日セルビア共和国大使館一等参事官
高山道代（たかやま　みちよ）　　　宇都宮大学専任講師
津留崎由紀子（つるさき　ゆきこ）　千葉大学非常勤講師
林淳子（はやし　じゅんこ）　　　　東京大学大学院博士課程在学中
方美麗（ほう　びれい）　　　　　　お茶の水女子大学外国語教員
齋美智子（さい　みちこ）　　　　　高雄第一科技大学助理教授
松浦恵津子（まつうら　えつこ）　　獨協大学非常勤講師
山崎貞子（やまざき　さだこ）　　　桜美林大学非常勤講師
山本博子（やまもと　ひろこ）　　　東洋学園大学非常勤講師
楊金萍（やん　じんぴん）　　　　　浙江工商大学教授
新居田純野*（にいだ　すみの）　　 長崎外国語大学教授
須田淳一*（すだ　じゅんいち）　　 愛知大学教授

（論文掲載順　*は編者）

ひつじ研究叢書〈言語編〉第89巻
日本語形態の諸問題―鈴木泰教授東京大学退職記念論文集

| | |
|---|---|
| 発行 | 2010年3月31日　初版1刷 |
| 定価 | 6800円+税 |
| 編者 | ©須田淳一・新居田純野 |
| 発行者 | 松本 功 |
| 本文フォーマット | 向井裕一（glyph） |
| 印刷所 | 三美印刷株式会社 |
| 製本所 | 田中製本印刷株式会社 |
| 発行所 | 株式会社 ひつじ書房 |

〒112-0011 東京都文京区千石2-1-2 大和ビル2階
Tel.03-5319-4916　Fax.03-5319-4917
郵便振替 00120-8-142852
toiawase@hituzi.co.jp　http://www.hituzi.co.jp

ISBN978-4-89476-500-9

造本には充分注意しておりますが、落丁・乱丁などがございましたら、小社かお買上げ書店にておとりかえいたします。ご意見、ご感想など、小社までお寄せ下されば幸いです。